한국인을 춤추게 하라

◉신기神氣로 읽는 한국 문화 특강◉

한국인을 춤추게 하라

최준식 지음

사계절

강의를 시작하기 전에

꼭 십 년 전의 일입니다. 제가 한국 문화에 대해 『한국인에게 문화는 있는가』라는 제목의 책을 낸 것이. 저는 그 책의 서문 말미에 이 책이 제게는 한국 문화를 찾아 떠나는 순례의 첫걸음이 된다고 썼습니다. 그렇게 쓰면서 저의 순례가 과연 어떤 방향으로 나아가 어떻게 결실을 맺을지 여간 궁금한 게 아니었습니다. 그런데 생각해보면 한국 문화에 대한 저의 순례는 이 책을 쓰기 전에 이미 시작되고 있었더군요. 이제는 세 권으로 완간이 됐습니다마는 『한국의 종교, 문화로 읽는다』 시리즈를 1990년대 초부터 시작했으니까, 한국 문화를 이해하려는 시도는 그때 이미 시동을 걸었던 겁니다. 저는 이 시리즈에서 흔히들 무속이라 부르는 무교(巫敎)를 제일 첫 번째 장으로 해서 한국 종교에 대해 설명하기 시작했습니다. 그때는 무의식적으로 그렇게 한 것이었는데 나중에 보니 그것이 매우 합당한 것이었습니다.

그 뒤 한국의 종교와 문화에 대해 조금 더 공부해보니 놀랍게도 우리 문화의 기저에는 무교가 도도히 흐르고 있다는 사실을 발견하게 되었습니다. 겉으로 드러나는 한국 문화의 양상이 어떻든 그 뿌리를 캐어 내려가보면 대부분 무교와 만나는 것이었습니다. 제가 보건대 한국인들의 심성 구조는 다음과 같이 두 층으로 되어 있습니다. 한국인들은 언뜻 보면 유교적인 인간으로만 보입니다. 한국인들의 대인관계는 철저하게 유교적으로 맺어져 있기 때문입니다. 그러나 한국인의 가장 깊은 속에서는 무교, 즉 무당 종교적인 요소가 꿈틀거리고 있습니다. 저는 이것을 극명하게 표현하기 위해 한국인은 낮에는 유교인이고 밤에는 무교인(즉 무당)이 된다고 했습니다. 이 점에 대해서는 이전에 다른 책(『한국인에게 문화는 있는가』)에서 자세하게 논했기 때문에 여기서 더 논의하지는 않겠습니다. 이것을 간단하게 정리하면 다음과 같습니다.

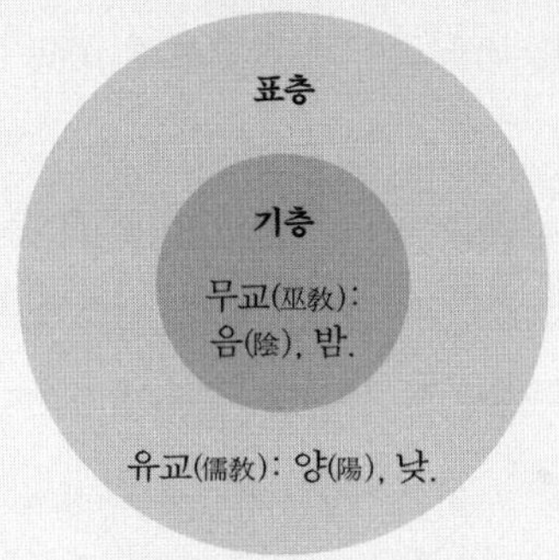

이 양 종교가 담당하고 있는 한국인의 가치관은 다음과 같이 대립적으로 정리될 수 있습니다.

유교적 가치관: 규범적 · 질서 지향적 · 위계적 · 남성적 · 집단적

무교적 가치관: 탈규범적 · 무질서에 대한 동경(자유분방함) · 평등적 · 여성적 · 개인적

앞의 그림에서 나타난 대로 유교적인 것은 한국인의 표피적인 모습입니다. 그런데 이것만 가지고는 우리 한국인이 갖고 있는 잠재력을 확실하게 발휘할 수 없습니다. 한국인이 제대로 '필' 을 받으려면 기층에 있는 무교적인 신명에 불이 지펴져야 합니다(더 정확히 말하자면 불은 진즉에 지펴졌는데 우리 자신만 그러한 정황을 아직 알지 못하는 것 같습니다). 그래야 전체가 제대로 돌아갈 수 있습니다.

실제로 제가 강의를 할 때, 유교 문화인 가부장적인 집단주의 문화나 서열을 중시하는 권위주의 문화에 대해서 얘기를 하면 청중들은 그저 고개를 끄덕거리며 수긍하는 정도의 반응을 보입니다. 그러나 무교와 무당에 대한 얘기로 화제를 바꾸면 박장대소를 하면서 크게 좋아합니다. 그것은 아마도 이 이야기들이 자신들의 이야기로 들렸기 때문일 것입니다. 가장 깊숙한 곳에 있는 것을 말해주니까, 다시 말해 자신들이 지니고 있는 내적인 파동과 같은 파동이 울리니까 기분이 좋아졌을 것입니다.

그래서 저는 한국 종교사 혹은 한국의 종교 문화를 정리하면서 무교로 시작한 것이 적절했구나 하는 생각을 하게 됐습니다. 이렇게 해서 한국 문화를 연구하는 첫 걸음을 내딛긴 했는데 여전히 미진한 면이 있었습니다. 도대체 한국인은 어떤 사람들일까? 또 한국 문화의 기저를 흐르는 원리가 있다면 그것은 과연 무엇일까 하는 생각이 끊이지 않았습니다. 그런 의문을 갖고 저는 계속해서 한국 문화를 공부해갔습니다. 전통 예술을 공부하고 유적 답사를 다니며 한국 문화의 특성을 파악해보고(『한국미, 그 자유분방함의 미학』, 『한국인은 왜 틀을 거부하는가?』), 생활 문화, 특히 음식(『한국인에게 밥은 무엇인가』)에 대해서도 공부를 했습니다.

이번 책은 제가 그동안 한국 문화에 대해 공부한 것의 중간 결산과도 같은 것이라 할 수 있습니다. 저는 지금까지 우리 문화를 공부하면서 이 다양하고, 훌륭하고, 멋있는 한국 문화를 어떻게 하면 일목요연하게 이해할 수 있을까 하고 많은 고심을 했습니다. 우리 문화라는 것이 워낙 범위가 넓고 상당한 깊이가 있다 보니, 그것을 전체적으로 이해하려면 일정한 틀(frame)이 필요할 것이라는 생각이 들었던 것이지요. 다시 말해 어떤 핵심 개념이 있다면 그것으로 일괄하여 우리 문화를 이해할 수 있지 않을까 하는 생각을 해본 것입니다.

수년 전부터 저는 한국이라는 국가의 문화를 외국에 소개하는 일에 관심을 가져왔습니다. 한국인들이 자신의 나라나 문화를 외국에 알리는 데에 너무 소극적이라 내가 한번 시작해 보자고 마음먹은 것입니다. 그때 생각한 것이 국가 이미지 문제였는데, 과연 어떤 이미지로 우리나라를 외국인들에게 호소력 있게 알릴 수 있을까 하고 생각에 생각을 거듭했습니다. 방금 전에 말한 것처럼, 한국인들은 자신의 나라를 효과적으로 알리는 데에 그리 관심을 두고 있는 것 같지 않습니다. 여기에는 많은 이유가 있겠지만, 가장 큰 이유는 한국인 자신들이 자국의 문화에 대해 별로 자긍심을 갖고 있지 않기 때문일 것입니다. 그 이유야 어찌 됐든, 한국을 세계에 확실하게 알리려면 석굴암이나 한류처럼 한국 문화를 구성하고 있는 개개 요소로 하는 것이 아니라 한국 문화 전체가 집약되어 있는 산뜻한 원리로 선명하게 알리면 좋겠다는 생각을 했습니다. 그런데 문제는 그 원리를 무엇으로 하겠느냐는 것이지요.

그래서 저는 지금까지 공부한 것들을 모두 한 통 속에 집어넣고 머릿속에서 마구 돌려봤습니다. 그랬더니 어느 날 갑자기 이 복잡다단한 한국 문화가 '신기(神氣)'와 '문기(文氣)'라는 두 가지 원리로 정리되는 것이었습니다. 우리나라 사람들에게는 내면에서 치솟는 에너지가 있는 것으로 보여 그것을 신기로 정리해보았고, 문자나 활자, 역사

기록의 면에서 우리의 조상들이 큰 업적을 나타냈기 때문에 그것을 문기로 정리해보았습니다(신기 부분은 많은 사람이 공감했던지 정부에서도 'Dynamic Korea'라는 표어를 만들어 한국의 대표적인 국가 이미지로 사용하게 되었습니다). 이와 같은 과정을 거쳐 한국 문화를 대표하는 신기와 문기라는 원리가 탄생했고, 그 원리에 입각해서 본격적으로 한국 문화를 분석한 것이 바로 이 책입니다. 따라서 이 책은 이렇게 오랜 과정에 걸쳐서 적지 않은 공부의 결과로 나온 것이라 할 수 있습니다.

이 책에서는 신기와 문기 중 신기를 먼저 다룹니다. 제가 보기에 한국인들은 자신도 잘 주체하지 못하는 기운을 갖고 있는 것 같습니다. 그래서 아무 때나 혹은 아무 곳에서나 노래하고 춤추는 것을 즐깁니다. 게다가 술 마시는 건 세계 최고입니다. 그래서 그런지 그들은 대범하고 야성적이고 거칩니다. 이런 기운은 일상생활에서만 보이는 것이 아닙니다. 그들이 즐기는 게임이나 스포츠에서도 대범한 모습을 엿볼 수 있습니다. 활을 잘 쏘고 컴퓨터 게임에 능한 것 등이 모두 그 예에 속한다고 하겠습니다. 월드컵 경기 때 볼 수 있었던 응원 모습은 또 어땠습니까? 하도 극성스럽게 해서 세계가 크게 놀라지 않았습니까? 뿐만 아니라 한국인들이 과거에 이룩해놓았던 문화에서도 이런 모습이 보입니다. 한국인들은 이 기운 덕에 대단히 역동적이며 즉흥성이 강한 음악을 만들어냈고 도자기나 건축 등에서 매우 자유분방한 예술품들을 만들어냈습니다.

이와 같이 현대와 전통을 아우르면서 우리 속에 잠재되어 있는 끼를 들추어내어 독자 여러분들에게 보여드리는 것이 이 책의 목적입니다. 이 책을 읽어보시면 여러분들의 마음속에 내장되어 있는 멜로디와 똑같은 멜로디가 울리는 것을 느끼게 될 것입니다. 그러면 여러분들은 자연스럽게 그 멜로디에 맞추어 춤을 추게 될 것입니다. 이 책의 본문에도 나오지만 인생은 원래 춤이랍니다. 인생이라는 춤 속에서 한국인만이 갖고 있는 고유한 멜로디를 연주하고, 그 가락에 맞추어 춤을 추면서 행복해지는 우리의 모습을 상상해보기 바랍니다.

차례

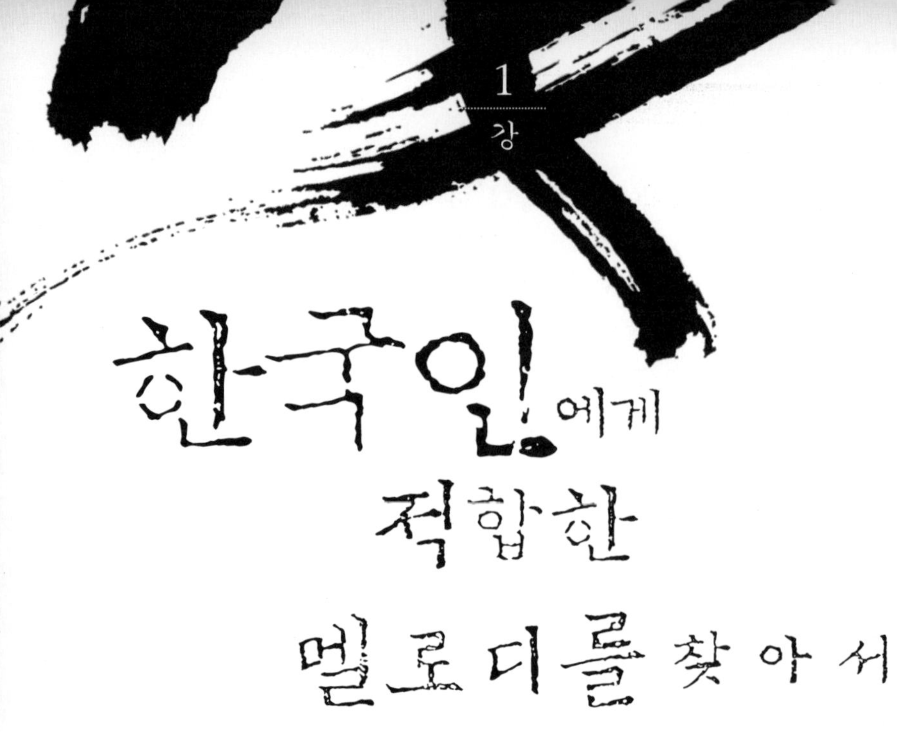

1강 한국인에게 적합한 멜로디를 찾아서

헤르메스적 인간을 위해

실존주의 철학자 하이데거(Martin Heidegger)의 손(孫) 제자쯤 되는 독일의 롬바흐(Heinrich Rombach)는 『아폴론적 세계와 헤르메스적 세계』(전동진 옮김, 서광사, 2001)라는 책에서 극명하게 다른 서양의 두 세계관에 대해 논합니다. 롬바흐에 따르면, 서양에는 아폴론적인 세계관과 헤르메스적인 세계관이 양존해왔는데, 아폴론이 명확한 밝음을 의미한다면 헤르메스는 신비한 어두움을 의미한다는 것입니다. 롬바흐가 구별한 양자의 특성은 다음과 같습니다.

아폴론적 세계관: 일반성, 하나의 세계, 외부로부터 주어지는 고정적 질서.
헤르메스적 세계관: 고유성, 다양한 세계들, 구성원들의 어우러짐 속에서 창조적으로 발생하는 역동적 질서.

그런데 재미있는 것은, 지금까지는 아폴론적인 원리가 세상을 지배해왔지만 이제는 헤르메스적인 원리가 아니면 세상이 구원받을 수 없다는 것입니다. 독일의 대표적인 시인인 횔덜린(Friedrich Hölderlin)이 말했듯, (앞으로) '도래하는 신'은 바로 헤르메스가 되어야 한다는 것입니다. 그렇다면 이 헤르메스적인 원리를 실현하며 사는 사람은 어떤 사람일까요? 여기서 롬바흐는 마르크스(Karl Marx)의 말을 인용하고 있습니다. "사물을 춤추게 하려면 그들에게 그들 자신의 멜로디를 연주해주어야 한다"는 말이 바로 그것이지요. 내용은 평범하게 보입니다만 표현은 멋지죠? 그런데 이런 일을 할 수 있는 사람은 누구일까요? 아폴론적인 인간일까요? 아니겠죠! 이 일은 바로 헤르메스적인 인간밖에는 할 수 없을 것입니다. 더욱 흥미로운 사실은, 이런 유형의 인간이 해야 할 과제는 아직 연주된 적이 없는 멜로디를 발견하는 일이라는 것입니다. 그래야 현실이 춤이 될 수 있습니다. 왜냐하면 현실은 본래 춤이기 때문입니다.

헤르메스에 대한 이야기는 여러 모로 재미있습니다. 어찌 보면 헤르메스적인 특성은 우리 한국인들이 원초적으로 갖고 있는 성향과 통하는 바가 많을 것 같다는 느낌입니다. 특히 즉흥적인 데에 강하고 파격적이며, 외부에서 부과되는 틀을 거부하는 경향이 강한 한국인들은 그 속성이 아무래도 아폴론보다는 헤르메스에 가깝다는 생각이 듭니다. 고유성을 좇고 다양한 것을 추구하는 정신은 무엇보다도 우리의 음악에서 많이 발견됩니다. 나중에 자세히 보게 되겠지만, 한국의 전통 음악은 정악이고 속악이고 다 개아성(個我性)을 강조했습니다. 다시 말해 어떤 제자가 스승의 주법이나 목소리를 그대로 흉내 내서 하면 그것은 가장 나쁜 소리로 간주되었답니다. 외부에서 주입되는 획일적인 속성을 물리고, 예인 한 사람 한 사람이 지닌 각각의 다양성을 강조해서 내면에서 우러나오는 고유성을 더 중시한 것입니다. 한국인은 이렇듯 각자의 고유성과 개성이 대단히 강했는데, 지금은 그러한 특성이 많이 달라진 듯합니다. 음악은 물론이고, 거의 모든 전통 예술 분야에서 획일성이 판을 치고 다양성을 무시하는 추세가 강합니다. 왜 이렇게 됐을까요? 단적으로는 한국인에게 맞는, 혹은 우리 자신이 내면적으로 간직한 멜로디가 우리 내부로부터 울리고 있지 않기 때문이 아닐까요?

그러면 우리가 지니고 있는 고유한 멜로디란 무엇일까요? 제가 앞에서 헤르메스적인 인간은 아직 연주된 적이 없는 멜로디를 발견하여 그것을 들려주는 사람이라고 했지요? 저는 이 책에서 그 멜로디를 발견해서 우리 한국인들에게 들려주려고 합니다. 그러나 전혀 없던 멜로디를 창조하려는 것은 결코 아닙니다. 지금까지 적지 않은 기회에 저를 포함한 많은 분들이 간헐적으로 이 멜로디에 대해 언급해왔습니다. 저는 다만 이 책에서, 이런 앞선 시도들을 종합하여 수많은 예와 함께 제시하려는 것뿐입니다. 그렇게 된다면 여러분은 이 책을 통해, 거울을 보는 것처럼 한국인으로서 자기 자신을 확인하게 되고, 자신의 문화적 정체가 무엇인지를 확실히 느끼게 될 것입니다. 만약 이런 시도가 성공한다면, 우리는 저절로 신명이 나게 될 겁니다. 우리가 그렇게 좋아하는 '신명' 말입니다. 신명이 나면 춤도 저절로 추어지겠지요. 한국인들이 스스로의 멜로디와 파동 속에서 춤을 추게 될 때, 우리는 세계인들은 물론이고 우리 자신조차 모르고 있던 우리들의 능력을 발휘하게 될 것입니다. 『칭찬은 고래도 춤추게 한다』는 책 제목도 있지만, 한국인이 춤추게 하기 위해서는 굳이 칭찬할 필요도 없습니다. 그들의 내면에 잠자고 있는 성향과 같은 파동을 보내줌으로써, 불만 지펴주면 되기 때문입니다. 그럼 이제 우리에게 맞는 파동과 멜로디를 찾아갈 차례입니다.

타고난 샤먼의 신기

저는 그동안 썼던 많은 졸저에서 무당 종교야말로 한국 문화의 원류를 이룬다고 '줄창' 주장해왔습니다. 그래서 굿판에 가보지 않은 사람은 한국 문화를 논하지 말라는 다소 과장된 주장을 펼치기도 했습니다. 그 증거로 저는 우리가 전 세계에 내놓아도 전혀 손색이 없는 우리의 전통 문화 중에 많은 것이 무당과 관계된 것이라고 예증을 들었습니다. 이와 관련해서는 차라리 이렇게 생각하는 게 나을 듯합니다. 왕실 문화나 사대부 문화 같은 아주 상층의 문화를 뺀 나머지는 거의 샤머니즘과 직·간접으로 연관이 있다고 말입니다.

이 주제에 대해서 저는 2002년에 출간한 『한국인은 왜 틀을 거부하는가』에서 자세히 기술한 적이 있습니다만, 그때나 지금이나 변하지 않는 재미있는 사실이 하나 있습니다. 이런 저의 주장에 정작 미술사학을 하는 분들은 관심조차 없다는 것이지요. 거개의 미술사학자들은 한국미를 이야기할 때 사상적인 영향의 원천으로 유불선(儒佛仙) 전통과 같은 고급 전통만 거론할 뿐, 무당 종교는 염두에 두지 않습니다. 대체로 미신이라고 치부하고 안중에도 없는 것이지요. 조선 시대 민중들이 가장 열렬하게 신봉한 종교가 샤머니즘이라고 아무리 얘길 해도 콧방귀도 안 뀝니다. 그리고 한국미의 자연스러움은 노장사상 같은 도가(道家) 사상에서 왔다고만 주장합니다. 이것은 한국 종교사를 전혀 모르고 하는 소리입니다. 도교가 우리나라에는 정착되지 못했다는 사실을 간과한 것이지요. 우리 선조들이 중국 것을 무조건 받아들였던 것 같지만, 종교 중에는 유교와 불교만을 받아들였을 뿐 도교는 거의 받아들이지 않았습니다. 우리에게는 무당 종교가 있었기 때문에 굳이 비슷한 기능을 하는 도교를 받아들일 필요가 없었던 것이지요. 이런 사실은 일반 독자들에게는 생소한 것이겠지만, 종교학 전공자들에게는 상식과도 같은 이야기입니다. 그런데도 미술사학자들은 우리의 미감(美感)이 형성되는 데에 노장사상이 영향을 미쳤다고 주장합니다. 안타까운 일이에요.

무당 종교가 우리의 민속 문화에 어떤 식으로 지대한 영향을 미치고 있는지에 대해서 다른 예를 들어 설명해보겠습니다. 전통 예인들이 우리의 민속악 장르 가운데 불세출의 대작으로 예외 없이 동의하는 작품이 있습니다. 바로 기악 부문에서는 산조이고, 성악 부문에서는 판소리가 그것입니다. 아울러 춤 부문에서는 살풀이와 승무도 빼놓을 수 없지요. 이 작품들이 그 자체로 얼마나 훌륭한 것인지에 대해서는 새삼 거론할 필요가 없습니다. 1990년대 말에 미국 시카고에서 세계 음악 축제가 열린 적이 있는데, 그때 주최 측에서 우리에게 부탁한 공연은 산조 합주와 살풀이춤이었습니다. 그들은 한국 음악의 정수가 무엇인지 잘 알고 있었던 것입니다. 그런데 이런 엄청난 음악과 춤이 과연 어디에서 연원했을까요? 한마디로 (전라)남도 굿판입니다. 그 굿판에서 '무지렁이'인 무당(그쪽 용어로는 단골)과 잽이(악사)들이 하던 음악과 춤에서 연유한 것이 이것들입니다.

산조나 살풀이, 판소리 등은 바로 남도의 굿판, 그것도 죽은 이를 저승으로 보낼 때 하는 사령제(死靈祭)인 씻김굿을 할 때 연주하던 음악과 춤에서 나온 것입니다. 이것을 일컬어 시나위라고 하고 이런 굿판을 시나위 굿판이라고도 합니다.* 음악학자들은 이 시나위 음악이야말로 한국 민속악의 핵이자 백미라는 데에 의견이 일치합니다. 그런데 시나위는 굿판에서 하던 음악이니만큼 악보가 있을 리 없습니다. 무지렁이 악사들은 악보를 읽을 수 없기 때문에 모여서 악보 없이 연주를

* 이 굿판을 실제로 접하고 싶은 독자들은 몇 년 전에 나온 다큐멘터리 영화인 〈영매(靈媒)〉(감독 박기복)를 보면 됩니다. 이 영화가 씻김굿만을 다룬 것은 아니지만, 이 굿을 상당한 비중으로 다루고 있어 씻김굿의 전모를 아는 데 도움이 될 것입니다.

한국 민속악의 백미인 시나위 연주 ⓒ중앙일보

시작합니다. 음악이 시작되면 악사들은 장구나 아쟁, 북, 징, 젓대(대금) 같은 악기들을 그냥 연주하기 시작합니다. 음정을 맞추지 않고 시작했으니 처음에는 잘 맞을 리가 없습니다. 이러한 장면은 한국인 특유의 자유분방한 기질이 유감없이 발휘되는 순간이라고 할 수 있겠습니다. 그렇게 제멋대로 불다, 어느새 각 악기의 소리가 제자리를 잡아 서로 조화를 이룹니다. 그러나 그것도 잠깐, 각 악기들은 다시 제 갈 길로 뿔뿔이 흩어져 제 마음대로 가버립니다. 제 맘대로 하다 보니 즉흥적인 악상이 나옵니다. 어제 연주한 시나위와 오늘 연주한 시나위가 같을 수 없습니다. 한국 전통 음악의 가장 큰 특징 중에 하나가 즉흥성인데, 이게 가장 많이 발휘되는 게 바로 이 시나위 음악이라고 합니다.

그래서 이 음악은 누구에게 배울 수 있는 게 아닙니다. 옛 어른들은 젊은이들이 시나위를 배우러 오면 그건 가르쳐줄 수도, 배울 수도 없는 것이니 현장에서 알아서 듣고 배우라고 충고했답니다. 그러나 이 음악은 대충 하는 것 같지만 기량이 최고도로 올라간 사람이 아니면 결코 가능하지 않은 엄청나게 어려운 음악이라고들 합니다. 그런데 이런 음악에 대해 우리는 최근까지 관심을 두지 않았습니다. 그까짓 그 무지렁이 무당들이나 잡이들이 하는 게 음악이겠느냐, 게다가 악보도 없는데 뭐가 음악이냐고 하면서 말입니다. 그런데 미국의 재즈 연주가들이 이 시나위를 듣고는 이 음악이야말로 자기들이 찾던 음악이라고 말했다는 이야기가 있습니다. 그 뒤로 한국인들도 이 시나위 음악에 관심을 갖기 시작했다는 사대적인 뒷이야기도 있고요.

앞에서 말한 세 장르의 음악과 춤은 바로 이 시나위에서 유래된 것들입니다. 대금 산조니 가야금 산조니 하는 것들은 시나위 합주 하던 데에서 각각 독주곡 형태로 독립된 것이고 살풀이춤은 이 음악에 맞추어 추던 춤이었습니다(살풀이춤은 나중에 기방에서 예술적으로 변용됩니다). 그리고 판소리 역시 이 굿판에서 불리던 소리들을 예술적으로 가다듬으면서 형성된 것이라는 게 학계의 지배적인 주장입니다. 이처럼 한국적인 음악은 모두 굿판에서 나온 것임을 알 수 있습니다. 그런데 이런 불세출의 음악을 아는 한국인이 얼마나 될까요? 저는 학교에서든 밖에서든 기회가 있을 때마다 청중들에게 이 시나위 음악을 아느냐고 물어봅니다. 그러면 한결같이 신중현 씨의 아들인 신대철 씨가 만든 록 그룹의 이름이 아니냐는 반응이 나옵니다. 록 그룹 시나위만 알지, 시나위의 원래 뜻은 알지 못하는 것입니다. 신대철 씨가 자신의 그룹을 시나위라고 명명한 이유에 대해서 직접 물어보지는 않았지만, 분명 시나위 음악에서 보이는 즉흥성 같은 훌륭한 음악 정신을 본받자고 하는 취지가 아니었을까 혼자 추측해보곤 합니다.

이 시나위 음악 같은 우리 음악 이야기가 나오면 할 이야기가 너무 많지만 나중에 다시 하게 되니 여기서는 줄여야겠습니다. 그래도 하고 싶은 말은, 이런 불세출의 음악을 전문적으로 하는 악단이 한국에 하나도 없다는 사실입니다. 우리나라는 많은 도시들이 자신들의 교향악단을 갖고 있는데, 민속악을 전문으로 하는 악단이 있는 도시는 하나도 없습니다. 물론 국립국악원에 민속악을 하는 악단이 있지만 이것 역시 시나위만 하는 전문 악단은 아닙니다. 사정이 이렇게 된 데에는 여러 가지 이유가 있을 것입니다. 가장 큰 이유는 일반인들이 이 음악에 대해 잘 모르고 있는 터라 자연스럽게 찾지 않는다는 데에 있을 겁니다. 사물놀이 같은 민속악은 이해하기 쉽고 또한 여러 장소에서 자주 접할 수 있기 때문에, 많은 사람들이 익숙하게 알고 있고 또 찾게 됩니다. 그러니까 자연적으로 지금처럼 많은 악단이 생겨날 수 있었겠지요. 반면 시나위나 산조는 어떻습니까? 대중에게서 떨어져 있으니, 자연스레 단 하나의 악단도 생겨나지 못했을 겁니다. 그러나 아무리 사정이 그렇다 해도 시나위 악단이 하나도 없다는 것은 심한 일입니다. 우리가 정말로 우리 전통을 사랑한다면 있을 수 없는 일이지요. 이 점은 국악계는 물론이고 우리 전부가 심각하게 받아들여야 할 일로 생각됩니다.

점이라면 자다가도 벌떡

앞의 예에서 살펴보았듯이, 무당 종교의 피는 한국인의 내면에 면면하게 흐르고 있습니다. 이 점은 현대의 한국인들에게도 그대로 적용됩니다. 자신들이 스스로 자각을 못하거나 무시해서 그렇지, 현대의 한국인들도 무당을 무척이나 좋아합니다. 저는 이를 증명하기 위해 지금까지 여러 현상들을 거론하곤 했습니다. 그 하나로 제가 항상 먼저 거론하는 사회적 현상이, 현재 우리나라에 있는 무당의 총 숫자가 20만 내지 30만에 달한다는 것입니다. 이것이 맞는 통계라면 이것은 엄청난 숫자입니다. 사정이 이러하니 도심 곳곳에서 무당 집을 발견하기란 결코 어려운 일이 아닙니다. 제가 재직하고 있는 이화여대 바로 앞에도 대문에 폴란드 국기가 걸려 있는 집들이 많이 있었습니다. 폴란드 국기라니, 무슨 말일까요? 사진에서 보는 바와 같이 대개 무당집 대문에는 빨간 천과 흰 천을 대나무에 달아 걸어놓습니다. 이것이 하얀색과 빨간색으로만 이루어져 있는 폴란드 국기와 닮아서, 저는 무당집의 깃발을 종종 폴란드 깃발이라고 부릅니다. 무당을 표시하는 것으로 왜 이런 색깔을 쓰는지는 확실히 모르지만 아마 서낭당에 걸려 있는 오색 천에서 비롯된 것 아닌가 하는 생각을 해봅니다.

저는 전공이 한국 종교라 그런지 몰라도 이런 깃발을 자주 목격하게 됩니다. 아니, 자주 눈에 들어온다는 표현이 더 적절할지도 모르겠습니다. 보통 사람들은 이 무당집 깃발을 보아도 별 관심이 없겠지만 제 눈에는 이것이 무척 재미있는 현상으로 보입니다. 그리고 우리에게 비교적 익숙한 타국인 일본이나 미국에서 이와 비슷한 장면이 있었던지를 찾아보려고 기억을 더듬어봅니다. 그런데 아무리 상상 속을 헤매도 일본이나 미국에서 무당집 혹은 점치는 집을 쉽게 발견했던 기억이 나지 않습니다. 미국은 제가 적지 않은 세월을 살았으니 확실하게 알 수 있고, 꽤 자주 다녔던 일본에서도 그다지 점집을 보았던 기억이 없습니다. 반면에 우리나라에서는 그런 깃발 외에도 절 표시(卍)를 하고 '옥황선녀' 와 같은 간판을 걸어놓은 점집을 발견하는 일은 정말로 여반장(如反掌)입니다. 우리나라에는 이런 것만 있는 게 아니지요. 가령 무당이 인터넷에 홈페이지를 열어 점을 봐주는 것*이나 대학가나 대학로 같은 곳에 즐비한 사주 카페 같은 것도 우리나라에서만 보이는 현상일 것입니다. 무당 여럿이, 혹은 사주 전문가가 모여서 각각의 부스를 갖고 꽤 규모가 있는 점집 촌을 만드는 경우도 있습니다. 그런가 하면, 신문사 문화 센터에서 열리는 사주 강좌는 그 인기가 아주 높다는

* 관심 있는 분들은 http://shamanism.co.kr의 주소를 가진 웹사이트를 참조하시기 바랍니다. 점이나 무당과 관련된 웹사이트는 이 외에도 많습니다.

폴란드 국기를 연상시키는 무당집 깃발

소리도 들립니다. 이 강좌에는 주로 주부들이 몰려드는데, 마니아층이 형성돼서 한번 이 강좌를 들은 사람들은 몇 년이고 계속해서 들으면서 사주나 점 공부를 한다고 하더군요. 여러 모로 이런 현상들은 한국에서만 보이는 특이한 현상임에 틀림없습니다.

한국인들이 점을 좋아하고 그와 연관해서 무당을 좋아한다는 것을 극명하게 알 수 있는 것은 바로 신문이라는 매체에서입니다. 우선 이 문제와 관련해서 가장 먼저 지적할 수 있는 것은 주요 일간지에 나오는 「오늘의 운세」 코너입니다. 만일 외부 인사가 일간지의 지면을 돈으로 사려고 한다면 얼마나 비싸겠습니까? 그런데 거의 모든 일간지들이 매일 지면의 상당 부분을 오늘의 운세에 할애하고 있습니다. 그러나 생각해보십시오. 그 오늘의 운세라는 게 얼마나 허망한 것입니까? 그 많은 사람을 달랑 12간지로 나누어놓고 그에 속한 사람들의 일진(日辰)이 다 같다는 게 말이 됩니까? 물론 요즘은 같은 띠라도 12년씩 다시 세분화해서 — 80년생과 68년생과 56년생 등으로 분류해서 — 조금씩 다른 운세를 내놓기도 하지만, 그래도 다 그게 그거 아니겠습니까? 가장 황당한 것은, 12간지로 나뉜 사람들의 오늘의 운세가 신문마다 다르다는 것입니다. 조선일보와 중앙일보의 점괘가 다 제각각인 것이지요. 독자는 어느 신문의 말을 믿어야 할까요? 저는 이런 운세 코너를 읽지 않습니다. 그 허구성이 너무나 적나라하기 때문입니다. 제가 이런 말을 하면 사람들은 이렇게 대꾸합니다. 그냥 심심풀이로 본다고 말이지요. 그러나 심심풀이치고는 대가가 너무 큽니다. 그 비싼 일간지 지면에 그런 허구성 짙은 기사 말고 훌륭한 지식이 담긴 기사를 실어 사람들에게 더 좋은 정보를 줄 수 있지 않겠습니까? 그런데 그게 왜 안 될까요? 아무리 허무맹랑한 것이라도 우리 한국인들이 원하기 때문일 겁니다. 물론 미국의 일간지에도 점성술에 대한 난이 항상 나온다고 하니까 반드시 우리나라 사람에게만 국한시켜 말할 수는 없을 겁니다. 그러나 유독 우리나라에서만 일어나는 특이한 현상이 하나 있습니다. 바로 우리나라에서만 점쟁이들이 신문에 집단 광고를 낸다는 것입니다.

제 생각에 우리나라 신문에서 가장 신기하고 웃기는 일은 무당(점쟁이)들이 신문 하단에 광고를 한다는 사실인 것 같습니다. 이런 특징은 스포츠 신문이 특히 강해서, 으레 두 면 이상에 하단 전체가 점 광고로 도배되어 있는 경우가 많습니다. 수십 명의 점쟁이들이 사진과 이름, 전화번호를 실어 대대적으로 광고를 하는 것입니다. 제가 이 부분을 쓰면서 실제로 스포츠 신문을 샀습니다. 일반적인 상황을 보기 위해 일부러 아무 스포츠 신문이나 들었습니다. 그랬더니 적어도 두 면 이상에 무당 종교 광고가 나오고 있는 것을 발견할 수 있었습니다. 물론 여기 나오는 사람들이 다 무당은 아닙니다. 무당이 아니더라도 점을 칠 수 있기 때문이지요. 어떤 점 전문가가 무당이냐 아니냐는 굿을 할 수 있느냐의 여부로 판단합니다. 모든 무당은 점을 칠 수 있는 반면 모든 점 전문가가 굿을 할 수 있는 것은 아닙니다.

그런데 제가 잘 이해할 수 없었던 점은 이렇게 광고를 할 경우 그 비용이 적어도 수백만 원, 많게는 수천만 원을 호가할 수도 있을 터인데, 그 돈을 어떻게 충당하느냐는 것이었습니다. 대답은 '전혀 걱정 없다'는 것이었습니다. 고객으로부터 한번 전화가 오면 몇십 분에 걸쳐 상담을 해주는데, 상담 비용이 몇만 원은 된다고 하더군요. 그러나 그것으로 끝나는 것이 아닙니다. 통화 말미에 무당은 고객에게 상담이 미진하니 직접 찾아오라고 권할 수도 있습니다. 그러면 많은 경우 고객이 찾아오게 되고, 이때 또 점을 봐주고 돈을 받으니 이중으로 돈을 버는 셈이지요. 이와 같이 광고하는 대로 손님이 꼬이니 광고비를 대는 데는 별 문제가 없다는 것이었습니다. 이렇듯 대한민국에서 점 전문가가 신문 한 면을 다 사서 자신의 영통함을 알리고 점을 보러 오라고 광고하는 것은 그리 드문 일이 아닙니다. 그런 광고에는 보통 자신이 점을 쳐서 크게 효험을 본 사람들의 이야기로 도배해놓기 때문에, 비판적인 사고를 하지 않는 이들은 충분히 전화를 할 수도 있겠다는 생각이 듭니다. 다시 한번 지적하지만, 이런 종류의 신문 광고는 다른

스포츠 신문의 하단을 장식한 점 광고. 적어도 2면 이상에 걸쳐 나온다.

점을 봐준다는 광고는 버스 좌석에서도 쉽게 찾아볼 수 있다.

나라에서는 찾아보기 어렵습니다. 무당을 태생적으로 좋아하고 점 보기를 워낙 좋아하는 한국인들이기에 이런 기이한 일이 벌어지고 있는 것입니다.

저는 지금까지 기회만 있으면 이렇듯 한국인들에게는 무당 종교가 가장 친숙한 종교라고 주장해왔고, 심지어 우리 민족에게는 이 무교(巫敎)가 영원한 종교라고 늘 강조해왔습니다. 그런데 항상 궁금했던 것은 북한의 경우였습니다. 북한에도 같은 민족이 살고 있으니 제 가정이 유효하려면 그곳에도 무당이 많이 있어야 합니다. 민족적 · 문화적인 DNA라고 부를 만한 것이 있다고 가정한다면, 정치적인 체제를 달리 한다고 이런 요인이 없어지지는 않을 것이기 때문입니다. 그러다 우연한 기회에 이른바 '탈북' 청소년들의 교육 문제에 관여하게 되어 그들에게 직접 물어볼 수 있는 기회를 가질 수 있었습니다. 그 탈북 청소년들이 답변으로 들려준 이야기는 실로 놀라웠습니다. 북한에는 각 마을마다 점쟁이들이 있어, 그들이 자기 고향을 떠날 때 이 점쟁이들에게 물어보고 떠났다는 것입니다. 그런데 그 점쟁이들이 정말 무당인지 아닌지는 확인할 수 없었습니다. 북한 당국이 점치는 것까지는 용인하지만 굿 같은 무당 의례는 금하기 때문에 진짜 신이 내린 무당인지 아닌지는 모르겠다는 것이었습니다. 그러나 북한에도 각 마을마다 점쟁이들이 있다는 것은 한국인이 얼마나 무당을 좋아하는지를 보여주는 확실한 증거가 아닐까 합니다.

북한에는 현재 과시용으로 만든 교회나 절이 몇 개 있을 뿐 북한 사람들이 내놓고 신앙 활동을 하는 종교는 하나도 없습니다. 불교나 기독교는 당국에서 워낙 강하게 억압을 하니까 거의 사라져버린 것입니다. 이 기성 종교들은 우리 민족의 근본 심성을 이루는 종교가 아니기 때문에 인위적으로 제거하는 데에 성공을 거뒀을 것입니다. 그러나 무당 종교는 그렇게 될 수 없었던 모양입니다. 우리 민족의 깊은 심성 안에는 무당적인 요소가 도사리고 있기 때문에, 그것을 어떤 외력(外力)으로도 없앨 수 없었던 것 아닐까요? 그 결과 북녘의 마을에도 무당으로 추정되는 점쟁이들이 존속하게 되었을 것입니다. 나는 이 사실을 접하고 제가 늘 주장하던 '무당 종교는 한국인의 영원한 종교'라는 명제가 증명이라도 된 것처럼 무척 좋아했습니다.

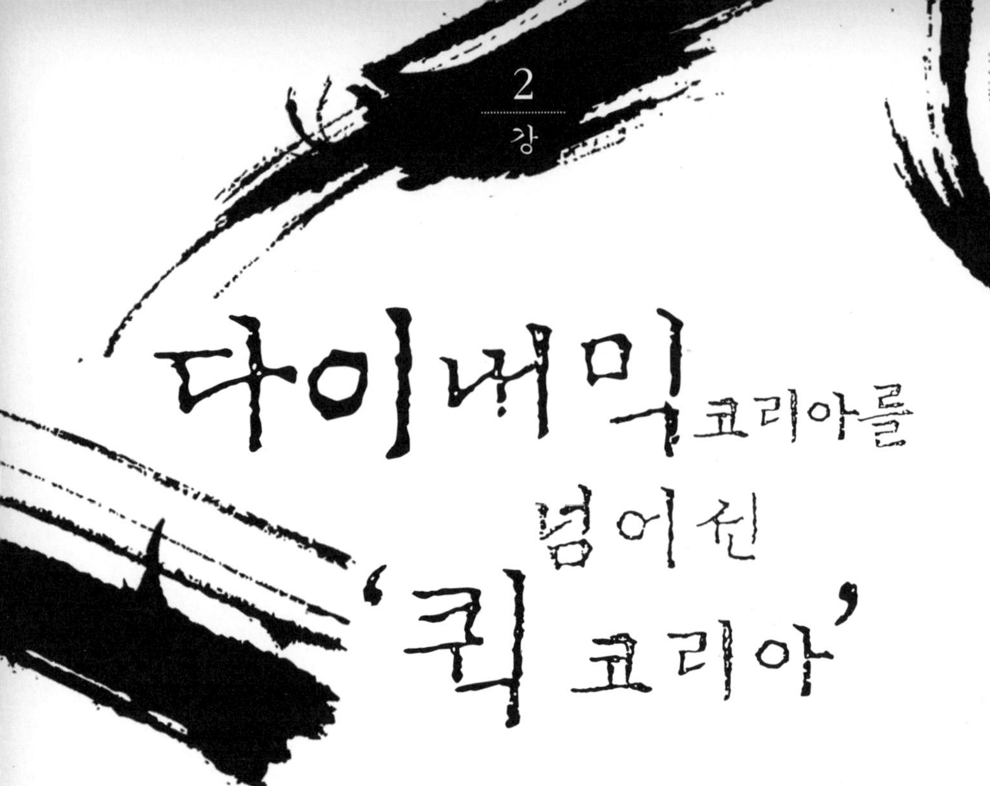

조용한 아침의 나라?

그동안 저는 한국 문화와 한국인을 공부하느라 적지 않은 세월을 보냈습니다. 그 결과 한국인이 비로소 보이기 시작했고, 한국인의 성향도 조금씩 이해가 되기 시작했습니다. 한국은 지금까지 '선비의 나라', '군자의 나라', '조용한 아침의 나라'와 같이 조용한 이미지로만 묘사돼왔지만, 그것은 한국 혹은 한국인을 부분적으로 본 것에 불과하다는 것을 알게 되었습니다. 제가 그동안 겪은 한국인은 그런 정적인 모습보다 화끈한 신기로 똘똘 뭉쳐 있는 사람들이었습니다. 이 화끈한 기운이 어떤 때는 엉뚱한 데로 빠져서 낭패를 불러오거나 실수를 저지르기도 하지만, 때로는 전 세계를 놀라게 하는 일을 하기도 하지요.

이에 대해서는 실로 많은 예를 들 수 있습니다. IMF 금융 위기 때 전국을 휩쓴 '금 모으기 운동'을 보십시오. 어디서 금광이라도 발견된 것처럼 전국에서 금이 마구 쏟아져 나오지 않았습니까? 그때 해외 언론에서는 한국인들의 이 화끈한 기운을 대서특필하기도 했습니다. 청계천 복원 사업만 해도 그렇습니다. 이 사업이 서울 시장의 개인적인 정치적 야망 때문에 시작되었는지 아닌지는 차치하고, 이런 규모의 도시 개발 사업이 이렇게 단기간에 이루어졌다는 데에 주목해야 합니다. 대개 다른 나라의 경우, 청계천 복원 공사와 같은 사업은 수십 년, 심지어는 백 년이 걸릴 수도 있는 사업이었을 겁니다. 말이 복원이지, 도심 한가운데를 길게 가로지른 중요한 도로를 들어내고 땅을 파서, 생활하수가 흐르던 물을 깨끗한 물로 바꾼다는 게 어찌 쉬운 일이겠습니까? 들리는 말에 의하면 독일 같은 나라에서 이런 일을 추진하려면, 기한을 우리보다 몇 배 더 잡고 천천히 사업을 추진한다고 합니다.

그런데 한국은 어땠습니까? 신중하게 논의하는 과정도 거치지 않고 — 논의를 전혀 안 했다는 게 아니라 논의하는 시간이 그만큼 짧고, 결정이 삽시간에 이루어졌다는 뜻입니다 — 불도저처럼 밀어붙이지 않았습니까. 공사가 시작되고 얼마 안 돼서 현장에 가본 적이 있는데, 청계천 주변은 실로 가관이었습니다. 몇십 년 동안 있었던 청계 고가도로가 없어져버리니 어리둥절해서 어디가 어딘지 알 수가 없는 지경이 되어버리고 말았던 것이지요.* 서울은 이렇듯 몇 달 단위로 외양이 확확 바뀝니다. 선진국에서 몇십 년이 걸려서 하는 일을 한국에서는 5년 남짓이면 끝냅니다. 실로 엄청난 속도입니다. 그렇다고 졸속으로 하는 것도 아닙니다.

청계천 하면 작은 가게들이 다닥다닥 붙어 있을 뿐 아니라 고가도로가 앞을 가로막고 있어 답답하고 짜증나는 길로만 인식되었습니다.

* 청계 고가도로가 생기고 그 도로가 끝나는 광교에 세워진 3 · 1빌딩은 당시로서는 근대화의 상징적 기수와 같은 것이었습니다. 그래서 당시에 서울을 소개할 때에는 항상 이 건물과 그 앞에 있는 2층 고가도로에 자동차가 가는 모습을 찍은 사진을 내놓곤 했던 기억이 납니다.

답답했던 고가도로가 없어지고 도심 속의 휴식처로 탈바꿈한 청계천 ©연합뉴스

그러던 곳이 지금은 물이 흐르고 나무들이 심어져 있어 도심 속의 작은 휴식처가 되었습니다. 이제 휴일이면 시민들은 가족과 함께 청계천으로 나들이를 나갑니다. 예전 같으면 상상도 하기 힘든 풍경이지요. 한국인들은 이렇게 다른 나라에서는 불가능할 것 같은 일들을 불과 몇 년 사이에 해치웁니다. 그런 까닭에 이 공사가 시작되고서 많은 손님들이 다녀갔는데, 특히 서양의 건축 전문가들이 많이 다녀갔다고 하더군요. 건축 전문가들뿐만 아니라 건축을 공부하는 학생들도 단체로 보고 갔답니다. 서양에서는 결코 볼 수 없는 희귀한 일이니 얼른 가서 보자는 심사였겠죠. 조금만 뜸 들였다가는 한국 사람들의 그 화끈한 성질 덕에 후딱 공사가 끝나고 말 터이니 서둘러서 보러 왔을 것입니다.

그들의 템포대로 여유를 부리자면 목격하기 어려웠을 테니까요.

서울대 건축학과의 김승회 교수에 따르면 세계 건축계에는 한국식으로 통하는 독특한 공법이 있다고 합니다. 이 공법의 특징은 아주 간단합니다. 다른 일반적인 공법보다 빠르게 짓고 튼튼하게 짓는 게 그것이랍니다. 한국인의 특징이 있는 그대로 반영된 공법이라고 할 수 있겠습니다. 이 공법은 중국에서 인기가 높다고 하는데, 중국 역시 빠른 경제 성장으로 단기간에 많은 건물을 건축해야 하기 때문이라더군요.

그런데 '한국식'이 통하는 곳은 건축 분야뿐이 아닙니다. 출판 분야를 한번 살펴볼까요? 출판은 제게도 익숙한 분야이니, 여기에 빗대어 건축 분야의 한국식 공법을 이해할 수도 있을 것 같습니다. 몇 년 전에 미국에서 책을 출간해볼까 해서 유명한 대학 출판사들의 의사를 타진해본 적이 있습니다. 그랬더니 출간까지 적어도 2년이 걸린다고 하더군요. 우선 원고를 검토하는 데에 6개월이 걸리고 그 리뷰를 통해 출판이 결정되면 편집하고 교정하는 데에 한 1년이 걸리고, 인쇄하고 제본하고 하는 뒷마무리에 또 6개월이 걸린다는 것입니다. 이런 과정을 우리나라 출판사들은 얼마 만에 끝낼 수 있을까요? 책마다 다르긴 하지만, 아주 빨리 진행하면 3개월 내로도 할 수 있습니다. 원고 검토는 빠르면 며칠 내로 할 수 있는데 이 단계가 아무리 늦어봐야 2주일이면 충분합니다. 그 다음으로 교정, 교열, 조판 등과 같은 편집 작업이 필요한데 그 작업도 2개월이면 다 마칠 수 있습니다.

그러면 한국 출판계가 이렇게 빨리 책을 낸다고 책을 제대로 못 만드는가 하면 절대로 그렇지 않습니다. 제가 보기에 우리나라 출판사들은 아주 빠르면서도, 아주 예쁘게 책을 잘 만들어냅니다. 그에 비해 미국 책들은 디자인이라고 할 것이 특별히 없어요. 디자인 면에서는 거의 제로에 가깝습니다. 그저 활자를 종이에 인쇄해놓은 것에 불과하지요. 그래서 미국 책을 볼 때마다 "이렇게 엉성하게 내는 데 2년씩 걸리

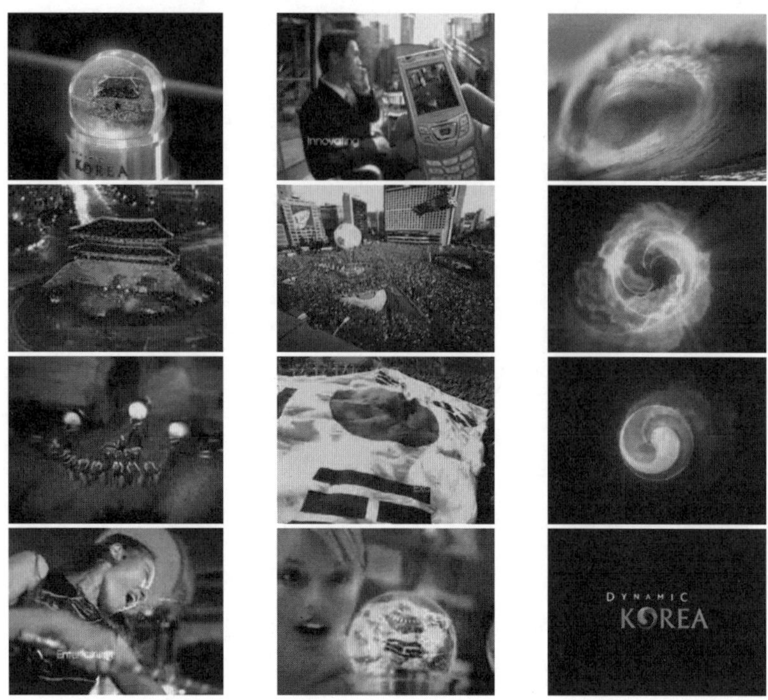

국정홍보처에서 국가 이미지 홍보를 위해 만든 영상물 〈Dynamic Korea〉

면 도대체 너네들 일은 하는 거냐 마는 거냐" 하는 소리가 저절로 나온답니다. 그만큼 한국인들은 일처리가 빠르면서도 정확하고, 또 그 결과물이 좋다는 것이지요.

이런 화끈한 한국인의 모습은 요즘에 와서야 비로소 인식되기 시작해, 최근에는 국정홍보처 같은 정부 부처에서도 이것을 이미지화하는 작업을 시도하고 있습니다. 즉 한국을 가장 잘 나타내는 문안으로 'Dynamic Korea'라는 슬로건을 정하고 그에 걸맞은 영상물을 만든 것이지요. 이런 표어가 선정된 데에는 2002년 월드컵의 영향이 컸습니다. 당시 붉은악마의 응원을 보고 스스로의 모습을 확실하게 인식하게 되면서 '다이내믹'이라는 표현을 쓰게 된 것이지요. 2002년 월드컵은

퀵 서비스, 퀵 배달, 퀵 스피드 등 뭐든지 '퀵'으로 통하는 '퀵 코리아'의 모습 ©김영훈

우리에게는 최근에 일어났던 일 가운데 대단히 중요한 것이고 할 이야기도 많아 뒤에서 한 강을 할애해서 다룰 것입니다. 이 표어에 대해 이화여대 한국학과의 김영훈 교수는 한국인의 역동성 혹은 화급성은 '다이내믹 코리아'라는 말로는 표현하기가 부족하다면서 차라리 '퀵 코리아(Quick Korea)'라고 불러야 한다고 역설했습니다. 뿐만 아니라 그는 '퀵 코리아'라는 표어를 영상화하기 위해 학생들과 사진을 찍어 달력을 만들기도 했습니다. 여기 제가 그 달력을 일부 실어놓았는데, 주로 오토바이 탄 사람들을 많이 모델로 사용했습니다. 어쨌든 이 정도의 설명이면 한국인들이 얼마나 화끈한 사람인가를 알 수 있지 않을까요?

그런데 이런 한국인들의 모습은 그 뿌리가 어디에 있을까요? 이럴 때마다 저는 무당이 대번에 떠오릅니다. 무당이나 그들이 하는 굿판의 모습이 바로 한국인들의 모습이기 때문입니다. 이런 제 해석을 한국인 자신들은 잘 인정하려 하지 않는데 외국인들은 금방 알아듣더군요. 그것은 아마 외국인들이 한국 문화를 더 객관적으로 볼 수 있기 때문이 아닐까 생각됩니다.

우리들의 내면엔 무당이 자리하고 있어

저는 지금까지 많은 저서에서 한국인 혹은 한국 문화를 제대로 알려면 무당을 보거나 굿판엘 가봐야 한다고 주장해왔습니다. 그렇다면 굿이란 한마디로 무엇일까요? '흐드러진' 노래와 격렬한 춤을 통해서 망아지경 혹은 엑스터시(ecstasy)로 들어가 신과 하나가 되는 것입니다. 그 하나 됨 속에서 신을 받고, 신의 말씀을 신도들에게 전해, 그들이 자신의 문제를 풀 수 있게 도와주는 것입니다. 신을 부를 때도 노래와 춤으로 부르고, 신이 오면 이를 맞이하고 반기려고 노래와 춤을 추고, 신을 보낼 때 역시 노래와 춤으로 환송을 합니다. 이런 풍습은『삼국유사』에서도 확인할 수 있어, 왜구가 쳐들어왔을 때 화랑들이 나가 싸우기보다는 향가를 지어 노래를 불러 왜구를 격퇴시켰다는 기록을 찾아볼 수 있습니다. 화랑들은 자신들이 부르는 노래가 노래로 그치지 않고 신령과 통할 수 있는 주술적인 힘을 지닌 것으로 본 것입니다. 무당들의 노래와 춤이 여흥을 위한 것이 아니라 이런 영적인 힘을 지닌 것임을 알아야 합니다.

우리는 이렇듯 무교와 함께 살아왔습니다. 여기서 중요한 사실은, 춤과 노래가 이 종교의 핵심을 이룬다는 것입니다. 그래서 굿을 할 때에는 "굿한다"라고도 하지만 "굿을 논다"라는 표현도 많이 사용해왔습니다. 혹은 "신을 논다"라는 표현도 드물지 않게 썼습니다.

우리와 역사를 같이해온 종교의 핵심이 노는 것이니, 한국인들이 노는 것 하나에 정평이 나 있는 것은 말할 것도 없을 겁니다. 2002년 월드컵 때는 한국 축구가 개최국의 이점을 십분 이용해 세계 4강에 들었지만, 아직까지도 우리 대표팀의 실력은 기복이 있는 게 사실입니다. 신명이 나 기운을 받으면 4강까지도 오르지만, 한순간에 맥이 풀리면 약한 팀에도 어이없이 무너지곤 하는 게 그걸 증명하지요. 그러나 한국인들은 노는 데만큼은 기복이 없답니다. 항상 세계 3강에 들기 때문입니다. 인터넷에 떠도는 이야기라 정확한 출처는 모르지만, 한국인은 이탈리아인과 아일랜드인과 더불어 노는 데에는 항상 세계 랭킹 3위 안에 든다고 합니다.

그 가운데서도 한국인들의 놀이 문화의 특징은 '술'입니다. 한국인들은 틈만 나면, 아무 때나, 아무 데서나 술을 즐깁니다. 하다못해 아침 산행을 마치고서도 술을 마시는 사람들이지요. 그러다 보니 1인당 술 소비량이 전 세계에서 2위입니다(1위는 러시아라고 하더군요). 마셔도 어지간하게는 마시지 않습니다. 마치 내일은 안중에도 없는 듯, "마시고 죽자"를 외치면서 마셔대지요. 하여 저는 이 정신을 공연히 멋있게(?) 표현해보려고 영어로 만들어보았습니다. 'drink and die spirit'이라고 말이지요(영어 잘하는 친구에게 물어보니 썩 좋은 표현은 아니지만, 그런 대로 쓸 수는 있을 거라더군요).

또 하나 빼놓을 수 없는 술 문화로 '폭탄주'를 꼽을 수 있습니다. 아마 한국인들이 가장 좋아하는 술이 바로 이 칵테일이 아닌가 합니다. 좋아하는 것은 좋은데, 다만 이 칵테일에 대해 알고나 먹으면 좋겠습니다. 이 칵테일은 미국에서 수입된 것이라고 하는데, 영어로는 문자 그대로 'bomb cocktail'이라고 하지만 원래 이름은 'boiler maker'입니다. 추측이지만 이 술이 보일러처럼 (속을) 끓게 만들기 때문에 붙여진 이름이 아닌가 싶습니다. 원래 이 술은 미국에서 기차를 타기 전에 마셨다고 합니다. 어떻게 마시는 것일까요? 위스키를 스트레이트로 목에 붓고 바로 맥주 한 컵을 마시는 것입니다. 맥주를 마시는 이유는 맥주의 탄산이 알코올의 흡수를 돕기 때문입니다. 그런데 이 술의 도수는 얼마나 될까요? 저는 강의할 때마다 청중들에게 이 질문을 하는데 정답이 나오는 경우는 한번도 없었습니다. 대부분 30도 이상으로 생각하고 있는데, 맥주가 4도밖에 안 되기 때문에 그렇게 높은 도수가 나올 수 없습니다. 그리고 그렇게 도수가 높다면 아무리 술이 센 사람도 폭탄주 두세 잔이면 뻗게 될 것입니다. 폭탄주의 도수는 약 12~13도로, 포도주 정도 됩니다.

이런 술을 마실 때 한국 사람들은 마치 의례를 하는 것처럼 마십니다. 우선 은쟁반에 하얀 수건을 깐 다음 그 위에 양주잔과 맥주잔을 놓고 성스럽게 폭탄주를 제조합니다. 그리고 두 손으로 그것을 마실 사람에게 바치면 받은 사람 역시 성스럽게 받아서 마시고, 다 마신 다음에는 잔을 흔들어서 딸랑거리는 소리를 내 비웠음을 알리고 그와 더불어 감사의 표시를 합니다. 한국인에게는 노는 것이 굿처럼 하나의 의례가 되어버린 것인지도 모릅니다.

저는 폭탄주의 완성을 그 이름도 거룩한 '다탄두주(多彈頭酒)'에서 찾을 수 있다고 생각합니다. 이 칵테일은 500cc가 되는 생맥주잔에 양주잔 세 개 분량을 넣은 것입니다. 탄두가 여러 개가 되니 다탄두라고 부르는 것이지요. 작은 맥주잔의 폭탄주는 도수가 약하니 더 세게 만들어서 한번에 먹고 가자는 것입니다. 제 눈에 이런 한국인들의 술 문화는 일상적인 질서의 세계가 싫으니 빨리빨리 마시고, 무당이 지향하는 무질서의 세계인 망아지경으로 한시 바삐 빠지자는 행동인 것만 같습니다. 한국인은 이렇게 술을 마셔도 화끈하게 마시고 끝까지 치닫습니다. 앞, 뒤, 옆 가리지 않고 아무 생각 없이 온갖 신명을 다 쏟아 붓

한국인들의 대표적인 술 문화 폭탄주 ⓒ동아일보

는 것이지요.

한국인들과 술의 이야기는 참으로 끝이 없습니다. '발렌타인'이라는 이름의 스카치위스키는 총 생산량 가운데 3분의 1이 한국에서 소비된다고 합니다. 그런가 하면 서양의 어떤 위스키 회사에서는 한국 시장을 공략하려고 한국 시판용 용기를 맞춤 제작해, 강남 룸살롱의 마담들을 호텔로 초청해 판촉 모임을 갖기도 했다고 합니다. 다른 나라 사람이 들으면 별천지 세상의 이야기 같은 소리지요.

한국인이 어느 정도로 술을 좋아하는지에 대해서는 다각도로, 다방면에서 그 사례를 살펴볼 수 있지만, 앞서도 잠깐 언급했듯이 아침 산행에서 목격하는 모습은 그중에서도 백미가 아닌가 합니다. 한국인처럼 산을 좋아하는 사람들도 별로 없을 겁니다. 국토의 70퍼센트가 산이어서 그런지도 모르겠습니다만, 매일 아침마다 산행을 즐기는 사람이 적지 않습니다. 그것은 그만큼 한국인들이 근면하고 부지런하다는 방증일 수도 있겠습니다만, 정작 재미있는 것은 산에 올라서 무엇을 하는가 하는 점입니다. 저희 집 뒤에는 남한산성이 자리하고 있는데, 산 위에 올라가면 막걸리를 잔으로 파는 상인들이 꽤 많습니다. 일요일에는 막걸리 먹는 사람으로 산 정상이 발 디딜 틈이 없을 정도지요. 산행을 하는 것은 대개 깨끗한 공기를 마시고, 상쾌함을 느끼려고 하는 것 아니겠습니까? 그런데 산 정상에 가서까지 굳이 술을 마셔야 하다니, 재미있을 수밖에 없습니다. 산에 올라가서 먹는 술은 내려올 때 사고를 부를 수도 있기 때문에 조심해야 하는데, 그런 것 따위는 통 큰 한국 사람들에게는 아무것도 아닌 모양입니다. 한국인들에게는 그저 한잔 술에 흥에 겨워 능청거리며 내려오는 것이 더 좋은 것입니다. 그런 한국인의 모습을 보면서 참으로 흥이 많고 풍류가 많은 사람들이구나 하는 생각을 합니다. 아울러 전 세계 어떤 나라의 백성들이 산에까지 와서 술을 마실지 여간 궁금한 게 아닙니다.

이렇게 아무데서나, 또 아무 때나 술을 먹고 난 다음에 한국인들이 노래(와 춤)를 안 하고 지나갈 리가 없습니다. 한국 사람들이 가무를 좋아하는 것은 노래방의 전국적인 성업 하나만으로도 잘 알 수 있으니 더 이상 상론할 필요를 못 느낍니다. 일전에 어느 신문 칼럼을 보니 우리나라 전역에 노래방이 9만 개나 되는 반면 도서관은 500개밖에 안 된다고 하더군요. 칼럼을 쓴 사람은 도서관을 많이 짓자는 의도로 쓴 글이었지만, 저는 노래방 개수에 주목했습니다. 이렇듯 한국인들의 노래 사랑은 끝이 없습니다. 우리 사회에서 공부깨나 했다는 교수들도 회의나 학회가 끝나면 술 마시다 노래방까지 가서 노래를 부르니 다른 사람들은 말할 것도 없지 않겠습니까?

언젠가 유명한 국악인들과 술을 마신 적이 있었습니다. 인간문화재인 박계향 씨와 국악인 신영희 씨, 가야금 병창의 명인인 강정숙 씨

등이 참석자였으니 그날 구성원은 아주 화려했습니다. 술이 거나하게 들어가니 곧 소리가 나오기 시작했습니다. 우리 소리를 바로 옆에서 듣는 것처럼 신나는 일도 흔치 않습니다. 특히 강정숙 씨의 소리는 일품이었습니다. 우리 소리는 그렇게 날로(live) 들어야 한답니다. 누구는 그러더군요. 우리 음악은 반경 2미터 내에서 들어야 그 진가를 알 수 있다고 말입니다. 그런데 그렇게 잘 놀고 나서 우리는 기어코 노래방으로 자리를 옮겼습니다(그때 참석했던 국악인들이 다 노래방으로 갔던 것은 아닙니다). 그곳에서 결국은 '뽕짝' 노래를 부르고 난 다음에야 그날 모임을 파할 수 있었습니다. 교수든 국악인이든 노래방 가서 질펀하게 놀아야 그 화끈한 신기를 발산시킬 수 있는 모양입니다. 이렇듯 한국인의 연예 끼는 아무도 못 말리는 것 같습니다.

노래방을 좋아한다는 사실은 텔레비전 프로그램에서도 찾아볼 수 있습니다. SBS 텔레비전의 프로그램 중에 일요일 아침 8시 30분에 하는 〈도전 1000곡〉이 그것입니다. 이 프로그램을 모르는 사람은 없을 것으로 생각되는데, 문제는 이 프로그램의 방송 시간대입니다. 일요일 아침이면 집안 식구들이 한자리에 모여 있는 시간입니다. 가족들이 볼 만한 프로그램으로 편성되어야 하는 것은 마땅합니다. 하지만 '놀자' 분위기는 분명히 아닙니다. 아침이니만큼, 다소곳한 프로그램이 나오는 게 자연스럽겠지요. 일주일 동안 힘들게 일했으니 일요일 아침은 조용하게 마음을 가다듬는 시간이 되어야 하지 않겠습니까? 그래서 많은 경우 교회를 가거나 절에 가서 경건하게 종교 생활을 하는 것입니다. 텔레비전 프로그램도, 대개는 토론회 같은 조용한 교양 프로그램을 내보냅니다. 그런데 SBS의 이 프로그램은 아침부터 연예인들을 출연시켜 1000곡에 도전을 시키고 있으니, 참으로 유별난 풍경이 아닐 수 없습니다. 아마 이런 시간대에 노래 부르는 노래방 프로그램을 방영하는 나라는 전 세계에 우리나라밖에 없을 겁니다(게다가 거기에 나오는 사람들은 신기에 가깝게 그 많은 노래의 가사를 다 외우고 있습니다!). 또 이 프로그램은 장수하고 있을 뿐만 아니라 좋은 프로그램으로 선정돼 상까지 받았답니다. 저도 이 프로그램을 가끔 보는데, 그때마다 얼마나 신명이 많은 민족이면 아침부터 저렇게 '놀아 제낄까' 하는 생각이 듭니다. 제 눈에는 한국인이 '노래가 아니면 죽음을 달라'고 외치는 것 같기만 합니다.

저는 한국인들의 이러한 놀이 문화가 한층 도약한 게 관광버스 춤과 라디오 노래방이라고 생각합니다. 세상에 얼마나 흥이 많으면 달리는 버스에서까지 춤을 춰야 직성이 풀릴까요? 그런데 버스 안에서 춤을 추는 것은 이제 법으로 금지되어 있습니다. 버스 운행 중에 그렇게 일어서서 춤을 추다가 사고가 나서 많은 사람들이 희생됐기 때문입니다. 그래도 한국 사람들은 요지부동입니다. 승객들은 춤추겠으니 음악 틀어달라고 하고, 운전기사는 본인이 딱지를 떼니 안 된다고 하고. 그렇게 하느라 그동안 양자 간에는 노상 갈등이 있었다고 하더군요. 당국에서는 안 되겠다 싶으니까 드디어 춤추는 승객에게도 딱지를 떼겠다고 법을 바꾸었습니다(가무하다 적발되면 이제는 승객도 5만 원의 벌금을 내야 합니다).

저는 전공상 학생들과 유적 답사를 많이 가는데, 이럴 때 전세 버스를 타보면 기절초풍할 표어가 붙어 있습니다. 버스 안에서 음주가무를 하는 것은 자살 행위라고 써놓은 것입니다. 승객들이 얼마나 격렬하게 놀았으면 저런 표어를 붙여가면서까지 가무를 금했을까요? 그러나 아무리 금해도 신명으로 똘똘 뭉친 한국인들은 버스 안에서 춤을 춰야 합니다. 승객들은 놀고 싶고 기사는 법 때문에 허락을 할 수 없고……. 그래서 승객과 기사가 합의를 봤답니다. 춤도 추고 걸리지도 않을 묘책을 생각해낸 것입니다. 그 묘책이 무엇이냐고요? 바로 고속도로 휴게소에 차를 세워 놓고 노는 것이었답니다. 그런데 그렇게 휴

운전자 : 범칙금 10만원 · 면허정지 40일 · 벌점 40점, 해당승객 : 범칙금 5만원

음주가무 행위는 모두의 자살행위

-안전벨트를 착용합시다-

서울특별시전세버스운송사업조합 · 전국전세버스공제조합 서울지부

관광버스 안에 붙어 있던 기절초풍할 표어

게소에서 놀면 흥이 많이 반감된다고 하는군요. 관광버스 춤은 역시 달리는 버스 안에서 추어야 제 맛이랍니다. 그래야 흔들거리면서 스릴과 흥을 더 느낄 수 있기 때문이지요. 외국인들은 우리의 이런 취향(?)을 이해하지 못할 겁니다. 우리 한국인들이 얼마나 흥과 끼가 넘치는지 상상하지 못할 테니 말이지요.

라디오 노래방도 우리나라에만 있는 진귀한 현상입니다. 저는 강연을 할 때마다 라디오 노래방 이야기를 합니다. 노래를 얼마나 좋아했으면 방송국에서는 반주를 틀어주고 청취자들은 전화기에 대고 감정을 잡고 노래를 하느냐고 말입니다. 이 세상에 전화기에 대고 노래하는 사람이 한국인들 말고 또 있을까요? 제가 이런 이야기를 하면 청중들은 항상 박장대소를 합니다. 매일 그렇게 노래하는 것을 다반사로 하고 있으면서 그 이야기를 해주면 한국인 자신들도 신기해하는 것입니다. 그러니 외국인들이 알면 얼마나 재미있어할까요? 라디오 노래방을 하는 대표적인 프로그램이 MBC 표준 FM의 〈지상렬, 노사연의 2시 만세〉입니다. 그런데 이 유행은 여기서 그치지 않고 다른 프로그램으로도 퍼져서 국악 방송에서도 북을 치면 청취자가 전화로 소리를 하는 라디오 소리방이 생겼고, 교육 방송에서조차 어린이들을 대상으로 노래방을 시작했다는 이야기를 들은 적이 있습니다.

한 텔레비전 코미디 프로그램에서는 이런 에피소드를 보여준 적도 있습니다. 음주 단속을 하는 경찰관이 만취한 운전자에게 음주 측정기

를 들이댑니다. 그러자 만취한 운전자가 측정기를 마이크로 착각하고는 그것을 잡고 냅다 노래를 불러대지요. 한국인에게는 마이크 잡고 노래하는 게 워낙 일상화되어 있어서 노래 자세가 저절로 나오는 것입니다. 숟가락을 넣은 소주병을 마이크 삼아 노래하는 모습은 얼마나 웃깁니까? 그런가 하면 몇 년 전에는 〈쟁반 노래방〉이라는 오락 프로그램이 대히트를 치기도 했지요. 거기서는 아예 출연자들이 숟가락을 들고 노래하기도 했습니다. 『삼국지』「위지 동이전」에 보면 고구려나 한(韓)에 살았던 우리 조상들이 길을 가면서도 노래를 부르고, 일이 끝난 다음에도 모여서 노래를 불러서, 언제나 노래 소리가 끊이지 않았다고 합니다. 우리가 노래를 좋아하는 것은 이처럼 뿌리가 깊습니다.

우리 눈에 비친 '우리'

기실 우리 한국인들도 자신들의 이런 모습을 모르는 게 아닙니다. 한번은 외부 강연이 끝나고 찻집에서 차를 마시는데, 어떤 분이 다가오더니 저를 만나면 주려고 했다면서 종이 몇 장을 건네주더군요. 받아서 살펴보니, 인터넷에 떠돌아다니는 글을 출력한 용지였습니다. 제목은 〈한국의 미스터리〉라 붙어 있었습니다. 읽어보니 제가 평소에 이야기하던 것과 일치하는 부분이 많았습니다. 또 표현들도 재미있었고요. 물론 조금은 과장된 부분도 있고, 무리하게 확대 해석한 부분도 있습니다만, 네티즌들 사이에서 유행한 데에는 이유가 있는 것 같아 이 자리에서 소개해보려 합니다. 이 글을 읽다보면 우리가 우리 스스로를 어떻게 평가하는지 가늠할 수 있을 것 같습니다. 일종의 '한국인의 자평문(自評文)'이라고나 할까요.

〈한국의 미스터리〉

- 세계 유일의 분단국가.
- 세계에서 보기 드문 단일 민족.
- 암 사망률, 음주 소비량, 양주 수입률, 교통사고, 청소년 흡연율 등 각종 악덕 타이틀이 3위권 밖으로 벗어나지 않는 나라.
- 세계를, 경제를 쥐락펴락 하는 일본을 '쪽바리'라 하며 우습게 보는 유일한 민족.
- IMF 경제 위기를 맞고도 2년 남짓한 사이에 위기를 벗어나버린 유일한 민족.
- 프로 축구 경기장은 썰렁하지만 월드컵 때는 700만이 거리로 쏟아져 나왔던 나라.
- 월드컵에서 1승도 못 하다가 갑자기 세계 4강까지 후다닥 해치워버린 미스터리 민족.
- 부지런한 유대인을 하루아침에 게으름뱅이로 내몰아버린 엄청난 생활 패턴의 나라.
- 조기 영어 교육비 (부분에서) 세계 부동의 1위를 지키면서도 영어 실력은 100위권 수준의 나라.
- 그러면서 세계 각 유수 대학의 1등을 휩쓸고 다니는 미스터리 민족.
- 중고등학생들이 밤 11시, 12시까지 공부하는 나라.
- 해마다 태풍과 싸우면서도 그 다음 해에도 똑같은 피해를 계속 입히는 대자연과 맞장 뜨는 민족.
- 온갖 파리들이 정치권에 다 몰려도 망할 듯 망할 듯 안 망하는 엄청난 내구력의 나라.
- 목소리 큰 사람이 이기는 야생 민족.
- 6년 동안 영어 공부를 하고도 외국인과 마주치면 한마디도 대화를 하지 못하는 허무 민족.

- 조폭 영화를 유난히 좋아하는 괴짜 민족.
- 세계 1위의 제왕절개 민족으로, 이탈리아 축구를 개밥의 도토리로 만든 나라.
- 아무리 큰 재앙이나 열 받는 일이 닥쳐도 1년 내에 잊어버리고 끊임없이 되풀이하는 메멘토 민족.
- 땅덩어리도 작으면서 우수한 인재가 많이 나오는 민족.
- 기름 한 방울 없으면서 누구나 자동차 한 대씩 있는 간 큰 민족.
- 인터넷 접속률 세계 1위를 차지하는 할 일 없는 민족.
- 남이 자기 나라 욕하면 싫어하면서 도리어 자기는 한국에서 태어난 걸 후회한다는 민족.

이 글은 정제되어 있지는 않지만 한국인의 특징을 나름대로 잘 말해주고 있습니다. 이런 한국인 묘사에서 가장 두드러진 특징으로 잡아낼 수 있는 것은 한국인은 대단히 야성적이고 거칠고 자유분방하다는 것입니다. 위의 묘사 가운데 그런 한국인의 모습을 잘 보여주는 것은 해마다 태풍으로 피해를 입고도 대자연과 '맞장 뜬다'는 표현이 아닐까 합니다. 사정이 이러한데 누가 우리나라를 고요한 아침의 나라(Land of Morning Calm)라고 했는지……. 그 묘사는 한국인을 헛짚어도 너무 헛짚은 게 아닌가 싶습니다. 아마 '조선(朝鮮)'이라는 단어를 문자 그대로 번역하다 그렇게 된 것 같은데 앞으로는 조용한 나라가 아니라 화끈한 나라 — 영어로는 Land of Vital Energy라고 해야 하나요? — 라고 해야 될 성싶습니다.

제가 한국인들의 이런 모습을 더 확실하게 확신할 수 있었던 것은 한국의 예술 세계를 공부하고 난 다음이었습니다. 예술에 나타나는 한국인의 모습은 대단히 중요한 것이기 때문에 나중에 한 강을 할애해서 자세하게 보게 될 것입니다. 예술은 감정과 관련되는 부분이 많은지라 그 예술을 하는 사람들의 기본적인 성향이 가장 잘 드러납니다. 감정을 있는 그대로 표현하기 때문에 여과 없이 그 감정이 나오는 것이겠지요.

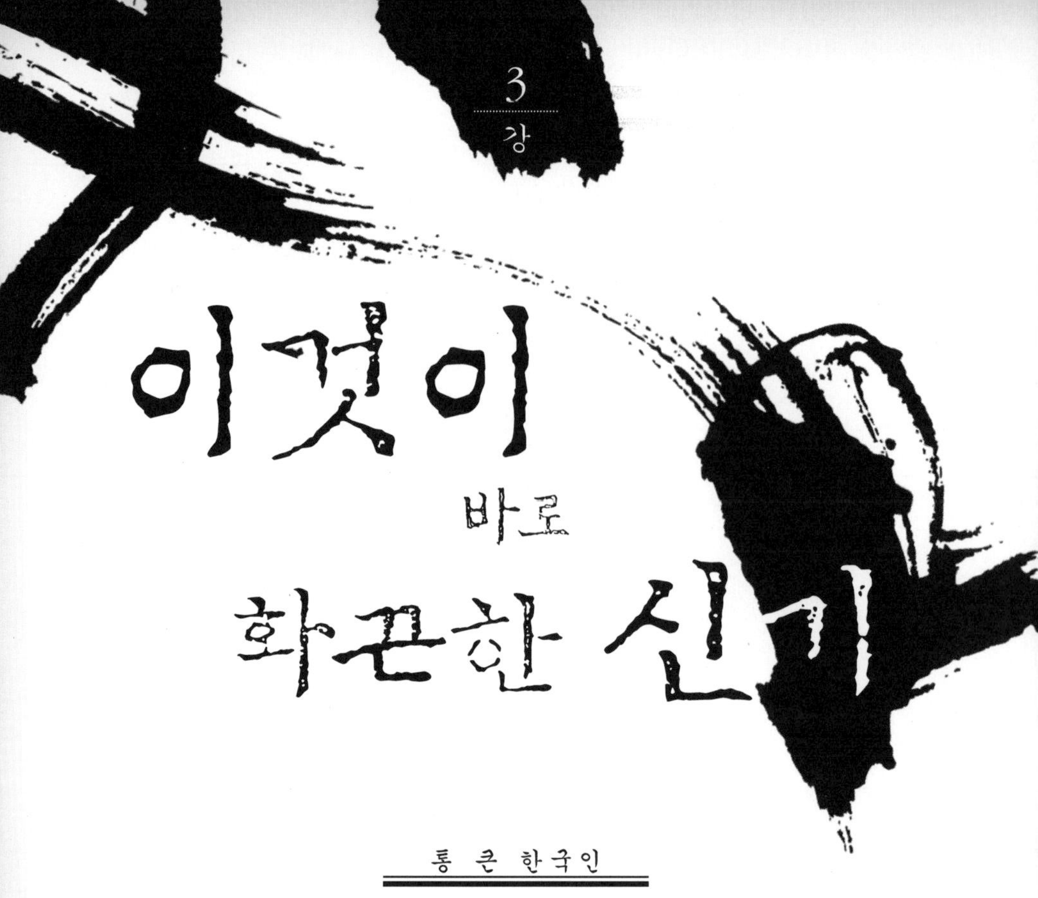

3강 이것이 바로 화끈한 신기

통 큰 한국인

한국인들은 워낙 화끈해서 쫀쫀한 것을 싫어합니다. 사물을 볼 때에도 큰 시각으로 보고, 또 '대충' 봅니다. 반면 세부에 대해서는 별로 관심이 없습니다. 한국의 미술사학자들은 한국미를 묘사하는 특징 가운데에 '세부에 대한 무관심'을 꼽는 경우가 많은데, 이 특징은 한국 사람들의 기본 성향을 그대로 반영합니다.

이런 예는 고 미술품에서 많이 살펴볼 수 있습니다. 다른 나라에서 정밀한 미술품 — 당시에는 생활용품이었겠지요 — 이 들어옵니다. 그러면 한국인은 처음에는 그것을 흉내 내서 똑같이 만들려고 노력합니다. 그러나 이내 전체적인 겉모양만 흉내 내고 세부적인 것은 과감하게 생략하면서 한국 스타일의 예술품으로 바꿔버립니다. 일례로, 신라시대에 실크로드를 따라 들어온 술잔을 한번 살펴보기로 하지요. 당시

신라 시대 때 서역에서 수입된 술잔

수입된 것을 본따 신라인들이 만든 술잔

실크로드를 따라 들어온 교역품 가운데는 이란과 같은 서역 지방에서 들어온 술잔이 많았습니다. 신라인들은 처음에 이 술잔들을 그대로 따라서 만들었습니다. 그러다 국내 장인들의 손을 거치게 되면서, 이내 전체적인 모습만 유지한 채 복잡한 세부는 생략된 술잔이 만들어지게 됩니다. 술잔의 모양을 단순화시킨 것이지요. 신라인들의 이런 단순화는, 장인들의 기술이 모자라기 때문은 아닌 것 같습니다. 그보다는 한국인들의 기질이 자연스럽게 발현된 것으로 보는 것이 더 적절할 것 같습니다.

한국인의 단순화 기질을 볼 수 있는 예는 또 있습니다. 우리나라에는 동아시아에서 가장 오래된 고딕 건축물이 있습니다. 명동 성당이 그것이지요. 이 건물은 고딕 양식에 따라 충실하게 지은 건물로 평가

됩니다. 이 건물과 비슷한 시기에 지었으면서 같은 고딕 양식에 따라 지은 건물이 서울 중구 중림동에 있는 약현 성당입니다. 이 성당은 1892년에 명동 성당의 공소(公所) 혹은 지회(支會)로 지은 것인데, 안타깝게도 최근에 불이 나서 탄 것을 다시 지었습니다. 약현 성당을 거론하는 것은 이 건물 역시 고딕 양식을 본 따 지으려던 애초의 취지에서 벗어나, 양식을 무시하면서 지었기 때문입니다. 무리한 판단일 수도 있겠지만, 약현 성당을 지을 때 고딕 양식의 형식적인 면이 싫어서 많은 부분을 생략하고 대충 지었다고 하면 너무 성급한 추단(推斷)일까요? 물론 사정이 이렇게 된 데에는 다른 요인도 있었겠지만 한국인들의 기질도 한 몫 하지 않았나 하는 생각을 해봅니다.

우리 춤을 봐도 그렇습니다. 한국 춤은 거칠게 평가할 때 굉장히 큰 춤이라고 할 수 있습니다. 무슨 뜻인가 하면, 세세한 동작에는 신경을 쓰지 않고 큰 몸짓 위주로 춤을 춘다는 뜻입니다. 살풀이나 승무 같은 전통 춤을 보면 손동작 처리가 그다지 섬세한 것 같지 않다는 인상을 받습니다. 실제로 무용을 배울 때에도 팔을 어떻게 들라고만 하지 손가락을 어떤 형태로 해야 한다는 지침은 없다고 합니다. 그저 팔을 '턱 하니' 들면 되지 '쪼잔하게' 손끝을 어찌어찌하라는 이야기가 없다는 것이지요. 만약 손가락은 어떻게 처리하느냐고 묻는 학생이 있어도 스승의 대답은 "그냥 자연스럽게 손이 가는 대로 놔두라"는 경우가 대부분이라고 합니다.

반면에 인도 춤 같은 것을 보십시오. 인도 춤에서 중요한 것은 손가락의 움직임입니다. 우리 춤처럼 몸통을 통째로 움직이는 것보다는 손가락 마디마디의 섬세한 동작이 중요한 것이지요. 그래서 인도 춤은 아주 세세한 동작들로 구성되어 있습니다. 우리 춤에서는 인도 춤처럼 그렇게 작은 움직임을 하는 게 없습니다. 대부분 몸통과 팔로만 추기 때문이지요.

고딕 양식에 따라 충실하게 지은 명동 성당 ©중앙일보

고딕 양식의 많은 부분을 과감히(?) 생략하고 지은 약현 성당

인도 춤 같은 춤을 추는 민족은 사고가 대단히 정교하다고 할 수 있습니다. 인도에서 힌두교나 불교 같은 초절정의 종교가 나온 것도 다 그런 배경이 있기 때문이 아닌가 하는 생각이 듭니다. 인도인들의 사고는 끝이 없습니다. 나가르주나(Nāgārjuna, 龍樹)* 같은 이가 확립한 대승불교의 공론(空論) 혹은 중론(中論)은 인간이 할 수 있는 사고의 끝을 보는 것 같은 느낌을 줍니다. 아울러 현대 인도인들 역시 수학을 아주 잘하는 민족으로 평가되고 있는데, 이것은 치밀한 논리가 요구되는 수학과 인도인들의 성향이 서로 부합되기 때문인 것으로 생각됩니다. 인도 사상에 익숙하지 않은 독자들은 그들의 철학이 얼마나 심오하고 복잡한지 실감할 기회가 좀처럼 없겠지만, 저는 대학원 시절에 불교와 힌두교의 논리학을 접하고는 "저건 우리 한국인이 할 수 있는 게 아니야" 하면서 손사래를 쳤던 기억이 새삼스럽습니다. 제가 이런 주장을 하면 "한국인도 정교한 사고 체계를 가질 수 있고, 또 일을 주밀하게 처리한다"고 반박하는 이들이 많습니다. 그러나 제 개인적인 생각에, 그런 분들은 인도인이나 서양인들이 얼마나 사고를 주밀하게 하는지 접해보지 않아서 하는 말인 것 같습니다.

우리 한국인들은 사물의 본성에 관심을 갖고, 그 주제에 몰두하여 깊이 사고하고 사유하는 민족은 아닌 것 같습니다. 그러기보다는 감정을 맘껏 풀어내는 멋과 흥에 아주 강하게 끌리는 속성을 지닌 사람들인 것 같다는 말씀입니다. 저는 이 자리에서 인도인의 성향과 한국인의 성향 중 어느 쪽이 더 낫다고 주장하려는 것이 아닙니다. 다만 서로가 다를 뿐이라고 말하고 싶을 뿐이죠. 아울러 우리가 부족한 부분은 조금 보충하고 잘하는 쪽은 더 살려나가면 좋지 않겠는가 하는 생각에

* 대승불교를 일으킨 사람으로, 특히 공(空) 사상을 확고하게 정립했습니다. 그의 사상은 후에 힌두교 철학의 최고봉이라 할 수 있는 샹카라의 사상에 지대한 영향을 미칩니다.

서 나름대로 진단을 해본 것입니다. 통 큰 한국인이 세부적인 것에까지 관심을 기울인다면, 그보다 더 좋을 수는 없는 일일 테니까요.

익살이 주는 아름다움

한국 미술사의 대가이자 불상에 조예가 깊은 강우방 교수가 이런 이야기를 하신 적이 있습니다. 등에 구멍이 난 작은 불상 하나를 들고 왜 구멍이 나 있는가를 좌중에게 물었다가 들려주신 이야기였는데, 대답은 의외로 간단했습니다. 등 쪽은 보이지 않기 때문에 불상을 만든 장인이 '대충' 처리했다는 것입니다. 보이지 않는 곳까지 무엇 하러 신경 써서 장식하느냐는 이야기였습니다. 장인의 이런 뒤처리는 어떻게 보면 장난 같고, 어떻게 보면 파격일 수도 있습니다. 그런데 이런 성향은 한국인들에게는 시대를 불문하고 나타나는 특징인 것 같습니다.

1993년 한국 고고학계에는 엄청난 발견이 있었습니다. 부여 능산리 고분 옆에서 발견된 금동 향로가 그것이지요. 부여시에서 고분 옆에 주차장을 만들겠다는 계획을 발표하자 문화재청에서 그 전에 한번만이라도 파보자고 건의해서 발굴을 하게 됐는데, 그때 이 향로가 발견된 것입니다. 그 향로가 지니고 있는 기술적인 섬세함이나 미적인 뛰어남에 대해서는 여기서 언급할 필요가 없을 것입니다. 다만 이 향로를 둘러싸고 전해오는 재미있는 뒷이야기가 있어 말해보고자 합니다. 처음에 이 향로를 발견했을 때 국적에 대해 잠깐 논란이 있었던 모양입니다. 백제 것이냐 중국 수(隋)나라 시대 것이냐를 놓고 학자들 사이에 잠시 논쟁이 있었다고 하는데요. 논쟁 끝에 백제의 것으로 판명되었다고 하더군요. 결정이 그렇게 난 데에는 다른 요인도 있었겠지만 향로 뚜껑 안쪽에 뚫어놓은 구멍도 한 가지 요인으로 간주되었답니다.

능산리 고분 옆에서 발굴한 백제의 금동 향로

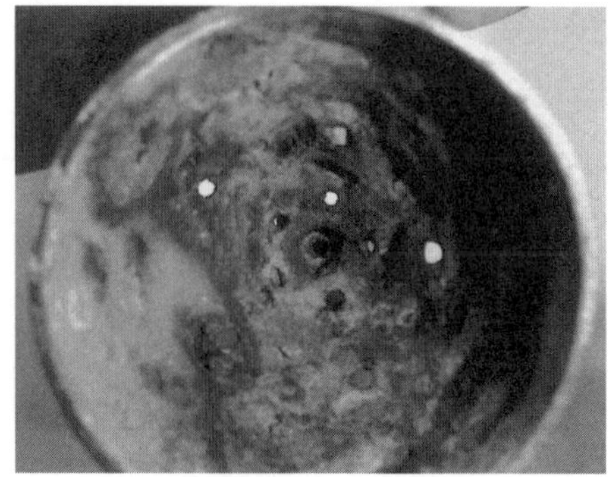

금동 향로 뚜껑 안쪽에 대충 뚫어 놓은 구멍
ⓒ국립중앙박물관

이 향로는 사진에서 보는 바와 같이 뚜껑에 구멍을 뚫어서 향의 연기가 바깥으로 빠져나가게 만들었는데, 이 구멍이 또 대충 해놓은 것이라고 하더군요. 찬찬하고 세밀하게 작업을 한 것이 아니라 그냥 구멍을 낸 것에 불과하다는 것입니다. 보이지 않는 곳이니까 대강 한 게 아닐까요? 그러나 거칠고 자연스러워 보이는 구멍이 오히려 향로에 정감을 불어넣는 것 같습니다.

선운사 대웅전의 앞 익공과 뒤 익공
앞 익공은 보이는 부분이라 화려하게 처리했으나, 뒤 익공은 보이지 않는다고 생각해 간단히 처리했다.

비슷한 시대의 것으로, 장인이 이런 식의 거친 익살을 부린 것이 또 있습니다. 경주에 있는 황룡사와 관계된 이야기입니다. 물론 지금 황룡사는 터밖에는 남아 있지 않습니다. 본론에 들어가기 전에 우선 그 이야기의 배경부터 시작하겠습니다.

당시 신라 조정에서는 황룡사를 왜 지었을까요? 이 정도의 역사(役事)면 규모가 엄청난 것이라 대단위의 국가사업으로 한 일인데, 이 건축의 배경에는 어떤 이유가 있었을까요? 여기에는 여러 이유가 있겠지만, 가장 큰 이유 중 하나는 신라 왕실의 권위를 드높이기 위한 것이었습니다. 당시 신라는 진흥왕이 불교를 전폭적으로 받아들여 나라의 건창을 꾀하고 있던 때였습니다. 진흥왕은 불교의 권위를 빌려 왕권을 강하게 하고자 원래 궁궐이었던 곳을 고쳐서 황룡사를 짓게 했습니다. 그러니까 이 절은 왕실 직속 사찰이었던 것이지요. 그래서 대단히 크고 화려한 사찰을 짓습니다(백제의 무왕이 익산에 황룡사보다 더 큰 규모로 미륵사를 지은 것도 같은 이유에서이지요). 황룡사의 규모에 대해서는 다른 예를 들 것도 없이 9층 목탑만 봐도 될 것 같습니다. 이 탑은 그 높이만도 요즘 아파트 30층에 육박하기 때문입니다. 실로 엄

황룡사 치미에 그려져 있는 익살맞은 사람 얼굴

황룡사 치미

청난 높이입니다. 그런데 지금 남아 있는 것은 치미(鴟尾, 망새) 하나밖에 없습니다. 거듭되는 전란으로 탑이 자주 파괴되곤 했는데, 고려 말 몽골의 침입 때에 탑을 비롯해서 절 전체가 불에 탔는데도 그 뒤로 절을 재건하지 않았기 때문입니다. 불에 다 타고 난 뒤에도 남아 있는 게 있었습니다. 바로 치미였지요. 치미란 지붕 용마루 양쪽 끝머리에 얹는 장식 기와로, 황룡사의 것은 그 크기가 180센티미터가 넘는 대형입니다. 치미 하나가 이 정도라면 전체 건물의 규모를 대강 짐작할 수 있을 것입니다. 이 탑은 진흥왕 때 만든 것은 아니고 선덕 대왕 시절에 지은 것입니다. 선덕 대왕이 여성이라 주위로부터 끊임없는 질시를 받았기 때문에 이를 극복하기 위해 큰 탑을 만들었다는 것이지요.

여기서 우리의 주목을 끄는 것은 이 치미입니다. 이 치미에는 사진에서 보이는 것처럼 사람의 얼굴이 아주 해학적으로 그려져 있습니다. 황룡사는 왕실의 절이라 대단히 엄숙하게 지어야 하는데도 신라의 이

단순미와 치졸미가 만연한 신라의 토우

름 모를 장인이 여기에 일종의 장난을 친 것입니다. 이것은 아마도 이 치미가 지붕 꼭대기에 얹히는 것이라, 자세한 문양이 눈에 띄지 않을 거라는 생각에 장인이 슬쩍 익살을 부린 것은 아닐까 하는 생각을 해 봅니다. 치미에 새긴 사람의 얼굴은 아주 단순하게 선 몇 개로 묘사되었지만, 웃는 모습을 거의 완벽하게 그려내고 있어 오히려 세련미를 더해줍니다.

아마 이런 세련된 해학을 묘사할 줄 알았던 이들은 분명 신라 민중 예술의 결정체라고 할 수 있는 토우의 예술적 감각을 그대로 갖고 있던 사람들일 것입니다. 두 작품이 너무나 닮았기 때문입니다. 신라의 토우에 대해서도 할 말이 많지만, 여기서는 토우가 단순함의 극치를 자랑하고 있음에도 불구하고 현대 예술가들이 도무지 흉내 낼 수 없는 대단한 경지의 작품이라는 것만 언급하고 넘어가겠습니다. 우리는 앞에서 한국인들은 세부를 생략하고 '대충' 하기를 즐긴다고 했는데, 이

토우야말로 그 개념에 꼭 들어맞는 작품이라는 것을 잊어서는 안 됩니다. 큰 시각에서 큼직하게만 그리고 후딱 만든 것 같은데, 전체 조형은 뛰어나기가 이를 데 없는 예술품이 바로 토우인 것이지요. 그런 면에서 토우야말로 대단히 한국적인 작품임에 틀림없습니다.

다시 치미로 돌아가 볼까요? 여기서 제가 강조하고 싶은 것은, 엄숙하기 이를 데 없는 왕실 건축에 어떻게 저런 유머를 부릴 수 있었을까 하는 점입니다. 이웃나라인 일본이나 중국에서도 저런 일이 있을까 생각해보았는데, 그 나라의 예술품을 전부 점검한 것은 아니지만, 비슷한 것을 그리 쉽게 발견할 수 있을 것 같지 않습니다.

파격을 중시한 미의식

경주 남산의 칠불암으로 올라가는 길 입구에 있는 남산리 마을에는 두 개의 삼층 석탑이 있습니다. 동탑과 서탑 두 기로 되어 있는데 이 양탑의 양식이 조금씩 다릅니다. 한국미를 묘사하는 큰 특징 가운데 비균제성(非均齊性)이 있습니다. 이것 역시 정해진 틀을 별로 좋아하지 않는 한국인들이 능히 가질 만한 미 감각일 것입니다. 비균제성이란, 쉬운 말로 대칭적이고 규범적인 것을 따르지 않는다는 뜻이겠지요. 그런 의미에서 이 두 개의 삼층 석탑은 비균제성을 여실히 보여주는 탑이라고 하겠습니다. 사진에서 보듯이, 동탑과 서탑은 서로 형식을 달리 하고 있습니다. 대칭을 이루지 않는 것이지요. 한국인들의 전형적인 미감에 충실했음을 알 수 있습니다.

그런데 그보다 더 재미있는 것은 동탑의 기단에서 보이는 홈입니다. 동탑은 기단 자체도 상당히 재미있게 만들었습니다. 큰 돌 몇 개를 그저 쌓아놓았을 뿐이기 때문입니다. 투박하기 이를 데 없고 또 대담

경주 남산 기슭에 있는 남산리 삼층 석탑 동탑(왼쪽)과 서탑(오른쪽)

하기까지 합니다. 이런 데에서 저는 한국인들의 힘을 느낍니다. 그런데 이 기단의 한 면에는 왜 홈을 만들었을까요? 이 점에 대해 같이 갔던 경주 남산연구소의 김구석 소장이 아주 재미있는 해석을 내렸습니다. 기단의 한쪽 면이 지나치게 반듯하게 생겨서 그것을 파괴하려고 일부러 홈을 팠다는 것입니다. 그러고 보니 한쪽 면이 직사각형 모양으로 아주 반듯하게 되어 있는 것을 알 수 있습니다. 이 면 자체로는 너무나 대칭적이고 규범적인 형태지요. 앞에서 저는 한국인은 이런 답답한 질서를 싫어한다고 했습니다. 신라의 장인들도 이런 답답함을 견딜 수 없었던 모양입니다. 하여 기대(?)를 저버리지 않고 홈을 파서 전체의 규범적인 질서를 파괴해버렸습니다. 이런 것을 한국인의 파격성이라고 부를 수 있을지도 모르겠습니다. 저는 이런 것을 발견할 때마다

홈이 파여 있는 동탑의 기단

우리 조상들이 무척 존경스럽고 그분들에 대한 애정이 솟아납니다. 또 제 안에, 혹은 우리 안에 있는 같은 성질을 발견하게 되어 괜히 기분이 좋아집니다. 이렇게 전국 방방곡곡을 다니면서 우리 조상들이 남긴 유물들을 보면 우리나라나 우리 문화를 사랑하지 않고는 못 배길 겁니다.

한국미의 이런 특징은 어디서나 발견됩니다. 아마도 한국의 전통 예술에는 이런 정신이 기본적으로 깔려 있지 않나 하는 생각을 해봅니다. 물론 제 주장에 반론을 제기하실 분들도 많을 것입니다. 왕실이나 귀족들이 애용하던 물품은 그렇게 대충 만든 것이 아니라고 하면서 말입니다. 물론 맞는 말입니다. 모든 예술품에서 규범을 파괴한 흔적을 찾을 수 있는 것은 아니니까요. 제가 말하려는 것은 전체적인 한국미의 경향일 뿐입니다. 한국인들도 정교한 것을 잘 만들 수 있습니다. 그러나 아주 세련되고 정련된 것을 만들다가도 어딘가에는 반드시 파격을 구사하는 것이 우리네 기본 성정이 아닌가 하는 생각이 듭니다.

사진에서 보는 것처럼 아주 좋은 기와집이 있습니다. 이 집은 양반

집답게 아주 정갈하게 지어져 있습니다. 기둥도 매끈하고 모든 게 다 대칭으로 되어 있습니다. 그런데 마루를 좀 보십시오. 쪽을 이어 붙인 나무판자의 금이 잘 맞지 않습니다. 나무판자들이 규격에 딱 맞게 깔려 있는 것이 아니라서 금들이 조금 어긋나 있는 것을 알 수 있습니다. 그런데 이런 작은 파격이 전체적인 외양의 아름다움을 감소시키는 것이 아니라 오히려 더 정감 있게 만들어줍니다. 이래야 한국적이라는

선이 맞지 않는 한옥의 마루

비대칭으로 만들어진 달항아리

생각이 드니 제가 잘못 생각하는 것일까요?

한국의 특징적인 미의식은 그릇에서도 찾아볼 수 있습니다. 분청사기, 막사발 혹은 이도(井戶)다완으로 불리는 그릇, 또 백자 따위에서 보이는 미의식 역시 자유분방하다는 것은 재론할 필요가 없습니다. 물론 백자 가운데에는 매우 정제된 것들도 있지만 일명 '달항아리'로 불리는 그릇처럼 비대칭으로 되어 있는 그릇이 많은 부분을 차지하고 있으니, 백자도 앞에서 본 한국미에 충실한 것으로 보아야 합니다. 그런데 가장 귀족적인 그릇이라고 하는 청자에서도 이런 한국적 미가 발견되니 재미있는 일이 아닐 수 없습니다. 물론 청자의 전체 모습은 완벽하게 아름답다고 할 수 있습니다. 겉모습에서는 흠을 찾을 수가 없습니다. 문제는 바닥에 있습니다. 바닥은 안 보이는 부분이라 그런지 신경을 많이 쓰지 않아 정제되어 있지 않다고 합니다. 바닥 면이 고르지 못한 것입니다. 안 보이는 부분이면 대충 하는 한국인들의 성향이 발동된 것인지도 모르겠습니다.

마지막 마무리를 깔끔하게 하지 않고 대강 마무리하는 특징은, 유형의 예술 말고 음악과 같은 무형 예술에서도 발견됩니다. 제가 한때 시조창을 배운 일이 있는데, 그때 도무지 이해가 안 되는 일이 있었습니다. 시조창을 할 때 소리를 마지막까지 다 하지 않고 끝내는 것이 그것입니다. 예를 들어, 양사언의 '태산이 높다하되'로 시작하는 시조를 보면 마지막이 '뫼만 높다 하노라'라는 구절로 끝이 납니다. 그런데 이것을 노래할 경우에는 마지막 세 글자, '하노라'는 부르지 않고 갑자기 끝을 내버립니다. 그러니까 '뫼만 높다'라고만 하고 그냥 끝내버리는 것이지요. 이 시조만 그런 것이 아니라 모든 시조를 할 때 마지막 세 글자 정도는 노래하지 않는 것이 관행으로 되어 있습니다. 그래서 시조를 가르치던 선생님께 그 이유를 여쭈어보니 당신도 잘 모르겠다는 말씀뿐이었습니다. 제 나름대로 억측을 해보자면, 이른바 '파이널 터치'에 관심이 없는 한국인들이라 이런 일이 가능하지 않았을까 싶습니다.

한국 최초의 미술사가였던 고유섭 선생은 한국미의 양상에 대해 여러 가지 용어로 묘사한 바 있습니다. 특히 「조선 고미술의 특색과 그 전승 문제」라는 논문에서 우리나라의 미술은 다 민예적인 것이라면서 한국미에 대해 '무기교의 기교', '비균제성', '무관심성', '구수한 큰 맛', '조소성(粗疎性, 거칠고 성긴 속성)', '질박' 등의 용어로 설명하고 있습니다. 한국인들이 대충 하고 사물을 '크게 크게' 보는 태도에 대해 이같이 해석을 하신 것이지요. 한국 미술의 민예적인 특징을 강조하는 고유섭 선생의 이론에 반론을 제기하는 사람들은 석굴암이나 고려 불화와 같이 극히 대칭적이고 정제된 예술품은 어떻게 설명할 수 있겠느냐고 묻습니다. 고유섭 선생은 석굴암을 예로 들면서 이렇게 답하고 있습니다. 석굴암은 대단히 정교한 기하학적인 원리를 바탕으로

석굴암 감실 가장 안쪽에는 이와 같이 윤곽을 뭉뚱그린 유마거사 조상이 있다. ©박정훈

지은 것이지만 거기에도 비균제적인 요소가 있다고 말이지요. 그 증거로, 고유섭 선생은 돔 상단부의 감실에 모셔져 있는 상을 들고 있습니다. 그중에서 돔의 맨 안쪽에 있는 유마거사 상이 조각하다 만 것처럼 대충 처리되어 있다는 것이지요. 실제 이 상은 '뭉뚱그려' 놓은 것처럼 윤곽만 있을 뿐 자세한 묘사는 전혀 없습니다. 독자 여러분들도 석굴암 안에 이렇게 대충 조각된 상이 있다는 것을 알고 계셨는지 궁금합니다. 이 상이 모셔져 있는 감실 쪽은 밖에서 볼 때 그리 잘 보이는 부분이 아닙니다. 잘 보이지 않는 부분을 대강 처리하는 한국인의 습성이 발현된 것은 아닌지 심히 의심스러운 부분이지요.

얼마 전까지 유행했던 유행어 가운데 "그까이꺼 대충~"이라는 게 있었습니다. 〈개그 콘서트〉의 한 코너인 〈봉숭아 학당〉에 나오던 '경비 아저씨' 장동민 씨가 했던 대사였지요. 이런 대사가 전 국민의 사랑을 받고 모두가 따라하는 유행어가 된 것도, 어쩌면 대충 하는 것을 좋아하는 한국인들의 성향을 반영한 게 아닐까 하는 생각을 해봅니다.

봉숭아 학당의 '경비 아저씨'는 세세한 것까지 신경 쓸 것 없이 큰 줄기만 대강 대강 해치우면 모든 게 만사 오케이라며 주장하곤 했지요. 그런 '경비 아저씨'가 나올 때마다 저는 한국인의 전형을 보는 것 같아 쾌재를 부른 적이 한두 번이 아니었습니다. 더불어 그런 모습이 제 자신을 연상시켜 기분이 난데없이 좋아지기도 했습니다.

4
강

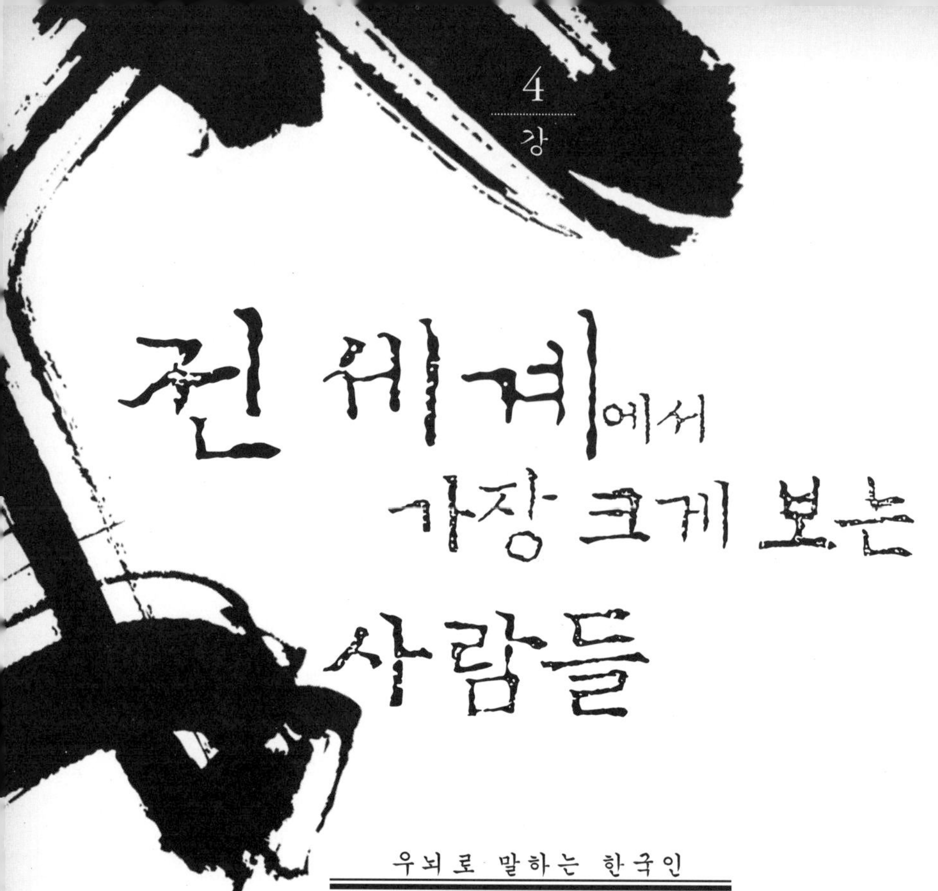

한 뭐 꺼에서 가장 크게 보는 사람들

우뇌로 말하는 한국인

사물을 크게 본다 함은 공간 지각력이 대단히 발달해 있음을 뜻한다고 볼 수 있습니다. 그리고 이것은 세부에 대한 분석보다는 전체를 크게 보는 능력이 뛰어나다는 것을 뜻하기도 하는데, 이 점은 앞에서 이미 살펴보았습니다. 공간 지각력은 우리의 뇌 가운데에서도 우뇌가 관장하는 능력입니다. 그래서 저는 한국인은 우뇌적인 사고가 대단히 강한 사람들이라고 늘 주장해왔습니다. 이런 저의 주장은 얼굴학의 대가인 조용진 교수로부터 배운 것인데, 그분에 따르면 한국인은 전 세계에서 우뇌적인 사고가 가장 발달한 사람이라고 합니다. 저도 이 점에서는 그분의 의견에 전적으로 동의합니다. 조용진 교수는 수치를 가지고 이렇게 주장하지만 — 조용진 교수는 정말로 좌뇌와 우뇌의 크기를 재서 그 수치를 내놓았습니다! — 저는 제가 전공한 종교 사상 혹은 예술을 통해서 같은 결론에 도달했습니다. 그렇다면 우뇌와 좌뇌는 기능 면에서 어떻게 다를까요?

좌뇌: 오차 없는 수학적인 능력, 정확한 언어 표현 능력, 추론과 관련된 논리 능력, 합리적인 사고 능력, 세부적인 분석 능력, 비판 능력, 계열적 사고 능력 등.

우뇌: 열려 있는 공간 지각 능력, 순간 인지와 관련된 직관 능력, 느낌의 형상화와 음악 예술 능력, 이미지의 영상화 능력, 다양한 상상 능력, 창조 능력, 총체적 사고 능력 등.

양 뇌의 능력은 대체로 이렇게 나눌 수 있는데, 뇌를 연구하는 학자들에 의하면 좌우 양 뇌는 사고방식 혹은 세상을 바라보는 방법이 너무 달라서 우리 머리 안에는 전혀 다른 두 사람이 살고 있다고 생각하는 게 낫다고 합니다. 물론 뇌에 대한 문제를 이렇게 기계적으로 접근하는 것이 많은 논쟁을 불러일으킨다는 것은 잘 알고 있습니다. 가장 강한 비판이 환원론인데, 이 비판에 따르면 복잡한 인간의 사고와 인간의 문화를 뇌라는 물질적인 것으로 환원시켜 설명하기 어렵다는 것입니다. 이 비판은 충분히 일리가 있습니다. 그러나 양 뇌가 담당하는 기능이 확연히 다른 만큼, 이런 식의 구분은 의미가 있다고 생각합니다. 특히 양 뇌가 표방하는 사고의 특색을 살펴본다면, 많은 부분에서 유의미한 한국인의 특징을 발견할 수 있습니다. 우뇌적인 사고의 시각을 가진 한국인의 특성이 그대로 드러나기 때문이지요.

한국인들이 논리적이고 분석적인 사고보다는 전체를 보는 데에 능하다는 것을 알려면 세계지도를 펴보면 됩니다. 우리가 사는 세계는 크게 동서양으로 나뉩니다. 동서양을 가르는 특징을 단적으로 말한다면 어떻게 표현할 수 있을까요? 동양은 직관적인 사고가 발달한 곳이고, 서양은 분석적인 사고가 발달한 곳이라고 표현할 수 있을 것입니다. 그 때문에 생긴 극명한 차이는 동양에서는 종교가 비롯되고 발달한 반면 서양에서는 과학이 발달한 것을 들 수 있을 것입니다. 종교에서는 분석적인 사고보다 직관적인 앎의 방식이 더 중요시되지만 과학에서는 분석적인 추론이 훨씬 더 중요한 위치를 차지하고 있기 때문에 이런 차이가 생긴 것이지요. 이런 의미에서, 세계의 대종교라 불리는 불교나 힌두교, 이슬람교, 기독교 등이 모두 동양에서 유래했다는 것은 전혀 놀랄 일이 못 될 겁니다(기독교도 그 고향은 엄연한 동양이지 서양이 아닙니다!).

시각을 좁혀, 이번에는 동양 쪽의 지도만을 살펴봅시다. 이슬람 문화권은 우리와 직접적인 연관이 없으니 잠깐 차치하고, 우리 문화 형성에 엄청난 영향을 준 인도와 중국을 살펴보지요. 이 두 문화권 역시 사고하는 방식에서 명확한 차이가 있습니다. 이 두 문화권은 서양 문화권보다는 분석적인 사고를 덜 강조하지만, 상대적인 관점에서 볼 때 인도는 중국보다 분석적인 사고가 더 발달한 곳입니다. 그 차이를 엿보고 싶다면 양 문화권에서 발달시킨 종교를 보면 됩니다. 인도에서 발생한 불교와 힌두교를 봅시다. 이 종교들에서는 지극히 분석적인 사고를 요하는 논리학이 매우 발달했음을 알 수 있습니다. 가령 불교 논리학의 정점이라 할 수 있는 인명론(因明論)이나 나가르주나가 설법한 중론(中論)에서 구사되는 논리를 보면 인간의 사고가 완전 극에 달했다는 느낌을 받습니다. 그 복잡한 정도를 말로 다 할 수가 없기 때문입니다. 나가르주나의 중론은 인간이 생각할 수 있는 모든 논리적 경우의 수를 다 동원해 자신의 설을 펴나가고 있어 인류에게 더 이상의 복잡한 논리학은 있을 수 없을 거라는 인상마저 받습니다.

반면에 중국의 경우, 불교가 전해지던 초기에는 인도 불교가 지닌 이러한 특징이 전적으로 중국에 수용됩니다. 가장 대표적인 예가 나가르주나의 저작을 중심으로 연구하는 삼론종(三論宗)*이고, 또 보통 법상종(法相宗)이라고 불리는 유식학(唯識學)도 이에 속합니다. 후자는 흔히 불교의 스콜라 철학이라고 하는데, 그것은 이 종파의 철학이 그만큼 복잡하고 번쇄한 이론을 자랑하기 때문입니다. 중국에 들어온 이러한 종파의 인도 불교는, 초기에는 나름대로 꽃을 피웁니다. 그러나 중국인들의 기질에는 이런 분석적인 불교가 잘 맞지 않았습니다. 그래서 중국인들은 불교를 서서히 중국화하는데, 이 과정에서 인류 지성의 최고 금자탑 가운데 하나라 할 수 있는 선불교가 탄생하게 됩니다. 선불교는, 한마디로 말해서 가장 중국적인 불교라 할 수 있습니다. 그래서 선불교를 처음으로 서구에 소개했던 일본의 스즈키 다이세쓰[鈴木大拙]는 선불교를 두고 '대승불교의 중국적 해석'이라고 했던 것입니다. 실제로 선불교는, 그 내부의 핵심을 보면 불교보다 오히려 장자(혹은 노자)의 철학에 가깝습니다. 그런 의미에서 가톨릭의 트라피스트 수도회 소속이었던 토머스 머턴(Thomas Merton) 신부가 "장자의 진정한 계승자는 당(唐)대의 선사였다"라고 한 것은 정확한 지적입니다.

그렇다면 선불교는 그 전의 인도 불교와 비교해볼 때 어떤 확연한 특징을 갖고 있을까요? 잘 알려져 있는 것처럼 선불교는 교학(敎學)을 무시한 것으로 유명합니다. 즉 교리를 따지고 분석하는 교학을 무시하고, 진리는 오직 직관적 통찰에 의해서만 깨칠 수 있다고 강력하게 주장한 것이지요. 부분의 분석보다는 전체를 통째로, 거시적으로 보자는 것이 선불교의 자세였습니다. 복잡하고 성가신 교리를 따지기보다는 하나의 화두를 놓고, 일체의 분석 행위를 중지하고 인간의 우뇌가 관장하는 직관적 능력을 최대한 끌어올려 깨달음에 다다르는 것이 선불

* 이 종파에서는 나가르주나의 주요 저작인 『중론』과 『십이문론(十二門論)』과 제바(Deva, 提婆)의 『백론(百論)』을 연구하는 것을 목표로 했습니다. 삼론종으로 불리게 된 것은 이 세 책을 중심으로 연구했기 때문입니다.

교의 목표입니다. 화두에 몰두하는 것은 좌뇌적인 알음알이(분석) 작업을 차단하려는 것입니다. 이렇게 하는 이유는 무엇일까요? 이것은 우뇌적인 직관을 작동케 하기 위해서라고 할 수 있습니다. 우리의 우뇌는 종교적으로 대단한 능력을 갖고 있는데 좌뇌가 활동하고 있으면 제 능력을 발휘하지 못합니다. 그러니 좌뇌를 쉬게 할 수만 있다면 우뇌는 곧바로 터져 제 능력을 발휘할 수 있게 됩니다. 화두는 보통 이치에 맞지 않은 이야기로 되어 있는데, 이게 바로 좌뇌를 셧다운(shut down)하는 방법이라고 할 수 있습니다. 가장 중국적인 불교라는 선종은 이렇듯 우뇌적인 시각을 강조하고 있는 것입니다.

중국인들이 논리에 약하다는 것은 그들이 만들어낸 사상 체계에서 논리학이 미약하다는 사실에서도 잘 드러납니다. 중국인들은 춘추시대에 수많은 학파(이른바 제자백가)를 창출해냈고, 그 학파들을 통해 그네들만의 독창적인 철학을 만들어냈습니다. 유가나 묵가 등이 그 예에 속한다는 것은 상식에 가깝습니다. 이 학파 가운데에는 궤변학파로 불리는 명가(名家)처럼 논리와 관계되는 문제만을 다루는 학파도 있었습니다. 그러나 잘 알려진 것처럼, 이 학파는 더 이상 발전하지 못하고 역사의 뒤안길로 사라지게 됩니다. 그래서 지금은 중국에 그런 철학 학파가 있었는지 아는 사람도 별로 없습니다. 치밀한 논리를 요하는 사고 행위는 중국인과는 그리 잘 어울리지 않았던 모양입니다. 그러나 그래도 중국인들은 후대에 불교의 강한 영향을 받아 성리학과 같은 (도덕적인) 원리를 강조하는 철학을 만들어냅니다. 성리학은 이학(理學)이라고 불리는 데에서도 알 수 있듯이 원리적인 사고를 강조하는 가르침이라 할 수 있습니다.

지금까지 우리는 동서양의 사고 체계를 비교하는 데에서 출발해, 같은 동양권 안에서 나타나는 사고의 차이까지 두루 살펴보았습니다. 그 과정 속에서 지극히 분석적인 사고를 중시하는 서양보다 인도가 좀 더 통합적인 사고를 강조하고, 인도보다는 중국이 좀 더 통합적인 (혹은 직관적인) 사고를 강조한다는 것을 알 수 있었습니다. 그러니까 지구의 동반부(東半部)로 올수록 우뇌적인 시각으로 사물을 보는 방식이 우세하게 되었다는 것을 알 수 있었던 것이지요. 결과적으로, 중국인이 대단히 통합적인 시각에서 사물을 바라본다고 결론 내릴 수 있겠는데, 그런 중국인들이 우리 한국인들을 어떻게 묘사했는지 아십니까? 가장 대표적인 표현이 자신들은 궁리진성(窮理盡性)을 하는데 조선 사람들은 고무진신(鼓舞盡神)한다고 한 묘사가 아닐까 합니다. 이것을 풀어보면, 자신들은 (성리학과 같은 학문을 통해) 이치를 궁구(窮究)하고 인간의 성품을 실현시키려 하는데 조선인들은 북을 두드리고 춤을 추면서 신기를 발휘한다는 것입니다. 그들의 눈에는 우리 한국인들이 예술적 감흥을 높여 감정을 발산하는 데에만 능한 것으로 비친 것입니다. 그래서 그들이 작성한 역사서인 『삼국지』「위지 동이전」에는 고대 한국인(부여, 고구려, 삼한 등)들이 음주가무에 능하다는 기록이 남겨진 것입니다. 한국인들과 가장 가까운 종교인 무교가 노래와 춤으로 무아지경 상태를 유발하고 온갖 감흥을 발산시키니, 중국인들이 한국인을 이렇게 묘사한 데에는 충분한 일리가 있는 것으로 보입니다.

이런 시각으로 보면 우리 한국인들이 얼마나 우뇌적인 시각으로 삶을 조망하면서 사는지 알 수 있습니다. 지극히 분석적인 사고를 하는 서양으로부터 계속 동쪽으로 와서 동쪽의 끝에서 만나게 된 종족이 바로 가장 통합적으로 사고하고 사물을 크게 크게만 보는 한국인인 것입니다. 다시 말해 한국인들은 사물이나 사건을 대할 때 꼼꼼하고 세세한 분석을 하기보다는 화끈하게 신기를 발휘하면서 감정을 있는 대로 표현하며 살고 있다는 것이지요.

그래서인지는 몰라도 한국인은 철학을 크게 발전시킨 민족 같지는 않습니다. 물론 우리 역사 속에도 원효나 율곡 같은 분들이 있었지만, 이웃나라인 중국이나 일본에 비하면 독창적인 사상가의 숫자가 부족한 실정이랍니다. 대신에 한국인은 통합적 사고나 감정을 중시하는 분야인 종교 분야를 발달시켰습니다. 가령 한말 이래로 생겨났던 동학과 원불교 같은 종교는 세계적인 수준을 갖춘 종교로 꼽을 수 있습니다. 같은 시기에 중국이나 일본에서는 그런 수준 높은 종교가 출현하지 않은 것으로 알고 있는데, 이것으로 보면 한국인의 우뇌 발달은 두드러진 것이라 할 만합니다. 다만 우리가 만든 대단한 종교를 정작 한국인 자신만은 인정하지 않고 있다는 게 문제지요. 이건 제가 종교학을 전공했기 때문에 누구보다도 잘 알고 있다고 자부합니다. 저는 사견(私見)을 전제로 "만일 이런 종교들이 일본에서 생겨났다면 지금 벌써 세계적인 종교가 됐을 것"이라는 주장을 그동안 많이 해왔습니다. 이렇게 훌륭한 종교를 만들고도 주인공인 한국인은 그 사실에 시큰둥하니 야릇한 노릇이 아닐 수 없지요. 지금 한국에 기독교를 비롯한 많은 종교가 뿌리를 내리고 있는 것도 한국인들이 얼마나 강하게 우뇌적인 사고를 하는지를 잘 보여주고 있는 것 같습니다. 한국인들은 논리적으로 사고하고 합리적으로 행동하기보다는 뜨거운 가슴으로 느끼고 열정을 발산하는 것을 더 좋아하는 것입니다.

마지막으로 한국인들의 이런 성향을 또 다른 곳에서 찾아볼까요? 그것은 바로 노래하고 춤추면서 놀기를 좋아하는 한국인들이 음악에 대해 갖는 열정적인 태도입니다. 음악에 대한 한국인들의 이런 열정은 세계적인 음악가를 많이 배출했습니다. 세계적인 바이올리니스트인 정경화, 장영주, 지휘자 정명훈, 신이 내린 소프라노 조수미 등 세계적으로 유명한 한국인 음악가들을 꼽으라면 손가락이 모자랄 지경입니다. 그런데 이들은 모두 무엇 하는 분들입니까? 연주가나 지휘자, 성악가입니다. 무대에서 열정과 끼를 발산하는 예술가들인 것이지요. 같은 음악 분야라도 차분하게 앉아서 치밀한 논리를 구사하면서 곡을 만드는 세계적인 작곡가는 한국인 가운데 거의 없습니다. 윤이상 선생은 예외이겠습니다만, 이젠 그분도 타계하고 안 계십니다. 이렇게 보든 저렇게 보든 한국인들의 기본 성향은 화끈한 감정의 발산과 깊은 관계가 있다고 할 수 있겠습니다.

양궁과 골프를 잘하는 이유

이렇게 모든 사물을 대할 때 크게만 보니 한국인들이 다른 어떤 민족보다 월등히 잘하는 게 몇 가지 생겨났습니다. 그중 대표적인 것을 꼽으라면 양궁을 들 수 있습니다. 말할 것도 없이 양궁 하면 세계에서 우리 선수, 그중에서도 특히 여자 선수들이 세계 최강이라는 데에 이의를 제기할 사람은 없을 것입니다. 우리 양궁 선수들의 실력이 얼마나 좋았으면, 국제양궁협회에서는 한국이 올림픽에서 메달을 독식하는 걸 막으려고 규칙을 바꾸기도 했습니다. 기존의 기록만으로 순위를 정하던 것을 일대일 랭킹 전으로 바꾸고, 거리별로 메달을 수여하던 것을 이제는 단체전과 개인전 메달 수여로 바꿔 메달 수를 줄인 것입니다. 메달 수는 줄었지만, 2004년 아테네 올림픽에서 한국 선수들은 여지없이 금메달을 휩쓸었습니다.*

아테네 올림픽 때는 이전 중계와는 달리 화살이 날아가는 포물선을 카메라에 담아 시청자에게 보여주기도 했습니다. 그것을 보고 많은 분들이 적잖이 놀라셨을 것입니다. 그렇게 포물선 형태로 곡선을 그리

* 그뿐 아니라 아테네 올림픽 때 양궁 대회에 참가한 국가대표팀 가운데 7개 국 팀의 코치가 한국인이었다고 합니다.

1988년 서울 올림픽의 양궁 영웅 김수녕 선수 ⓒ중앙일보

면서 날아간 화살이 어떻게 과녁의 정가운데를 맞힐 수 있을까 하고 말입니다. 1988년 서울 올림픽 때 카메라 렌즈를 두 번이나 맞힌 김수녕 선수에게는 신궁(神弓)이라는 별명까지 붙여졌습니다. 사람이 할 수 있는 일이라고 생각되지 않았기 때문입니다. 과녁까지의 거리는 가장 먼 것이 남자는 90미터, 여자는 70미터라고 합니다. 이 먼 거리에서 활을 쏴서 지름이 불과 122센티미터인 과녁의 한가운데를 맞힌다고 생각해보십시오. 사람의 눈이 기계보다 더 정확하다는 표현이 무색할 지경입니다.

저는 활을 쏘아본 적이 한번도 없지만 이것은 보나마나 엄청나게 예민한 감각으로 해야 하는 경기일 것입니다. 거칠게 표현해서, 몸의

감(感)으로 쏘아야지 정밀하게 머리로 계산한 뒤에 쏘는 경기는 아니지 않을까요? 활을 쏠 때에는 여러 가지 요인이 영향을 끼칠 겁니다. 바람이 부는 방향이나 속도, 당시의 기온, 그리고 무엇보다도 집중의 강도 등 많은 요인이 활 쏘는 데에 영향을 줄 터인데, 이것을 좌뇌 식으로 하나하나 생각해서 순차적으로 고려할 수는 없을 겁니다. 크게 보고, 그런 요인들을 빠른 시간 내에 계산해서 집중한 상태에서 감각으로 쏴야 가능할 것입니다. 좌뇌적인 분석으로는 이런 것들을 단번에 하기가 힘듭니다. 그러나 우뇌는 이런 복잡한 요소를 한순간에 처리할 수 있고, 또 거기에 대처할 수 있습니다. 한국 선수들은 어느 나라 선수보다도 이게 빨리 되는 것입니다. 그러니 국제양궁협회에서 아무리 규칙을 바꾸어도 우리 선수들이 금메달을 독식하는 것을 막을 수는 없는 것입니다.

아테네 올림픽에서 선수들은 주위 사람들로부터 "한국인들은 어려서부터 양궁만 하느냐"는 말을 들었다고 합니다. 그런데 실상은 어떠합니까? 실제로 양궁은 우리 생활과 밀접한 운동이 아닙니다. 국민들은 양궁을 보는 것은 즐기는 것 같지만, 실제로 하는 것엔 그다지 흥미가 없습니다. 그런데도 이렇게 우리가 세계 양궁계를 휩쓰는 것은 한국인들의 우뇌적인 능력이 워낙 발달해서일 것입니다. 세계에서 우뇌적인 사고 능력이 가장 발달한 사람(한국인) 가운데에서 또다시 그 능력이 가장 뛰어난 사람들을 뽑았으니, 이 선수들은 아마도 전 세계에서 우뇌적인 사고력이 가장 뛰어난 사람들일 겁니다. 그런 사람들을 대상으로 활 쏘는 훈련을 시켰으니 전 세계에서 누가 그들을 당할 수 있겠습니까?

국궁으로 가면 그 양상은 더 뚜렷해집니다. 양궁은 서양의 활이라 활 쏘는 자세부터 서양 냄새가 물씬 납니다. 활도 직선의 활이고, 그에 따라 자세도 직각을 유지하는 게 중요하지요. 그에 비해 우리 활은 활

자연스러운 곡선의 형태를 띤 우리나라의 활 국궁 ⓒ중앙일보

자체의 모습부터 다릅니다. 활은 자연스러운 곡선의 형태를 띠고 있지요. 활을 쏘는 모습도 양궁처럼 과녁에 직선으로 겨누는 것이 아니라 과녁과는 전혀 관계가 없는 허공에 대고 대충 쏘는 것 같습니다. 그래서 외국인들은 국궁을 보면 매우 놀란다고 합니다. 공중에 대고 대충 쏘는 것 같은데 화살이 그 먼 과녁에 척척 꽂히니 말입니다. 국궁에서 궁사와 과녁까지의 거리는 놀랍게도 145미터나 됩니다. 이렇게 머니 궁사는 공중에 대고 쏘는 것입니다. 양궁처럼 직선으로 쏘면 그렇게 멀리 갈 수가 없기 때문이겠죠. 이 국궁이야말로 공간 지각력이 고도로 발달한 사람만이 잘 쏠 수 있는 운동일 것입니다. 활을 쏘는 지점에서 과녁까지의 공간에 대한 큰 그림을 순식간에 그린 다음 고도로 발달한 감을 이용해서 크게 대중 잡아 쏘는 것이기 때문이지요. 예로부터 한국인들이 활을 잘 쐈다는 것은 이웃나라인 중국에서도 인정한 바 아니겠습니까?

이런 한국인의 재능은 민족의 DNA(이런 것이 있다면) 속에 저장되어 계속 전승되었고, 이것이 근래에 와서 다시 폭발하게 되었는데, 이

공주 무령왕릉 건너편에 만들어놓은 박세리 공원의 박세리 동상

번엔 골프에서였습니다. 1997년 박세리 선수가 미국 여성 골프 대회인 LPGA(미국 여자 프로 골프 협회)에서 우승해서 우리를 놀라게 한 것입니다. IMF 금융 대란으로 온 국민이 실의에 빠져 있을 때, 양말을 벗고 연못에 들어가 공을 치던 박 선수의 모습은 아직도 생생합니다. 그 때는 그저 우연히 우승한 것이겠거니 생각했는데, 그게 아니었습니다. 박 선수는 시작에 불과했습니다. 그 뒤로 김미현, 박지은, 안희정 등 한국 여성들의 세계 골프계 석권 소식은 그칠 줄을 몰랐습니다. 따라서 우스갯소리로 미국인들은 LPGA 대회의 텔레비전 중계는 잘 안 본다는 소리도 들립니다. 시청해봤자 아시아 선수들의 판이니 재미가 없다는 것입니다. 이야기를 듣고 보니 그럴 것도 같았습니다. 우리나라에서 개최하는 태권도 대회에서 다른 나라 선수들만 우승하면 우리도 재미없지 않겠습니까?

그 뒤 한국 여성 선수들은 한동안 소강상태를 보였습니다. 그러다 다시 세계 여자 골프계의 강자들이 나타났으니, 2005년에 들어와 두각을 보인 김주연, 이미나, 강지민 선수가 그들입니다. 박세리, 박지은, 김미현이 1세대라면 이 세 선수들은 2세대라고 볼 수 있겠지요. 이 가운데 김주연과 이미나 선수는 2005년 상반기에 미국 LPGA에서 이미 우승을 해서 그 실력을 인정받았습니다. 여기에 천재 소녀 골퍼 미셸 위까지 가세하면 한국 여성 팀의 위력은 막강할 것으로 생각됩니다. 이 상태로 간다면 곧 이어서 3세대도 나타날 것이고, 세계 골프계는 우리 한국 여성 선수들의 놀이터가 될지도 모르겠습니다. 이것은 이들이 받은 상금 총액으로도 알 수 있습니다. 2006년도 미국 LPGA의 상금 랭킹 순위를 보면 10위 안에 한국 선수가 4명이나 들어가 있고 30위 안에는 무려 12명이 들어가 있다고 합니다.

전문가들은 한국 선수들의 활약이 2007년에는 더욱 두드러질 것으로 내다보고 있습니다. 2006년 LPGA 한국 풀시드권자는 26명이지만 2007년에는 35명가량으로 늘어나 미국 선수들의 숫자와 그다지 차이가 나지 않을 것이라고 합니다. 그래서 1960년대에 비틀스를 비롯한 영국 밴드들이 세계의 대중음악계를 점령하자 '브리티시 인베이전(British Invasion, 영국의 침공)'이라는 말이 나왔듯이 지금 세계 골프계에서는 '코리안 인베이전'이라는 말이 나오고 있다고 합니다.* 2006년 10월 5일자 중앙일보에 따르면, 미국의 저명한 골프 잡지인 『골프 다이제스트』에서 "38선 이남에서 골프의 핵폭풍이 일고 있다"고까지 표현했다고 합니다.

그런데 여기서 한 가지 의문점이 생깁니다. 한국인이 골프를 본격적으로 치기 시작한 게 얼마나 되었을까요? 불과 20~30년 됐을까요?

* 2005년 8월 22일에는 한국 여자 골프와 관련해서 진귀한 일이 벌어졌습니다. 미국 오리건 주 포틀랜드의 컬럼비아 에지워터 골프장에서 열린 LPGA에서 강수연 선수가 우승을 했을 뿐만 아니라 5등까지가 모두 한국 선수들이었던 것입니다. 물론 이 대회에는 골프계의 여황제라 하는 소렌스탐이 나오지 않았지만, 그래도 5위까지가 모두 한국 선수였다는 것은 놀랄 만한 일이었습니다(2위 장정, 3위 박희정, 4위 김주미, 5위 임성아).

그런데 세계 대회를 주름 잡는 선수들이 대거 등장하다니, 신기한 노릇 아닌가요? 어떤 분야가 되었든지 이렇게 짧은 시간에 전 세계를 석권한다는 것은 결코 쉬운 일이 아닙니다. 세계의 문턱이 그만큼 높기 때문이지요. 그런데도 골프에서 우리가 이렇게 세계를 놀라게 할 만한 성적을 낸 것은 골프의 특성과 한국인의 특성에 어떤 연관되는 점이 있기 때문이 아닐까요? 그렇지 않다면 달리 설명할 길이 없지요. 그렇다면 골프와 연관되는 한국인의 특성은 무엇일까요? 바로 공간 지각력을 들 수 있을 것입니다. 우리는 앞에서 궁도에 대해서 이야기했는데 궁도와 골프는 공간 지각력의 발현물(發現物)이라는 점에서 닮은 점이 많습니다. 활을 쏘아 먼 거리에 있는 과녁을 맞히는 것이나 먼 거리에 있는 구멍에 골프공을 넣는 일이나 모두 공간 지각력이 뛰어난 사람만이 잘할 수 있는 일이라는 것이지요. 그런 의미에서 한국의 여성 골프는 앞으로 무궁무진하게 발전할 것으로 생각합니다. 그런데 왜 한국 여자 선수들이 유독 골프를 잘 치는 것일까 하는 의문도 듭니다. 남자 선수로는 거의 유일하게 최경주 선수만 세계무대에 서니 말입니다. 여러 가지 설명이 가능하겠지만, 상대적으로 여성들의 공간 지각력이 남성들보다 많이 발달하지 않았나 하는 추측을 해봅니다.

진정한 스케일은 자금성이 아니라 경복궁

우리 한국인은 대개 우리 문화의 스케일이 작다고 생각하는 경우가 많습니다. 다른 나라 사람들도 그렇게 말하는 경우가 많으니 우리도 덩달아 그렇게 생각하는 것 같습니다. 일례로 중국인들은 우리의 경복궁을 보고 좀 의아하게 생각한다고 하지요? 한 나라의 왕이 거처하는 궁궐이 어찌 이렇게 작을 수가 있느냐고 말입니다. 그들은 한 술 더 떠,

경복궁 정도의 크기라면 조금 과장을 보태서 자기네들의 정궁인 자금성(紫禁城)의 행랑채밖에 더 되겠느냐고 강변하기도 합니다. 그런 말을 듣는다 해도, 우리는 그다지 공박할 말을 찾지 못합니다.* 사실 건물만 보면 그렇게 보일 수도 있습니다. 그런데 이것은 사물을 크게 잘못 보는 것입니다. 우리 조상들이 이룩해놓은 조경이나 건축 속에 내재되어 있는 세계관을 제대로 이해한다면 이런 소리가 나올 수 없기 때문입니다.

우리의 전통 정원〔원림(園林)〕도 마찬가지입니다. 저 역시, 우리의 전통 정원의 규모가 보잘것없다고 생각한 적이 있습니다. 제 자신의 체험이 그러했으니까요. 현재 남아 있는 정원 가운데 대표적인 것으로, 담양에 있는 소쇄원을 가지고 설명을 해보도록 하겠습니다. 처음 소쇄원을 찾았을 때, 저는 그곳이 대단히 아름다운 한국의 전통 정원이라고 익히 들은 터라 큰 기대를 갖고 들어갔습니다. 그런데 보이는 것이라곤 대나무 숲과 작은 계곡, 그리고 낡아빠진 정자 두 채와 두르다 만 담벼락뿐이었습니다. 내용물이 이러하니 규모 역시 클 수가 없었습니다. 추후에 안내자의 설명을 들어보니 우리의 정원은 겉모습만 보고 판단할 게 아니었습니다만, 막상 처음에는 보이는 게 별로 없으니 실망할 수밖에 없었지요. 특히 중국의 정원에 비해 너무나 보잘것없었습니다. 수년 전에 가보았던 중국 소주(蘇州)에 있는 졸정원(拙政園)과 비교해보면 우리 것은 정원도 아니었지요. 정원에 대해서는 할 말이 많지만 워낙 주제가 광범위하기 때문에 그걸 다 쓰려면 책 한 권이 필요할지도 모르겠습니다. 그래서 여기서는 내용을 간추려 스케일만을 가지고 말해보겠습니다.

중국의 정원, 특히 졸정원은 주위의 자연 환경을 그다지 고려하지

* 그런데 실제 영역을 계산해보니 경복궁은 자금성의 7분의 4나 됩니다. 이것은 반이 넘는 수치이니 자금성에 비해 결코 작은 것이 아닙니다.

자연의 모습을 인공적으로 완벽하게 구현해놓은 중국 소주의 졸정원

않습니다. 엄청난 넓이의 땅에 담을 높게 치고, 정원 안의 공간을 주위와 차단시킵니다. 그러곤 그 안에다 자연의 모든 모습을 거의 다 구현합니다. 자연 속에서 볼 수 있는 모든 것, 가령 돌, 나무, 숲, 연못 등을 그것도 각 계절 별로 화려하게 배치해놓은 것이에요. 그래서 한 구획에서 다른 구획으로 갈 때마다 완전히 새로운 풍광이 펼쳐져 자연스레 탄성을 지르게 됩니다. 규모로만 보면, 중국 정원은 그 크기가 엄청나다는 것을 알 수 있습니다. 전 자연을 정원에 구현하려 하니 좁은 땅으로는 가능하지 않았겠지요. 중국인들은 그 넓은 공간을 모두 인공으로 꾸며놓았더군요. 인공으로 꾸몄으되 규모가 하도 크니 외려 자연스럽게 보일 지경이었습니다.

일본의 정원 역시 자연을 담 안으로 끌어들인다는 의미에서 그 콘셉트는 중국과 같다고 볼 수 있습니다. 그런데 일본은 중국처럼 규모를 크게 하지는 않는 것 같습니다. 오히려 더 축소시키는 경향이 있어

고도의 상징과 인위적인 장식으로 가득 찬 일본 료안지의 석정

보이더군요. 일본의 정원은 집의 담장 안에 보통의 크기로 만들어놓습니다. 그러나 그 안에는 중국처럼 전 자연이 있습니다. 대신에 작게 만들어서 많은 것이 그 안에 들어갈 수 있게 만듭니다. 규모가 작으니 각각의 사물들은 매우 상징적인 의미를 갖습니다. 그래야 전 자연을 그 안에 다 포함시킬 수 있기 때문이지요. 그래서 그런지 일본의 정원은 아기자기하고 예쁘기가 그지없습니다. 옆의 사진은 그 유명한 료안지(龍安寺)의 석정(石庭, 돌로 만든 정원)입니다. 하얀 조약돌을 써레질해서 깔아놓고 드문드문 검은 돌을 크기 별로 가져다 놓았습니다. 이 정원은 깨달은 사람의 마음 상태를 상징한다고 하는데 지극히 단순하면서 고도의 상징이 가득 찬 것을 알 수 있습니다. 이 바위들은 부처나 폭포 혹은 거북이 등을 상징한다고 합니다. 저는 이 정원을 직접 가서 보았는데요, 무척 아름다운 정원이지만 매우 일본식이라 우리 조상들은 죽어도 저렇게 못 만들 거라고 혼자 생각하면서 속으로 웃었던 기

억이 납니다. 무엇보다도 저런 인위적인 장식은 한국인들이 가장 못하는 것이기 때문입니다. 인간의 손은 가능한 한 적게 들이고, 자연을 있는 그대로 놓아두는 것이 전통적인 한국인의 미의식 아니겠습니까.

다시 정원의 규모로 돌아와 살펴보자면, 소쇄원을 비롯한 한국의 정원은 그 자체로는 규모가 너무 작습니다. 규모가 작으면 일본 정원처럼 고도의 상징성이라도 갖추면 좋으련만, 그것도 아닙니다. 그런데 여기에 우리가 미처 몰랐던 사실이 있습니다. 한국의 정원이야말로 규모 면에서 중국이나 일본의 것과는 비교가 되지 않을 정도로 거대하다는 게 그것이지요. 이 이야기가 어떻게 가능한 것일까요? 한국의 정원은 눈에 보이는 것만으로 가늠해서는 안 되기 때문입니다. 한국인들은 정원을 만들 때 주변의 자연 경관을 반드시 염두에 둡니다. 염두에 두는 정도가 아니라 주변에 있는 자연 경관과의 구도를 반드시 계산해서 만든다고 해야 정확한 말이겠지요. 이때 특히 중요한 것은 뒤에 있는 산과 앞에 펼쳐지는 벌판입니다. 물론 정원의 정자가 대면하고 있는 맞은편 산도 중요한 인자에 속합니다. 이 가운데 가장 중요한 것은 앞에 펼쳐지는 벌판(그리고 강 혹은 내)이 됩니다. 이 벌판이야말로 한국의 정원을 완성한다고 해도 과언이 아니기 때문이지요. 이것을 일컬어 차경(借景) 기법이라고 합니다. 벌판과 같이 바깥에 있는 경관을 빌려다 이용한다는 뜻입니다. 이렇게 놓고 보면 한국의 정원은 그 규모가 엄청 큰 것이 됩니다. 뒷산부터 해서 앞에 있는 너른 벌판이나 강, 산까지 모두 정원 안에 들어가니 말입니다. 자연을 인위적으로 해치지 않고 인간이 이용하는 공간은 최소한으로 하지만, 사실은 그 넓은 자연을 모두 다 인간의 것으로 활용하겠다는 계산이 바로 한국인들이 정원을 만들 때 갖고 있는 전통적인 기본 개념이 아닌가 싶습니다.

같은 시각을 경복궁에 적용하면 경복궁 역시 얼마나 규모가 큰 건축물인지를 알 수 있습니다. 경복궁을 이해하려면 경복궁을 지을 때

앞에 있는 벌판과 산을 정원으로 끌어들여 건축한 옥산서원

기초한 풍수지리론을 알아야 합니다. 한국의 전통 건축이나 조경은 거의 대부분이 풍수론에 입각해서 만들어진다는 것을 알고 계실 겁니다. 풍수론은 자연을 살아 있는 것으로 보고 아주 규모 있게 이용합니다. 이런 원리에 입각해서 짓기 때문에 한국의 전통 건축들은 규모가 클 수밖에 없습니다. 경복궁도 마찬가지입니다. 경복궁은 건물 자체의 규모로만 보면 분명 베이징에 있는 자금성에 '잽'도 안 됩니다. 이것은 조선이 중국의 제후국이었기 때문에 어쩔 수 없는 일이었습니

다. 제후국으로서 지켜야 할 한계가 있으므로, 마냥 크게 지을 수는 없었던 것입니다.

그러나 속을 들여다보면, 규모라는 개념의 우위가 그리 간단하지 않습니다. 건물 자체만이 아니라 건축물을 둘러싼 조망을 함께 보아야 하기 때문입니다. 경복궁이라는 건축을 가능하게 하는 권역은 풍수론에 입각해서, 뒤에 있는 주산(主山)인 북악산(北岳山)*부터 해서 적어도 내사산(內四山) 중 남쪽 산에 해당하는 남산까지의 공간을 잡아야 합니다. 이른바 사대문 안입니다[욕심을 내자면 남산 대신에 남주작(南朱雀)에 해당되는 관악산까지도 포함할 수 있겠지만요]. 또한 대학로 뒷산인 낙산이 좌청룡 위치에 있고 인왕산이 우백호 노릇을 하고 있습니다. 이렇게 네 산을 정점(定點)으로 해서 풍수론에 따라 지은 것이니, 원리대로만 하면 경복궁은 한양 전체를 그 권역으로 삼고 있는 것이 됩니다. 이렇게 되면 그 규모가 자금성을 훨씬 능가하는 것은 말할 것도 없습니다. 반면에 중국인들은 도시의 정가운데에 담을 높이 두르고 거대한 규모의 궁궐을 지었습니다. 이것은 위에서 본 졸정원 같은 중국 정원의 조형 원리와 꼭 같다고 할 수 있습니다. 주변 자연 경관을 별로 염두에 두지 않고 담을 높이 쳐서 그 안을 인간들의 천국으로 만든 것입니다. 이런 식의 건축은 한국인과는 체질적으로 맞지 않습니다. 중국인들은 자신들이 이룩해놓은 문명이 자랑스러운지, 이렇게 인공적인 것을 만들기를 좋아하는 것 같습니다. 이것을 다르게 보면 인간(의 능력)에 대한 자신감의 표현이라고도 할 수 있겠습니다.

경복궁을 지을 때 전범으로 삼은 것은 중국의 제도였습니다. 조선의 위정자들은 중국의 『주례고공기(周禮考工記)』 같은 책에 입각해서

* 많은 이들이 청와대 뒷산을 인왕산 혹은 삼각산으로 알고 있는데, 이 산의 이름은 북악산 혹은 돌이 많다고 해서 백악산(白岳山)입니다.

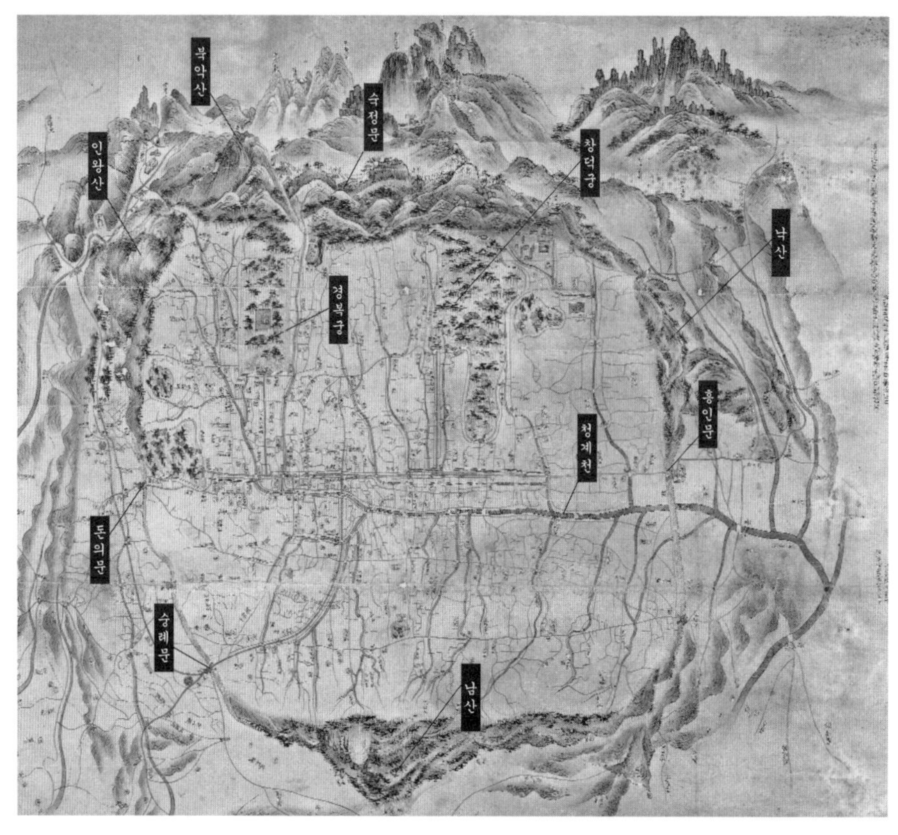

경복궁은 풍수론에 입각해 자연을 극대화한 건축 원리를 보여준다.

한양을 건설했는데, 조선 사람들이 그렇게 좋아하는 중국의 격식을 따르려면 당연히 궁을 도시 한가운데에 지어야 합니다. 그러니까 지금으로 치면 경복궁을 종로 2가 어디쯤에다가 세워야 했을 것입니다. 그런데 조선 사람들은 굳이 북악산 밑을 고집했습니다. 왜 그랬을까요? 아마도 그렇게 짓는 것이 덜 인위적이고 친자연적이라고 생각했기 때문일 것입니다. 아니, 한국 사람들의 미의식이나 자연관이 애당초 그렇게 형성되어 있기 때문에 자연적으로 지금의 위치에 궁을 세울 생각을 했을 것입니다. 게다가 궁궐을 크게 짓지도 않았습니다. 공연한 과장

따위를 하지 않은 것입니다. 물론 중국의 제후국으로서 규모를 크게 할 수 없는 점도 있겠으나, 백성을 먼저 생각하는 유교의 이념에 입각한 까닭도 있었으리라 생각합니다. 조선의 왕들은 백성들에게 위화감을 주지 않도록 물질적인 욕망을 절제하려고 노력했습니다. 그 결과로 왕의 거주지인 궁은 적당한 선에서 지어졌던 것입니다. 그러나 그 궁은 의미 면에서는 사대문 안 전체를 감싸고 있는, 다시 말해 자연을 극대화해서 이용하고 있는 무척 규모 있는 건축물이었음을 알 수 있습니다.

창덕궁도 마찬가지 원리로 지어졌음을 알 수 있습니다. 창덕궁의 주산은 북악산에서 왼쪽으로 뻗은 데에 있는 응봉(鷹峰) 혹은 매봉입니다(이때 '鷹' 자는 매 '鷹' 자이지요). 그리고 이 궁은 궁궐답지 않게 산기슭에 지었습니다. 그래서 지금도 정전인 인정전에서 후원인 부용지로 가려면 언덕을 넘어가야 합니다. 또 창덕궁의 축은 경복궁처럼 정가운데 하나만 있는 게 아니고 몇 개로 되어 있습니다. 몇 개의 축을 중심으로 자유분방하게 지은 것입니다. 원래 우리 선조들은 이렇게 얕은 구릉에 집 짓는 것을 좋아했습니다. 창덕궁은 아마 그 원리를 적용해서 지은 것일 것입니다. 이런 건축 원리는 매우 친자연적이라 사람이 살기에 좋습니다. 그래서인지 몰라도 조선의 왕들은 경복궁보다 창덕궁에 사는 것을 더 좋아했다고 합니다. 어찌 됐든 창덕궁의 권역은 궁궐 안에만 해당되는 것이 아니라 매봉부터 그 아래의 공간이 다 포함되어야 합니다. 게다가 일제 시대 전에는 종묘나 창경궁까지 다 통해 있었으니까, 이렇게 따지면 그 궁궐의 크기는 엄청난 것이 됩니다. 이 정도 규모면 궁궐로서도 상당히 큰 것이 됩니다. 그런데 왜 우리는 우리의 스케일이 작다고 스스로를 낮출까요?

우리 궁의 규모가 더 작아 보이는 이유는 건축물보다는 나무가 더 많기 때문일 것입니다. 실제로 남산에 올라가 궁을 내려다보면 나무에 가려 잘 안 보입니다. 창덕궁의 정전인 인정전이 그렇고 종묘나 창경궁의 정전이 그렇습니다. 자연과 조화를 잘 이루고 있는 것입니다. 그러다 바로 옆에 있는 청와대를 보면 을씨년스러워 볼 수가 없습니다. 뒷산인 북악산과 어울리지 않고 혼자만 우뚝 불거져 있을 뿐 아니라, 자연과 조화를 이루려는 모습도 찾아볼 수 없기 때문입니다. 우리 조상들이 지었던 궁궐의 모습과는 아주 다른 모습이지요. 옛 어른들은 왕이든 평민이든 할 것 없이 자연 앞에서 자신을 한없이 낮추었습니다. 농사를 짓든 풍류를 즐기든, 자연을 한껏 보듬어 안고 행했지요. 자연을 거스르는 법 없이 순응하면서 자연을 인간 세상으로 끌어들였습니다. 그렇게 하니 자연히, 공간마저 진정한 의미에서 인본적(人本的)이 되었습니다. 그런데 요즘의 우리는 어떻습니까. 우리가 과연 자연 앞에서 겸허한 자세를 하고 있는지, 자연에 순응하면서 자연을 보듬어 안고 살아가는지, 스스로 진지하게 자문해봐야 할 것 같습니다. 우리는 조상들의 미덕과 감각을 많이 잃어버렸습니다. 그러나 우리가 한국인인 이상 앞으로 이 감각을 반드시 회복하리라고 믿습니다.

자연과 하나가 되는 건축

자연에 순응하고 조화를 이루는 이런 원리는 양반들의 건축에도 적용됩니다. 여기서는 그중에서도 서원 건축을 예로 들어보지요. 서원 하면 저는 우선 병산 서원이 떠오릅니다. 병산 서원의 건축 원리가 기가 막히기 때문입니다. 그곳에 가본 것도 수십 번은 되는 것 같습니다만, 맨 처음 서원 건물을 보았을 때 그 초라한(?) 외모에 실망이 컸던 기억이 납니다. 아무 장식도 없이 '거무튀튀한' 나무와 검은 기와만 보여 조선 사람들은 참으로 '쪼잔했구나' 하는 인상부터 들었던 것입니다. 건물 규모도 단지 '작다'고만 하는 것은 차라리 후한 표현 같았고,

남산에서 찍은 창덕궁, 창경궁, 종묘, 그리고 성균관 일원

자연과 어울리지 못하고 툭 불거져 있는 청와대

병산 서원의 초라한 겉 모습

아예 '자잘'하다고 해야 할 것 같았습니다. 유교가 아무리 건축에 대해 관심이 없다고 해도 이렇게 고졸(古拙)하게 지어놓을 수 있느냐는 것이 제 처음 반응이었습니다. 하회 마을 가는 길에서 서원으로 들어가는 길도 좁고 굽이져서 불편했을 뿐 아니라 비포장이라 차를 조심조심 운전하면서 들어갔는데, 막상 보이는 게 그 모양이라 실망이 컸던 것 같습니다.

그러나 같이 갔던 한국 건축사 연구의 귀재인 김봉렬 교수의 설명을 들어보니 제 첫 느낌과는 사뭇 다르다는 것을 알겠더군요. 겉 모습에 대한 인상과는 정반대로 절세의 건축인 것처럼 느껴졌습니다. 김봉렬 교수에 따르면, 외국 건축가들이 우리나라에 와서 옛 건축물을 볼 때 할 말을 잃을 정도로 감탄하는 건물이 몇 개 있다고 합니다. 건축 원리가 매우 뛰어나서 넋을 잃기 때문이라더군요. 석굴암이 그렇고 부석사가 그렇다고 합니다. 석굴암은 세계에서 하나밖에 없는 인조 석굴 사원이라서, 그리고 부석사는 무량수전의 아름다움뿐 아니라 자연을 운용해서 지은 건축 원리가 기막혀서 그렇다고 하더군요. 병산 서원 역시 이런 예에 속한다고 합니다. 자연을 이용해 건축물을 지은 솜씨가 아주 대단하다는 것입니다.

우리는 건축물을 볼 때, 유교의 건축물과 불교의 건축물을 같은 시각으로 보아서는 안 됩니다. 두 건축물의 세계관이 상반되기 때문인데요. 유교 건축이 안에서 밖을 보는 건축이라면, 불교 건축은 밖에서 안을 보는 건축입니다. 게다가 유교 건축은 성리학의 검약하고 청빈한 정신 때문에 화려하게 꾸미지 않습니다. 대신에 안에서 밖을 내다볼 때 아주 좋은 전망을 선사합니다. 그곳에 사는 사람이 중심이 되기 때문입니다. 반면 불교 건축은 그것 자체가 불국토를 상징하므로 밖에서 볼 때 화려하게 보여야 합니다. 화려한 모습으로 중생들의 환희심(歡喜心)을 유발시켜야 하기 때문입니다. 병산 서원을 처음에 봤을 때 초라하게까지 보였던 것은 이런 이유 때문이었습니다.

그래서 서원 안으로 들어가서 밖을 보니, 정말로 밖으로 보이는 풍경이 완전히 딴 세상이었습니다. 병산 서원 안으로 들어가면 사람들이 자연스럽게 가는 곳이 있습니다. 만대루가 그것으로, 서원 안에서 공부하던 학생들이 쉬는 곳입니다. 그곳에 앉으면 정말로 시원합니다. 눈앞에선 낙동강이 도도하게 흐르고, 바로 받아서 병풍처럼 병산(屛山)이 펼쳐 있어 보고만 있어도 가슴이 시원해집니다. 그런데 여기서 주목할 점은 이 건축물이 만대루에서 보는 경치만을 보려고 지은 것은 아니라는 점입니다. 어느 건물이든 핵심 되는 지점이 있는데, 이 건물의 핵이 만대루가 아니라는 것이지요. 예를 들면, 경복궁에 있는 경회루 같은 건물은 그 핵심 지점이 2층에 있는 왕의 자리가 됩니다. 다시 말해 경회루는 이 지점에서 가장 멋있는 풍광이 보이게 설계되었다는 것입니다. 그러니까 다소 단순한 발상이긴 하지만, 2층에 있는 왕의 자리를 위해 경회루라는 건물이 세워졌다고 해도 과언이 아닙니

원장의 자리에서 보이는 경관

다. 그러면 병산 서원은 그 핵심 지점이 어디가 될까요? 경회루의 주인이 왕이듯이 서원은 항상 그 서원의 원장이 주인이 됩니다. 따라서 서원은 원장의 자리에서 가장 멋있는 경관이 보이게끔 건축되어야 합니다.

그러면 그곳이 어디일까요? 원장의 자리는 바로 강당의 중심에서 조금 뒤로 간 자리입니다. 실제로 그곳에 앉아 다시 밖을 내다보니, 비로소 만대루의 진가가 보였습니다. 저도 이런 사실을 김봉렬 교수의 글을 읽고 알게 되었는데, 김 교수의 설명에 따르면 이 만대루는 서원 밖의 자연을 인위적인 공간으로 치환시키는 극히 뛰어난 건축학적 장치라고 하더군요. 여기서 만대루는 일종의 프레임 역할을 하면서 밖의 강과 산을 서원 앞마당으로 끌어들여 오는 역할을 한답니다. 만일 이 만대루가 없다면 밖의 자연은 자연대로 '거기 그곳에' 있게 되고, 이 안은 인위적인 건축물에 그치고 말 것이라는 이야기지요. 그러나 이

뛰어난 건축학적 장치로 평가받는 병산 서원의 만대루

만대루가 있음으로 해서 밖의 자연은 인위적인 공간과 절묘한 조화를 이루게 됩니다. 그래서 만대루는 아무것도 없이 기둥에다가 지붕만 얹어놓은 것이고, 그 빈 공간을 통해 밖의 자연이 서원 앞마당으로 들어오게 만든 것입니다. 외국 건축가들을 함구하게 만든 것은 바로 이런 장치들 때문입니다. 자연을 전혀 손상시키지 않으면서 인간의 공간과 묘합(妙合)시키는 절묘한 건축학적 원리가 여기에 숨어 있기 때문입니다. 강당에 앉아서 이 만대루를 통해 바깥을 보면 이 건축물이 프레임으로서의 역할을 얼마나 잘하고 있는지 알 수 있습니다. 지붕 위로는 하늘과 산이 펼쳐져 있고, 기둥 사이로는 도도한 강의 흐름이 보이며, 누각 밑으로는 사람이 드나듭니다. 천지인 삼재(三才)의 구도입니다. 이 얼마나 멋진 구도입니까? 하늘과 산과 물과 사람이 한 매개물을 통해 하나가 되니 말입니다.

그러니까 병산 서원은 몇 채 있는 건물로 그 건축이 끝나는 게 아

병산 서원 뒷마당에서 보이는 절경

닙니다. 앞에 있는 병산과 낙동강, 그리고 뒷산까지가 모두 병산 서원의 건축이 되는 것입니다. 그러니 이 서원이 얼마나 큰 규모를 지니고 있는지를 알 수 있습니다. 실제 크기는 수백 평밖에 안 되겠지만 건축의 권역은 수만 평이 되는 것입니다. 이것 역시 인간의 공간은 최소화하고 자연 안에 안기려는 조상들의 깊은 심산(心算)이 엿보이는 대목입니다.

제 개인적인 느낌이지만, 진짜로 좋은 경치는 다른 곳에 숨어 있습니다. 강당의 뒷마당에서 보이는 경치가 그것입니다. 이곳에서는 만대루와 강당 뒷문이 모두 프레임 역할을 해, 프레임 두 개를 통해 보는 꼴이 되어 더 아련하고 정제된 풍경이 보입니다. 심지어 강당의 기둥마저 프레임 역할을 하니 프레임만 세 개가 되는 셈입니다. 그래서 학생들과 답사를 가보면 누가 초짜고 누가 진짜 답사꾼인지를 금방 알게 됩니다. 초짜들은 서원 안으로 들어가면 맨 먼저 만대루로 몰려갑니다. 그리고 그곳에서 탄성을 지르면서 경치를 보고 수다를 떱니다. 그러나 정작 주인공인 강당 건물을 비롯한 서원은 한번 휙 돌아보고 나가버립니다. 원장 자리가 핵심인 줄은 알지 못하는 것입니다. 그러니 뒷마당에서 보는 이 기가 막힌 경광은 죽어도 찾아낼 길이 없습니다. 우리는 이처럼 병산 서원의 건축을 통해, 한국 건축은 뛰어난 공간 지각력을 바탕으로 대단히 거시적인 시각에서 큰 규모로 이루어졌음을 다시 한번 확인할 수 있었습니다.

거칠지만 기민한 한국인

이번 강에서는 한국인의 거칠고 야성적인 면을 살펴보기로 하겠습니다. 저는 이 연구를 하기 전까지만 해도 한국인의 특성이 과묵하고 조용한 기질에 있는 줄 알았습니다. 윗사람에게 순종하고 자신의 감정을 드러내지 않는 유교적 미덕에 길들여진 한국인의 모습은 조용할 수밖에 없으리라 생각한 까닭입니다. 그러나 한국인에게는 그런 모습 말고 아주 거칠고 야성적인 면도 있음을 발견하고는 많이 놀라고 흥미로웠습니다. 한국인의 야성적인 기질에 대해서는, 1950년대에 한국을 현지 답사한 미국의 인류학자 오스굿(Cornelius Osgood) 교수에 의해서도 확인된 사실입니다. 오스굿 교수는 자신의 저서 『The Koreans and Their Culture(한국인과 한국 문화)』*에서 한국인은 내향적이면서도 감정적인 성격을 지녔다고 진단하였습니다. 흡사 동면하는 곰처럼 침묵을 지키다가 갑자기 호랑이처럼 돌진하는 공격성을 보인다는 것입니다. 이런 노여움이 있어 한국인들은 언제 폭발할지 모르는 불안감을 항상 지니고 있다는 견해도 피력했습니다. 오스굿 교수는 다소 정신병리학적인 입장에서 한국인들의 심리가 불안하다는 진단을 내렸지만, 그의 주장에는 경청할 만한 내용이 있습니다. 이런 한국인의 기질을 들어 서양인들이 한국인을 '동양의 아일랜드 사람(Oriental Irish)'이라고 부른다는데, 아일랜드 사람들도 평소에는 잘 참고 있다가 감정이 치밀어 오르면 불같아진다고 하더군요.

오스굿 교수의 평가는 주목할 면이 있습니다. 한국인들이 평소에 침묵하는 것은 유교의 영향일 터이고, 갑자기 욱하고 치밀어 오르는 것은 한국인들의 심성 속에 내장되어 있는 자유분방한 성품의 영향으로 보아야 할 것입니다. 한국인들은 심리 기저에 샤먼적인 신기가 있어 엄청난 에너지를 갖고 있는 듯합니다. 이 에너지가 좋은 쪽으로 흐르면 2002년 월드컵 때 보여주었던 거리 응원의 물결을 이루게도 합니다. 반면 좋지 않은 쪽으로 흐를 경우에는 자기만 아는 방종(放縱)한 문화를 만들어낼 수도 있습니다. 한국인이 얼마나 거칠고 기민한 사람인가 하는 것은 여러 가지 실례에서 확인할 수 있습니다. 그중에서도 우리의 시위 문화는 한국인의 성정을 단적으로 드러내주는 대목이 아닌가 합니다.

외국에 비친 한국의 부정적인 이미지 가운데에 반드시 끼는 것이 이 활발한(?) 시위 모습입니다. 오스굿 교수의 지적대로 한국인은 한 번 열을 받으면 욱하는 성질이 있습니다. 게다가 대화로 해결하기보다는 감정을 먼저 드러내기 때문에 시위가 과격한 양상으로 치달을 때가

* 이 책은 로널드 출판사에서 1951년에 출간되었는데, 안타깝게도 아직까지 한국에서는 번역되지 않았습니다.

과격한 시위대와 강경하게 진압하는 경찰 ⓒ중앙일보

많습니다. 이런 한국인들의 모습이 이성적이고 합리적인 것을 선호하는 서양인들의 눈에는 무섭게 보일지도 모르겠습니다. 그러나 정작 우리는 그런 모습에 익숙해 있어서 그다지 위협적으로 생각하지 않습니다. 그럼에도 불구하고 우리마저도 섬뜩하게 만든 시위가 있었습니다.

영화 〈실미도〉가 상영되고 얼마 지나지 않을 때였습니다. 실제로 북파 공작원으로 훈련받았던 분과 그 유가족이 정부에 피해 보상을 촉구하는 시위를 연 적이 있었습니다. 정부로부터 버림받은 채 수십 년간 그 실체조차 인정받지 못한 북파 공작원과 그 가족들의 분노는 새삼 말할 필요가 없겠지요. 그런데 시위가 과격한 양상을 띠기 시작하더니, 시위대 가운데 한 사람이 LPG 가스통을 가져와 밸브를 열고 불

LPG 통을 싣고 달리는 오토바이 ©김영훈

을 붙이는 것이었습니다. 폭발하면 가공할 위력을 가진 가스통에다 말입니다! 저는 그 모습을 보고는 크게 당황했습니다. 한국인들이 화끈하기로는 세계에서 손을 꼽는다지만 저렇게까지 화끈한(?) 줄은 몰랐기 때문이지요. 아니, 어떻게 도심 한복판에서 LPG 통에다 불을 붙일 생각을 했을까요? 그분들은 특수 훈련을 받았기 때문에 보통 사람보다 통도 훨씬 더 큰 것처럼 보였습니다. 그 위험천만한 폭발물로 인해 자신은 물론이고 동료들까지도 다치게 하지 않을까 하는 염려 따위는 일찌감치 붙들어 맨 것 같았습니다. 욱하고 치밀어 오르니까 '어디 두고 보자'는 생각에 불을 댕긴 것 아닐까요. 시위가 이렇게 과격하니 시위대를 막는 전투경찰의 전법도 같이 발달하지 않을 수 없습니다. 한국 경찰의 시위 진압술은 전 세계에서 알아준다고 합니다. 그래서 언젠가는 필리핀 경찰이 이 기술을 배우러 유학까지 온 적도 있답니다.

LPG 가스통 이야기가 나왔으니 이와 관련된 이야기를 하나만 더 해야겠습니다. 외국인들이 서울에 와서 신기해하고 이상하게 생각하는 것 가운데에는 LPG 가스통을 싣고 다니는 오토바이와 트럭도 포함된다고 합니다. 가스통을 얼마나 안전하게 만들었는지는 모르지만 그렇게 위험한 것을 싣고 다니다 사고라도 나면 폭발할 수도 있을 텐데, 한국인들은 그런 위험성을 별로 고려하는 것 같지 않다는 것이지요. 게다가 가스 배달 트럭 가운데는, 간혹 가스통을 묶지도 않고 싣고 다니는 차도 있습니다. 설사 폭발하지는 않는다 하더라도 자동차가 덜컹거리는 통에 가스통이 바깥으로 튕겨 나오기라도 하면 뒤따라오는 차에 치명적일 수도 있는데, 그런 안전 문제에 대해서는 그다지 걱정하지 않는 것 같으니 이상하게 생각하는 게 당연하겠지요. 노파심인지 모르지만 가스통을 싣고 다니는 오토바이나 트럭을 보면 마치 다이너마이트를 싣고 다니는 것 같아 심히 걱정이 됩니다. 그러나 화끈하고 거친 한국인들은 '그까짓 것' 하면서 대수롭지 않게 생각합니다.

한국인들의 이런 거친 모습은 기민성과도 직결됩니다. 한국인들은 성품이 야성적이니 뭐든지 후딱 해치웁니다. 이 면에 대해서는 앞에서도 간단하게 언급했지만, 여기서는 아주 작은 일상사에서 나타나는 모습을 살펴볼까 합니다. 얼마 전 은행 창구에서 겪었던 일입니다. 제가 갔을 때는 마침 점심시간이라 여직원 한 사람만이 창구를 지키고 있었습니다(점심시간인데도 창구를 닫지 않고 일 처리를 해주다니, 그것부터가 저는 반갑고 고마웠습니다). 번호표를 뽑고 기다리고 있는데, 곧 제 차례가 돌아왔습니다. 창구로 가까이 가보니 '아니 세상에' 앞 손님의 일이 아직 다 끝나지 않은 것이었습니다. 그런데도 다음 번호를 누른 것입니다. 자세히 보니 앞 손님의 일은 거의 끝나 가, 통장과 도장을 돌려주는 기계적인 동작만 남아 있는 듯했습니다. 직원은 손으로는 앞 손님의 통장과 도장을 챙기면서, 제게는 무엇을 도와드리면 되느냐고 물어오더군요. 그 순간 전 놀랄 수밖에 없었습니다. 어떻게 저 두 가지 일을 동시에, 무리 없이 처리할 수 있을까 하면서 말입니다. 아주 작은 일이었지만, 저에게는 새로운 발견이었습니다.

저렇게 두 가지 일을 동시에 처리할 수 있는 것은 한국인이 기민하기 때문에 가능한 것 아닐까요? 그러니 이 나라에서는 '빨리빨리'가 통하는 것이겠지요. 빨리빨리 해도 잘 되니까 그렇게 하는 것이지, 제대로 하지 못하면 빨리빨리 할 수 없는 것 아니겠습니까? 이런 장면은 서양에서는 보기 힘든 것입니다. 그들은 천천히, 느릿느릿 여유를 부리면서 손님 한 사람 한 사람 일을 처리해줄 것이기 때문이지요. 앞의 손님 일이 끝나기도 전에 다음 사람의 일을 봐준다는 것은 상상도 할 수 없는 일일 것입니다. 게다가 친절하게 점심시간에도 창구를 열어놓다니요.

은행 이야기를 하다 보니 지금은 다 사라진, 한국 여자 은행원들의 신출귀몰하기 짝이 없는 돈 세던 모습이 생각납니다. 여러분도 텔레비전이나 영화에서 많이 보셨겠지만, 서양 사람들은 돈을 우리처럼 세지 않습니다. 그들은 한 손에서 다른 손으로 한 장씩 돈을 옮겨가면서 느릿느릿 세지요. 반면 한국 사람들은 한번에 100장 정도는 간단하게 셉니다. 은행 직원들의 손이 기계보다 더 빠르고 정확하다는 말도 있을 지경이지요. 이렇듯 한국인들의 손재주는 특별한 면이 있습니다. 손재주는 한마디로 감각을 뜻합니다. 저는 기회가 있을 때마다 한국인들은 감각, 특히 손 감각이 극히 발달했다고 주장했습니다. 그리고 그 예로 병아리 감별사를 들었습니다. 감별법은 손끝의 섬세한 감각을 이용해 수컷의 날개 끝에 아주 미세하게 튀어나온 것을 감지하는 것인데, 이 방법은 일본인이 발명했지만 병아리를 귀신같이 감별하는 사람은 한국인이라고 합니다. 지금 전 세계 병아리 감별사의 80퍼센트는 한국인이라고 합니다.

이런 기술을 가진 사람들이 남미로 많이 이민을 갔는데, 그곳에서 최근 재미있는 소식이 들립니다. 한국인 감별사들이 현지인들에게 이 기술을 전수하려는데 잘 되지 않는다는 것입니다. 현지인들도 감별법을 배우면 많은 보수를 받을 수 있기에 배우고 싶어 한다고 합니다. 그러나 한국인들에게는 감별법 전수가 거의 완벽하게 이루어지는 데에 비해 현지인들에게는 약 30퍼센트밖에는 성공하지 못했다는 후문이 들립니다. 이렇듯 한국인들이 갖고 있는 손 감각은 특출한 데가 있는 모양입니다.

정석은 No!

위에서 살펴본 것처럼 한국인들은 감각적이고 기민한 손재주를 갖고 있으며 내적인 성향은 매우 호전적이고 야성적입니다. 그러면 이런 성질을 지닌 한국인들이 가장 잘할 수 있는 일은 무엇일까요? 혹시 게임이 아닐까요? 게임을 잘하려면 기민한 두뇌와 순발력이 필요하며 손재주 역시 좋아야 합니다. 대부분의 게임이 마찬가지겠지만, 이런 속성을 가장 많이 필요로 하는 게임 중에 한국인들의 적성에 맞는 게임은 무엇일까요? 저는 주위에서 쉽게 발견할 수 있는 바둑과 인터넷 게임을 예로 들어 설명해보겠습니다.

먼저 바둑에 대해서 살펴보도록 하지요. 제 사견일 수도 있습니다만, 바둑은 한국 사람의 성정에 잘 맞는 것 같습니다. 제가 바둑을 둘 줄 알았다면 더 전문적으로 이야기를 풀어갈 수 있을 텐데, 그쪽에는 워낙 문외한이라 아주 기초적인 사실밖에는 전할 수가 없어 안타깝습니다. 하지만 저는 신문에 바둑 기사가 나오면 빼놓지 않고 꼭 훑어봅니다. 그러면 가끔 재미있는 기사를 발견하게 됩니다. 바둑에 관해 오래 전부터 들어온 이야기 가운데 하나가, 한국의 바둑 기사들은 매우 거칠게 바둑을 둔다는 것이었습니다. 그래서 우리나라 기사와 처음으로 바둑을 두는 일본 기사들은 매우 당황한다고 하더군요. 일본인들은 항상 정석(定石)대로 깨끗하게 바둑을 두는데, 한국 기사들은 정석에서 벗어나 자기 식대로 거칠게 두기 때문이지요. 일본 사람들이 격식을 좋아한다는 것은 천하가 다 아는 사실입니다. 그들의 미학은 완벽한 미를 추구하는 데다 또 비대칭적인 것보다는 대칭적인 것을 훨씬 좋아합니다. 몸짓이나 태도에서도 그들은 절도 있는 자세를 좋아하지요. 그들의 무도인 검도를 봐도 그렇고, 춤인 노[能]를 봐도 이런 사실이 잘 드러납니다.

그런데 한국 바둑은 어떻습니까. 신기가 바탕에 깔려 있는 한국인이 두는 것이라 거칠지 않을 수 없습니다. 힘이 넘치고, 야성적입니다. 중앙일보의 바둑 전문 기자인 박치문 기자는 이런 한국 바둑의 특징을 잘 정리하고 있습니다. 저는 중앙일보 2005년 3월 24일자 기사를 통해 제가 알고 있던 것이 틀리지 않았다는 것을 알 수 있었습니다.

원래 일본 바둑은 도쿠가와[德川] 시대 이래로 400년 남짓 천하무적이었다고 합니다. 우리 한국은 그런 일본에게 명함조차 내밀 수 없었고 바둑의 종주국인 중국도 일본에게는 게임이 안 되었답니다. 그런데 그 일본의 아성이 어찌 된 셈인지 1980년대가 되면서 한국 바둑에 서서히 무너지고 맙니다. "1980년대 초반까지만 해도 한국은 일본이 만든 3만여 개의 정석을 교리처럼 받아들였다"고 박 기자는 쓰고 있습니다. 일본이 만든 3만여 개의 정석을 배우기에도 바빴다는 얘기지요. 일본인들은 이 정석을 그들의 미학으로 승화시켰다고 스스로를 치켜세우면서 자부심이 대단했다고 합니다. 그러다 중국이 '한국류'라고 부르는 이상한 한국 바둑에 의해 이 철옹성 같던 일본 바둑이 초토화됩니다. 이것을 박 기자는 "몽골이 만리장성을 넘듯 일거에 쓸어버린다"고 표현했습니다. 듣기만 해도 시원한 표현입니다.

이런 판국을 상징적으로 보여주는 사건으로 박 기자는 1993년 응씨배 세계 선수권 결승전에서 한국의 서봉수 9단과 일본의 오타케 히데오[大竹英雄] 9단이 맞붙은 경기를 들고 있습니다. 당시 서봉수 9단은 오타케 9단과 붙어 승부가 2대2가 되어 마지막 대국을 하게 되었습니다. 마지막 대국에서 서봉수 9단의 패색이 아주 짙었습니다. 그런데 벼랑 끝에 몰린 서 9단이 만신창이의 몸을 일으켜 위에서 말한 한국식의 야성적인 바둑을 두기 시작했습니다. 이 기세에 놀란 오타케가 실족을 거듭했고, 결국 간발의 차이로 서 9단이 승리하게 됩니다.

이때 서 9단이 두던 방식을 중국 바둑계에서는 위에서 말한 대로 '한국류' — 요새 같으면 '한류'라고 할 데지만 — 라 불렀다고 합니다. 한국류 바둑의 특징은 "사납고 세련되지 않은 수법"이라고 합니다. 정석에 연연하지 않고 "진흙탕에서 뒹구는 추한 수라도 거침없이 사용하는 실전 위주의 치열한 수법"을 의미한다는 것이지요. 일본의 아름다운 바둑은 "순풍에선 강하지만 위기에서 허약한 반면 한국류는 위기에 봉착할수록 강인한 생명력을 토해냈고 그것이 기적의 승리로 이어졌다"고 박 기자는 당시를 적고 있습니다.

이 글의 마지막에서 박 기자는 이렇게 끝을 냅니다. "잘 짜인 틀은 아름답다. 그러나 틀에 얽매이지 않으면 강하다. (이것이) 한국류가 세계 바둑을 지배하게 된 사연이다." 저는 이 마지막 글을 읽고 마치 제가 쓴 것을 읽는 것 같아 기분이 좋았습니다. 3년 전에 제가 냈던 한국 예술에 관한 학술 도서의 제목을 '한국인은 왜 틀을 거부하는가'라고 정했던 게 검증되는 것 같았기 때문입니다. 이렇게 한국인들이 정형화된 틀을 거부하는 모습은 도처에서 보입니다.

한국인의 몸짓과 틀에 관해서, 이번에는 태권도를 중심으로 이야기를 해보겠습니다. 태권도에 대해서는 제가 『한국인에게 문화가 없다고?』에서 잠깐 언급한 적이 있습니다만, 흔히들 태권도를 한국의 고유 무술이라고 생각하는 경우가 많습니다. 태권도가 한국적인 무술인 것은 확실하지만, 그 기원은 한국이라고 할 수 없습니다.

우선 태권도의 몸동작을 가지고 이야기해보지요. 태권도의 동작들

절도 있으면서도 화려한 발차기를 자랑하는 태권도 ⓒ연합뉴스

은 매우 규격화되어 있고, 절도가 있습니다. 그런데 과연 이것을 한국적인 동작이라고 할 수 있을까요? 제가 어렸을 때 학교에서 배웠던 태권도를 생각해보면 '천지형'이다 '원효형'이다 해서 나름대로 틀이 꽉 잡혀 있었던 게 기억납니다. 우리 춤과 태권도를 한번 비교해보겠습니다. 앞에서도 언급했다시피, 살풀이나 탈춤 등에서 보이는 것처럼 우리 춤 가운데는 틀에 얽매여 절도 있는 동작을 보여주는 것이 거의 없습니다. 동작은 항상 부드럽고, 손짓도 원형으로 둥글게 그리는 것이 많습니다. 태권도에서처럼 절도 있고 박력 있게 떨어지는 동작이 없는 것이지요. 태권도는 우리의 전통 몸짓에는 없는 직선적인 움직임이 너

무 많습니다.

기실 지금의 태권도는, 단도직입적으로 말해 일본의 가라테〔공수, 空手〕가 해방 뒤 한국으로 건너와 한국식으로 변형된 것입니다. 이런 사실은, 용인대학 태권도학과의 양진방 교수가 진작에 논문으로 발표한 사실이기도 합니다. 태권도가 딱딱하고 형식에 치우친 것처럼 보이는 것은 가라테를 그대로 받아들였기 때문입니다. 가라테를 보면 동작들이 절도 있고 딱딱 끊이지는데, 그것을 보고 있으면 마치 초기의 태권도를 보는 것 같습니다. 제 눈에는 아무리 보아도 규범이나 틀을 극력 거부하는 한국인이 이렇게 딱딱한 무술을 만들어냈을 것 같지 않습니다. 그러나 문화는 변용됩니다. 처음에 일본의 가라테로 시작했던 태권도는 곧 한국식으로 바뀌어 나가기 시작합니다. 가라테가 일본 사람처럼 섬세한 사람들의 무도답게 손을 중심으로 이루어졌다면 태권도는 통이 큰 한국인들의 무도답게 손보다 발에 집중을 하게 됩니다. 오늘날 태권도의 화려한 발차기가 주목받는 것은 이러한 배경을 갖고 있는 것입니다.

다음은 인터넷 게임에 관해 살펴보지요. 스타크래프트 같은 인터넷 게임을 한번도 해보지 않은 게임 문외한인 제게 한국의 인터넷 게임 소식은 놀라웠습니다. 인터넷 게임에서 한국인들이 제 세상 만난 것처럼 세계무대를 종횡무진했기 때문입니다. 바로 앞에서 기술한 것처럼 한국인들이 갖고 있는 기민한 손재주와 야성적인 호전성이 다시 그 능력을 발휘한 것입니다. 한국인들이 얼마나 이 게임을 좋아하고, 또 이 게임에 재주가 있었으면, 어느 해에 열린 세계 스타크래프트 대회에서는 1위부터 61위까지가 전부 한국인인 적도 있었다고 합니다.

이 게임은 민첩성과 호전성을 최고도로 요하는 게임인데, 이러한 성향은 한국인의 성정과 꼭 부합하는 것입니다. 그리고 이 게임을 제일 잘하는 사람을 한국에서는 '스타크 짱'이라는 멋있는 이름으로 부르는데, 이 이름도 무척 재미있습니다. 사실 엄밀히 말하면 스타크래프트라는 단어는 '스타'와 '크래프트'라는 두 단어로 이루어져 있으니 스타크에서 끊으면 안 됩니다. 그런데 소리의 어감은 그냥 스타라고 하는 것보다 스타크가 훨씬 좋습니다. 한국인들은 들어봐서 좋으면 원래의 의미와 관계없이 그냥 마음대로 붙였다 떼었다 합니다. 그게 바로 한국인입니다. 이런 조어(造語)의 능력에서도 감으로 대충 하는 한국인의 재능이 또 발휘되는 것 같습니다.*

이 인터넷 게임에 대한 한국인들의 열광은 또 다른 기록을 이룩했습니다. 한국의 인터넷 보급률은 전 세계가 알아주는데, 이렇게 된 데에는 PC방이 큰 역할을 했기 때문입니다. 물론 정부의 의지도 있고 기업들의 자발적인 투자도 있었겠지만, 가장 큰 공신은 이 스타크래프트 게임의 빠른 확산이라고 합니다. 이 게임을 하려면 게임방 혹은 PC방에 가야 하는데 이렇게 만들어진 PC방이 전국에 1만여 개나 된다고 합니다. 들리는 바에 의하면 일본에는 이런 시설이 별로 없었는데 몇 개가 생겼다고 하더군요. 그런데 그 PC방의 소재가 한국인들이 많이 있는 도쿄의 신주쿠〔信宿〕 지역에 있다고 하니 이것 역시 한국인을 겨냥해서 만든 것 아닌지 모르겠습니다. 공통점을 가진 사람끼리 작은 모임을 만드는 것이야말로 한국인들이 가장 좋아하는 일 가운데 하나가 아닌가 싶습니다. 어떻든 한국인들의 게임 열광 때문에 이전에는 없었던 생경한 직종도 생겨났습니다. 가령 인터넷 게임만 하면서 먹고 사는 프로게이머들이 생겨나고 인터넷 게임 하는 법을 가르치는 학원이 생겨난 것이지요. 또 서양의 젊은 친구들이 게임을 배우러 우리나

* 이런 식의 조어는 얼마든지 있습니다. 후원자라는 의미의 '스폰서'를 요즘엔 너나 할 것 없이 '스폰'이라고 줄여서 말합니다. 글자 차이라 봐야 '서'라는 글자 한 자 차이인데 그게 하기 싫어 대충 '스폰'이라고 말하는 것입니다. 시조를 부를 때에도 마지막까지 부르지 않고 대충 끝낸다고 했는데, 여기서 그 모습을 다시 보는 듯합니다.

한국인들의 기민한 손재주로 정상에 오른 한국 프로 게이머

라로 유학을 오기도 한답니다. 노는 데에 기민하고 재빠른 한국인들이 또 큰일을 내고 만 것입니다.

같은 인터넷 게임이라도 그 게임이 별로 호전적이지 않으면 한국의 젊은이들은 그다지 관심을 가지지 않는 모양입니다. 일례로 몇 년 전 일본에서는 애완동물을 기르는 인터넷 게임이 유행했다고 하는데, 이게 한국에서는 별 인기를 못 끌었다고 합니다. 이런 게임은 한국인들의 화끈한 성질에는 잘 맞지 않았던 것이겠죠.

한국의 젊은이들이 인터넷 게임을 워낙 잘하다 보니까, 지난 2005년 3월 중국 베이징에서 열린 세계 e-스포츠 리그(WEG: World E-sports Games)의 워크래프트3(워3) 부문 결승전에서 한국 프로게이머끼리 최강자를 가리는 대결을 펼쳤다는 기사가 나와도 이젠 별로 흥미를 유발하지 못합니다. 그런데 중국 전역에서 한국 선수들의 활약상을 보러 온 중국 팬들은, 한국 게이머들의 현란한 마우스와 키보드 조작이 상상을 뛰어넘는다며 칭찬을 아끼지 않았다고 합니다. 한국 선수들의 손놀림이 눈에 보이지 않을 정도로 빨라 혀를 내두를 지경이었다는 겁니다. 여기서 다시 기민한 한국인들의 손재주를 확인할 수 있는 것이지요. 이 워크래프트는 예의 스타크래프트 게임을 만든 블리자드(Blizzard) 회사에서 만든 전략 시뮬레이션 게임으로, 이 게임을 잘하려면 스타크래프트처럼 민첩성과 공격성이 가장 많이 필요하다고 합니다. 따라서 이런 게임에서 우리 젊은이들이 세계 정상을 누비는 것은 기정사실이 아닌가 싶습니다.

밥상 위의 야성

한국인의 야성을 이야기하다 느닷없이 웬 밥상이냐고 하실지 모르겠습니다마는, 먹을 때마다 또 볼 때마다 재미있는 한국 음식이 있어 같이 생각해봤으면 합니다. 한국은 역사가 유구한 나라라서 문화 역시 대단히 복합적이고 중층적입니다. 한국의 음식 문화 역시 그러해서 대단히 다양한 면을 갖고 있습니다. 워낙 다양하기 때문에 이 작은 지면에서 그 모든 면면을 다 살펴볼 수는 없겠지만, 여기서는 우리의 주제와 관련된 것을 골라서 보기로 하겠습니다. 지금 우리가 다루고 있는 주제가 한국인들의 야성적인 모습이니, 우리 음식과 그것을 먹는 한국인들의 모습 속에서 거칠고 야성적인 면을 찾아보기로 하지요.

제가 앞에서 재미있다고 표현한 한국 음식은, 우리가 너무나도 좋아하는 비빔밥입니다. 비빔밥은 세계의 수많은 음식 가운데에서도 매우 독특한 음식입니다. 아니, 독특함을 넘어서 기괴한 음식이라고 하는 게 더 적합할 것 같습니다. 비빔밥의 기괴함은 여러 음식들을 섞는다는 데 있습니다. 우선 비빔밥이라는 음식 자체를 살펴볼까요? 비빔밥은 조선 후기에 골동반(骨董飯) 혹은 화반(花飯), 즉 '꽃밥'으로 불렸는데 제 생각에는 화반이라는 이름이 더 잘 어울리는 것 같습니다. 그릇 안쪽에 다양한 색깔의 나물을 죽 두르고, 한가운데에 달걀노른자를 놓아 마치 꽃이 피어 있는 것처럼 보이기 때문입니다(계절에 따라 재료를 변화 있게 하여 만들었으므로, 달걀노른자 대신 다른 재료가 들어가기도 했습니다만 꽃 모양을 낸 것은 동일했지요). 가운데 있는 노른자는 꽃술이고, 빙 둘러져 있는 나물들은 꽃잎처럼 보일 것입니다.

비빔밥을 처음 접한 외국인들은 설마 이 예쁜 음식을 마구 섞어서 먹으리라고는 생각도 못할 겁니다. 그렇게 정갈해 보이는 음식을 한데 섞을 수 있다는 것을 상상할 수 없기 때문입니다. 그만큼 비빔밥은 세계에서 유례가 없는 음식이라 처음 보는 사람은 어리둥절할 게 틀림없습니다. 실제로 제가 겪은 재미난 일화를 하나 들려드리지요. 저희 학교에 교환 교수로 왔던 중국인 교수에게 비빔밥을 시켜준 적이 있었습니다. 그런데 그는 그 음식이 비벼서 먹는 것임을 알면서도 결국 섞지 못하고 끝까지 밥과 반찬을 따로 따로 집어서 먹는 것이었습니다. 외국인과 같이 비빔밥을 먹었던 한국인들이라면 이런 경험을 한 분들이 저 말고도 또 있을 것입니다.

제가 생각해도 비빔밥은 좀 '기괴하고 웃기는' 음식입니다. 색깔별로 정성 들여 무친 나물을 예쁘게 밥 위에 늘어놓고는, 그게 무색할 정도로 시뻘건 고추장을 듬뿍 집어넣고 마구잡이로 섞어대니 말입니다. 즐겨 먹는 우리가 생각해도 아주 요상하고 재미있는 음식 같다는 이야기입니다. 고추장은 색깔도 그렇거니와 맛에서도 대단히 자극적인 양념입니다. 세계의 요리 가운데서도 비빔밥처럼 고추장과 같은 맵고 강한 소스를 넣어서 원래 있는 재료의 맛을 온통 섞어버리는 요리는 별로 없을 것입니다. 고추장을 넣고 섞는 순간, 꽃밭같이 예쁘던 애초의 모습은 무참히 깨지고 맙니다. 그러곤 그릇 안에 있던 달걀노른자 역시 여지없이 형체를 잃어가고, 밥은 서서히 벌겋게 물들어 갑니

비비기 전 꽃밭같이 화려한 비빔밥

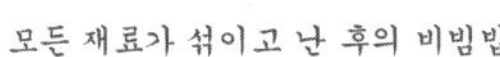

모든 재료가 섞이고 난 후의 비빔밥

다. 색색의 나물들이 고추장에 섞이면서 본래의 색을 잃는 것도 물론이지요. 비빔밥을 비빌 때에는 숟가락이 아니라 젓가락을 사용해야 한다고 하는데 — 그래야 밥알이 으깨지지 않기 때문이랍니다 — 이런 데서 최소한이나마 배려를 엿볼 수 있지 않을까 싶습니다.

그래서 저는 비빔밥을 볼 때마다 거친 한국인들의 모습을 떠올립니다. 그런데 이렇게 마구 섞은 밥이 맛이 없었다면 비빔밥은 별로 주목을 받지 못했을 겁니다. 비빔밥이 진정한 비빔밥이 되려면 밥을 다 섞은 다음에 완전히 새롭고 오묘한 맛으로 재탄생해야 됩니다. 뿐만 아니라 나물과 같이 안에 들어가 있는 여러 요소들이 제 맛을 잃지 않은 상태에서 새로운 맛을 내야 합니다. 이때 고추장이나 참기름은 각각의 요소들을 하나의 맛으로 재탄생하게 해주는 촉매 역할을 한다고 할 수 있습니다. 새로운 맛이 나면서도 각 내용물들의 맛 역시 여전히 남아 있어야 하는 것, 이게 바로 비빔밥의 묘미인 것이지요. 그러다 보니 비빔밥은 많은 외국인이 즐겨 찾는 인기 음식이 되었습니다. 국내 항공기의 기내식 가운데 최고로 인기 있는 메뉴가 되었을 뿐 아니라 전 세계인의 사랑을 받는 한국 전통 음식으로 당당히 자리 매김을 한 것이지요. 마이클 잭슨도 비빔밥을 좋아한다고 하니, 그 유명세를 알 만합니다. 게다가 비빔밥은 건강에 좋은 나물이 주 재료라서 웰빙 음식으로도 각광을 받고 있다고 합니다. 몸에 좋은 나물과 쌀을 동시에 먹으니 건강에 좋은 것은 말할 것도 없습니다.

저는 이전에, 한국인은 비빔밥의 예에서 볼 수 있듯 무엇이든 섞는 데에는 일가견(一家見)이 있는 것 같다고 했습니다. 그 예로 설렁탕처럼 여러 부위의 고기를 섞어서 오랫동안 푹 고는 음식을 들기도 했습니다. 섞는 걸 좋아하는 우리네 음식 습성은 폭탄주에서도 여실히 드러납니다. 값비싼 스카치위스키에 도수 낮은 맥주를 섞어 이 맛도 저 맛도 아닌 술을 조제해 마시는 사람들이 한국 사람이니 말입니다. 스카치위스키는 곡류를 증류한 도수 높은 술이라, 향기를 음미하면서 천천히 먹어야 합니다. 그렇지 않다면 비싼 돈 주고 사먹을 필요가 없지 않겠습니까? 사실 위스키는 얼음을 넣어 마시는 경우에도 나중에 얼음이 녹으면 원래 맛이 희석되어 꺼리게 되는데, 우리는 아예 처음부터 맥주와 섞어 마시다니 참으로 거칠고 황당한 주도(酒道)라 하겠습니다. 이것 역시 야성성이 넘치는 한국인들이나 할 수 있는 일이 아닐까 싶습니다. 제 맛을 느끼기보다는 마구 섞어 한 입에 벌컥벌컥 들이켜는 사람들이 한국인인 것입니다.

마구 섞는다는 점에서, 혹은 섞을 수 없는 것을 섞는다는 의미에서 비빔밥을 훨씬 능가하기 때문에 한국인의 야성적인 모습을 더욱 제대로 엿볼 수 있는 음식이 있는데 그것이 무엇일까요? 회덮밥이 바로 그 주인공입니다. 이 회덮밥이야말로 다른 어느 음식보다도 한국인의 터

프한 성정이 유감없이 드러나는 음식이라고 할 수 있습니다. 일본 사람들이 즐기는 '회'는 '사시미'라 하여 매우 정갈하고 정성이 담기는 음식입니다. 일본인들은 이 사시미 요리를 예술이라고 할 정도로 이 음식에 많은 의미와 아름다움을 부여하고 있습니다. 생선을 아주 깨끗하게 베어서 몇 점만 살짝 올려놓고 와사비를 살짝 발라 간장을 조금 찍어 먹는 게 '사시미'의 참맛입니다. 그런 의미에서 이른바 일본적인 미학 혹은 정신의 실체를 느낄 수 있을 정도로 '일본다운' 요리가 사시미라고 생각합니다.

그런데 일본의 '사시미'를 우리는 어떻게 먹고 있습니까? 스테인리스 그릇에 밥을 그득 담고, 그 위에 채소를 듬뿍 올리고는, 큼직큼직하게 썬 회를 한 움큼 올려 초고추장을 뿌려서 썩썩 비벼 먹지 않습니까? 그렇게 비벼대고 나면 음식의 전체 색깔이 붉게 변해서 어느 게 밥이고 어느 게 채소인지, 어느 게 생선살인지 전혀 구분이 안 갑니다. 하지만 우리는 그런 것 따위에는 전혀 아랑곳하지 않고 숟가락으로 퍼먹습니다. 만드는 모습부터 먹는 방법까지 그렇게 거칠고 야성적일 수가 없습니다. 한국에 와서 회덮밥을 처음 접한 일본인들은 처음엔 경악했답니다. 자기들은 작고 예쁘게 썰어 맵시 있게 먹는 음식을 마구잡이로 시뻘건 고추장에 비벼서 먹으니, 같은 음식을 어떻게 저렇게 다르게 먹는가 하고 깜짝 놀랐다는 것이지요. 그런데 겉보기에는 무식하게 비비는 것처럼 보여도, 이 회덮밥 역시 맛이 좋습니다. 일본 사람들도 처음에는 경악했지만, 한번 맛을 보고는 즐겨 먹는 사람들이 생겼다고 합니다.

회덮밥 이야기가 나와서 말인데, 한국인들이 회 먹는 것을 보면 기가 차 말이 나오지 않는 경우가 있습니다. 물론 값비싼 일본식 횟집에서는 한국인들도 정갈하게 차려진 상에서 조심스럽게 식사를 하지만, 서민들이 가는 횟집에서는 "맞아 이게 한국식이야"라는 탄성이 절로

생선을 얇게 썰어
예술적으로 놓은
일본식 사시미

거칠게 썰어
접시 위에 막 올려 놓은
한국식 회

나올 정도로 투박하고 야성적인 상차림으로 회를 먹습니다. 일본식 사시미가 생선을 얇게 썰어 몇 점만을 거의 예술적으로 놓는 것에 비해 한국식 회는 한 접시를 회로 가득 채울 뿐만 아니라 그 양 또한 푸짐합니다. 또 회를 뜰 때도 두툼하고 큼직하게 썰어놓습니다. 이런 회를 볼 때마다 저는 "세상에 회를 이렇게 먹는 사람이 어디 있어" 하면서 공연히 혼자 재미있어합니다. 이런 형국이니, 회를 한 점만 달랑 들어 와사비를 살짝 발라 간장에 촉촉하게 적셔 먹는 '우아함' 같은 건 아예 기대할 수도 없습니다.

한국 횟집에 가면 개인용 앞 접시에 양배추 같은 채소와 콩가루를 섞고 참기름을 조금 뿌린 한국식 샐러드가 있습니다. 여기 또 고추장을 넣어 빨갛게 버무립니다. 그러곤 회를 여러 점 집어 고추장 소스 샐러드와 버무려 같이 먹습니다. 이걸 어떻게 먹을까요? 깻잎이나 상추에 모두 넣어 싸 먹습니다. 이 얼마나 야성적이고 거친 모습입니까? 아주 고급스러운 이웃나라의 음식이 한국에 오더니 화끈하게 변해버렸습니다. 한국인들은 이렇게 먹어야 직성이 풀리는 모양입니다. 그리고 한국인들은 그저 무엇이든 싸서 먹는 것을 아주 좋아하는 것 같습니다. 이렇듯 섞고 싸고 버무리고 하는 원리가 한국 음식 문화 속에는 보편적으로 깔려 있는 듯합니다.

그렇게 먹다가 마지막에는 반드시 매운탕으로 마무리합니다. 매운탕이란 게 무엇입니까? 회를 뜨고 남은 생선을 한데 집어넣고 끓이는 탕입니다. 그런데 이번에도 양념은 벌건 고춧가루입니다. 따지고 보면 고추장과 고춧가루가 우리 음식에서 차지하는 비율은 실로 엄청난 것 같습니다. 그래서 어느 저명한 음식학자는 한국 음식은 임진왜란 후에 고추가 한국에 들어오면서 완성됐다고 주장하기도 했습니다. 그만큼 고추가 우리 음식에서 차지하는 비중이 높다는 얘기겠지요. 주 메뉴에서는 고추장으로 버무린 샐러드에다 회를 찍어 먹더니, 마무리는 고춧가루를 풀어 얼큰하게 끓인 매운탕으로 하다니……. 한국인들은 성격이 화끈하고 급하다 보니 자연스럽게 매운 것을 즐겨 찾는 것 같습니다.

고추장을 넣고 벌겋게 버무린 음식 가운데는 춘천 닭갈비를 빼놓을 수 없습니다. 이것 역시 굉장히 한국적인 음식임에 틀림없습니다. 무쇠로 만든 커다란 팬에 기름을 두르고 양배추를 비롯한 채소와 양념에 재어둔 닭갈비를 넣고, 고추장 소스를 넣어 익혀 먹는 게 닭갈비 아닙니까? 이런 음식은 물론 과거에는 없던 것입니다. 춘천의 명물이자 하나의 상징처럼 자리잡은 닭갈비 역시 어느 모로 보나 대단히 한국적인 음식입니다. 그저 섞어서 고추장을 넣어 먹되, 이번에는 익혀서 먹

고추장을 넣고 벌겋게 버무린 춘천 닭갈비

는 것만 다릅니다. 큰 팬에 여러 재료를 왕창 집어넣고 익히거나 섞어서 먹는 모습은 다른 나라에서는 좀처럼 보기 힘든 것 같습니다. 게다가 만들어져 나오는 게 아니라 상에서 직접 만들어 먹으니 이것 역시 한국적입니다.

우리네 음식의 특징 중 하나는 설렁탕이나 닭갈비처럼 먹는 사람의 기호에 따라 직접 간을 하거나 익혀 먹는 경우가 있다는 것입니다. 이것 역시 한국인의 뚜렷한 주관을 보여주는 실례라고 하면 지나친 것일까요? 한국인들은 그 기본적 성향이 자유분방해서 자신의 주견(主見)을 매우 중요하게 생각합니다. 그래서 식당에 가도 본인들이 자신의 취향에 맞게 음식을 먹는 것 아닐까 하는 생각을 해봅니다.

지금까지 음식 문화에서 한국인들의 야성적인 모습을 보았지만, 음식에서만 야성의 모습을 찾을 수 있는 것은 아닙니다. 냉면이든 해물이든 김치든, 한국 사람들은 음식이 나오면 무시무시한 가위로 마구 자르지 않습니까? 이것이야말로 야성적인 기질의 극치라 아니 할 수 없습니다. 사실 이런 모습은 미관상 보기에도 좋지 않고, 우리의 전통 식사 예절로 봤을 때도 빵점이라고 할 수 있습니다. 그러나 모두들 식당에 가면, 아주 자연스럽게 가위를 들고 음식을 먹기 좋게 자르고 있지 않습니까? 저는 이런 장면을 볼 때마다 한편으로는 눈살을 찌푸리기도 하지만 한편으로는 우리들의 거칠면서도 자연스러운 모습을 볼 수 있어 재미있어합니다.

하기야 깐깐하게 따지고 든다면 냉면 그릇으로 쓰이는 스테인리스를 문제 삼을 수도 있습니다. 스테인리스는 사실 문화적인 기물과는 거리가 먼 것입니다. 이런 그릇은 마구 사용해도 깨지지 않을 뿐더러 흠도 나지 않아 식당 측에서는 말할 수 없이 편리한 용기입니다. 그러나 먹는 입장에서는 대접받고 있다는 느낌이 들지 않는 그릇입니다.

스테인리스 그릇에 담긴 냉면을 가위로 잘라 먹기까지…….

한번 입장을 바꾸어 생각해보십시오. 집에서 그렇게 분위기 없는 그릇에다 밥을 먹는 사람이 얼마나 됩니까? 문화란 모든 것에 스며들어 있어야 합니다. 먹는 음식도 문화적이어야 하지만, 그 음식을 어디에 담느냐는 것도 매우 중요한 문제입니다. 그런데 우리는 그 중요한 문제에 대해 아직은 그다지 신경 쓰고 있는 것 같지 않습니다. 가끔 식당에 가서 이런 그릇에 담긴 음식을 먹을 때면 그런 살벌함을 느껴서 입맛이 떨어지기도 하지만, 한편으로는 한국인들이 갖고 있는 내면의 힘을 느낄 수 있어 재미도 납니다.

음식에서 보이는 한국인의 야성을 끝맺기 전에 라면에 관한 이야기를 해보고자 합니다. 고속도로의 휴게소에 들를 때마다 느끼는 것이지만, 그곳에서 라면을 삶아 파는 일을 보면 정말 재미있습니다. 라면은 면이 제대로 익어야 맛있는 것이니, 아무리 빨리 하려 해도 기본적인 시간이 드는 법입니다. 그래서 잠깐 쉬어가는 고속도로 휴게소에는 맞지 않는 음식입니다. 그런데 한국인의 기민성은 그 라면을 속성으로 끓이는 기계를 만들어냈습니다(일본 학생에게 물어보니 일본에도 같은 기계가 있다고 하더군요). 그런 종류의 기계는 제가 본 것만 해도 두세 종류가 되었는데, 그 기계에 라면을 넣고 끓이면 정확히 3분이면 완성이 되는 것 같았습니다. 신속해야 하는 고속도로 휴게소에서 팔기에는 더없이 유리한 조리 방식이지요. 저도 가끔 휴게소에서 라면을 사 먹는데, 한국인은 참으로 희한한 종족이라고 느낀 적이 한두 번이 아니었습니다. 또 이런 일은 민첩하고 손재주 많은 한국인이나 하지 아무 민족이나 할 수 있는 일은 아닐 거라는, 우물 안 개구리 같은 생각도 가져보았습니다.

그런데 라면 빨리 끓이기에서 둘째가라면 서러워할 식당들이 또 있습니다. 바로 학교 앞 분식집들입니다. 저는 가끔씩 이런 집에 가서 실비(實費)의 음식을 먹는 것을 아주 좋아하는데, 이런 집에서는 정말라면이 2분이면 뚝딱 나옵니다. 물론 면이 다 안 익어서 처음에는 딱딱하지만, 다 먹을 때쯤 되면 다 익어가 먹을 만해집니다. 익지도 않은 음식을 내오는 것은 식당으로서는 있을 수 없는 일이지만, 매번 그것을 알면서도 그 민첩함에 놀라 잠자코 후다닥 먹고 나옵니다. 이쯤 되면 한국인의 음식 문화는 거침, 야성, 신속, 이 세 가지로 요약할 수 있지 않을까요?

한국 음악, 그 엄청난 다이내미즘

예술을 통하면 문화가 보인다

한 민족의 정서는 그 민족이 산출한 예술에서 가장 잘 드러난다고 해도 과언이 아닙니다. 예술적인 표현에는 그것을 표현하는 주체들의 감정이나 감각이 기본으로 깔려 있으니까요. 만일 중국 문화나 일본 문화가 한국 문화와 어떻게 다른지를 알고 싶다면 무엇부터 보아야 할까요? 말할 것도 없이 그들의 예술을 보면 됩니다. 예를 들어볼까요? 주지하다시피 이들 세 나라는 불교 사상을 공유하고 있습니다. 우리는 각 나라의 불교 사상가들이 주장한 설에서 별 차이점을 못 느낍니다. 사상이란 보편적인 논리를 바탕으로 하기 때문에 그것은 어찌 보면 당연한 결과일 것입니다. 중국 논리가 따로 있고 일본 논리가 따로 있을 수는 없을 테니까요. 화엄경에 주석을 달 경우, 중국 화엄종의 3대 조사이면서 의상의 사제인 중국인 승려 현수(賢首)가 쓴 화엄경 주석과 원효가 쓴 화엄경 주석이 크게 다를 수 없습니다. 보편적인 논리를 바탕으로 설명하기 때문입니다.

그러나 불교 예술로 오면 상황은 많이 달라집니다. 불교 예술이란 당대의 사람들이 각자의 전통에 입각해서, 각자가 생각하는 아름다움을 불교로 승화시킨 것이기 때문입니다. 따라서 여기서는 다름이 현저하게 드러납니다. 위에 언급한 주석서들만으로는 어느 나라의 승려가 쓴 것인지 알 수 없지만, 불교의 건축물인 절의 모습을 보면 금세 그 국적을 알 수 있습니다. 가장 두드러진 특징이라 할 수 있는 처마의 휨 정도를 가지고 우리는 곧 그 절이 어느 나라 것인지를 판명할 수 있지 않습니까? 지붕의 처마선이 살짝 휘어 있으면 한국 절이라는 것은 어렵지 않게 알 수 있습니다. 아울러 한국의 절 건축에서만 보이는 휜 대들보라든가 휘어 있는 기둥 등에서도 우리는 한국적인 전통을 느낄 수 있습니다. 이와 같이 예술을 통해 보면 그 나라 문화의 고유성을 쉽게 알아낼 수 있는 것입니다.

그러면 예술 중에도 어떤 장르의 예술이 그 예술 행위를 하는 사람들의 정서를 잘 표현한다고 할 수 있을까요? 이런 질문을 하는 이유는 우리나라의 경우에도 예술이 장르에 따라 그 한국성의 표현 정도가 다 다르기 때문입니다. 예를 들어 앞에서 거론한 건축을 볼까요? 우리는 과거에 만들어진 중국 · 한국 · 일본의 건물들을 구별해낼 수 있지만, 동북아 예술을 모르는 다른 나라 사람들은 이것들을 구별하기가 거의 불가능할 것입니다. 중국의 영향이 워낙 크기 때문입니다. 문인화(文人畵)나 도자기도 중국의 영향이 매우 강한 것을 알 수 있습니다. 이에 비해 음악과 춤은 가장 한국적인 예술 장르에 속한다고 할 수 있을 것입니다. 음악과 춤은 잘 알려져 있는 것처럼 다른 어떤 예술보다도 사람의 감정이 있는 그대로 표현되고 반영되는 장르이기 때문입니다. 그러기에 문외한이 듣는다 해도 동북아 삼국의 음악이 다

경극 ©중앙일보

가부키 ©중앙일보

르다는 것은 곧 알아차릴 수 있습니다. 특히 춤은 각 나라의 특징이 더욱 강한 장르입니다. 음악의 경우엔 중국에서 들어온 악기가 많기 때문에 중국의 영향이 없다고 할 수 없지만, 춤은 순전히 한국에서 배태된 순수한 한국의 예술입니다. 특히 한국 민속춤의 경우 중국적인 영향이 전혀 없다고 해도 과언이 아닙니다. 중국의 경극과 한국의 살풀이춤, 그리고 일본의 가부키는 공통점을 찾을 수 없을 정도로 독자적이라고 할 수 있을 겁니다. 그래서 이번 강과 다음 강에서는 특히 음악을 중심으로 우리 전통 예술에 나타나는 한국인들의 화끈한 신기를 살펴보고자 합니다.

언젠가 사석에서 황병기 선생을 만난 적이 있습니다. 그때 황 선생께서는 "서양의 것과 가장 많이 다른 것을 동양적인 것이라고 한다면 한국 음악이야말로 가장 동양적인 음악이다"라고 말씀하셨습니다. 그래서 왜 그렇게 생각하시느냐고 여쭈었더니 한국 음악은 2박자 음악이 대세를 이루는 일본이나 중국과는 달리 3박자로 되어 있기 때문이라는 것입니다. 이런 특징 때문에 일본이나 중국의 전통 음악은 서양 음악들과 협연하기가 비교적 쉬운 반면 우리 음악은 그렇지 못하다고 합니다. 우리 조상들이 중국의 것을 많이 받아들인 것 같지만, 가장 기저에 깔린 것에서는 고유의 색깔을 유지하고 있었던 것입니다.

살풀이춤

한국의 전통 음악이 갖고 있는 이런 고유의 색깔은 여기서 그치지 않습니다. 너무 많아서 일일이 열거하기가 어려울 지경인데요. 그 고유한 특징 중 맨 먼저 거론하고 싶은 것은 한국의 전통 음악이 힘을 대단히 중시한다는 사실입니다. 황병기 선생은 1992년 한국예술원이 주최한 국제학술심포지엄에서 「한국 음악의 미」란 글을 통해 이런 주장을 피력하고 있습니다. 이때의 힘이란 것은 문자 그대로 '파워'로 이해될 수도 있고 역동성을 강조한다는 의미도 될 수 있습니다. 사실 한국 음악에서는 기본적으로 음량이 큰 소리를 바람직하게 생각합니다. 한마디로 말해, 소리를 어떻게 내든 무조건 커야 한다는 것입니다. 저는 우리 음악을 공부하기 전까지는 이런 사실을 전혀 몰랐는데, 이 사실을 처음 알고는 황당하기도 하고 재미있기도 했습니다. 다시 한번 한국 사람들은 대단하면서 웃기는(?) 사람들이라는 것을 확인할 수 있어 좋기도 했고요. 그래도 음악은 예술의 한 분야인데, 선율의 아름다움이나 가사의 탁월함 등과 같은 예술적인 요소가 미학의 기준이 되지 않고 어떻게 음량의 세기가 가장 중시되는지 도무지 이해가 가지 않았던 것입니다.

이런 이유로, 판소리 창자더러 "소리가 아주 곱고 예쁘다"고 하면 그건 모욕이지 — 모욕도 이만저만한 모욕이 아니라고 합니다 — 결코 칭찬이 아닙니다. 대신에 창자를 칭송하고 싶으면 소리가 아주 힘 있다고 해야 한다는 것입니다. 아무리 생각해도 이건 기이한 일 같습니다. 서양의 피아니스트더러 당신의 피아노 소리가 아주 세서 참 듣기 좋다고 하면 말이 되겠습니까? 음악 분야에서도 화끈한 한국인들의 성정이 십분 드러나는 대목이 아닐 수 없습니다. 그러나 그렇다고 해서 한국 음악에서 무조건 큰 소리만을 강조하는 것은 아닙니다. 큰 것도 좋지만 음질에 대해서도 관심을 갖기 때문입니다. 그러나 중요한 것은 큰 소리가 되었든 작은 소리가 되었든 음이 실(實)해야 된다는 것입니다. 실해야 한다는 의미 역시 소리가 세고 강해야 한다는 데에는 다를 바가 없습니다. 그러니까 작은 소리를 내도 그 소리가 실해야, 다시 말해서 소리에 힘이 들어가 있어야 소리를 잘한다는 말을 들을 수 있다는 것입니다. 조금 다른 식으로 표현하면, 한국 음악에서는 음색이 곱고 화려한 것보다는 다소 거친 소리를 더 선호한다고 말할 수 있을 것입니다. 그러면 이제 이런 한국 음악의 특질을 몇 개의 예를 통해 살펴보기로 하겠습니다.

거칠기 짝이 없는 거문고 연주 기법

맨 먼저 선비들의 악기라고 하는 거문고를 살펴보겠습니다. 거문고가 선비들의 악기로 불리게 된 점에 대해서도 여러 설이 있지만, 아마 그것이 점잖은 악기이기 때문이라는 것이 가장 유력한 설일 것입니다. 거문고는 여섯 줄로 되어 있는데 연주할 때는 가운데에 있는 두 줄밖에 사용하지 않습니다. 나머지 줄은 '드르렁 드르렁' 하면서 줄을 긁을 때에만 사용합니다. 거문고가 점잖다는 것은 이런 사정에서 나온 말일 것입니다. 그래서 저는 거문고를 볼 때마다 "세상에 어떻게 저런 악기가 다 있나" 하고 신기해합니다.

거문고에 얽힌 특이한 이야기는 이것 말고도 아주 많습니다. 음악에 관한 한 조선의 선비들에게 가장 멋있고 훌륭하게 생각되었던 태도는, 줄 없는 거문고를 방의 벽에 세워 놓는 것이었다고 합니다. 그러면 어찌 될까요? 사람이 악기를 타는 게 아니라 바람이 불어와 악기를 어루만지겠죠? 그런데 줄이 있어도 소리가 날까 말까 한데 줄마저 없으니 소리 날 리가 만무합니다. 그런데 옛 선비들은 이런 소리를 최고로 쳤다고 합니다. 세상에서 가장 멋진 소리를 '소리 없는 소리'라고 생각했던 것입니다. 물론 이런 소리는 사람의 상상 속에서만 가능한 것인데, 여기에는 사상적인 배경이 있습니다. 모든 것의 끝을 태극이 아니라, 극조차 없어진 무극(無極)을 더 근원적인 것으로 생각한 것이 그것입니다. 이것을 소리에 대입하면 소리의 근원은 소리 없음이 됩니다. 따라서 선비들은 유형의 악기를 통해 소리의 근원까지 거슬러 올라갔던 것입니다. 참으로 멋있는 발상이지요?

그런데 거문고의 연주법에도 대단히 거친 면이 많습니다. 거문고는 '술대'라고 불리는 작은 나무 막대로 줄을 뜯어서 연주하는데, 연주자는 이것으로 줄을 위에서 사정없이 내리찍습니다. 줄 밑에는 줄을

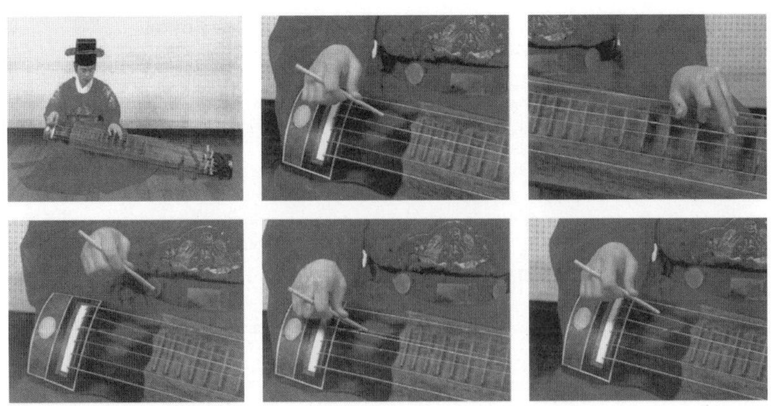

술대로 줄을 거칠게 뜯어서 연주하는 거문고 연주 기법

받치는 괘가 있는데, 왼손으로 괘 위에서 줄을 마구 비벼대면서 농현을 합니다. 그러면 줄이 괘에 부딪혀 서걱서걱 하는 소리가 다 들립니다. 이건 음악이라기보다는 거의 소음에 가깝습니다. 여러분들도 기타를 칠 때 손가락을 옮기는 과정에서 '쓰윽' 하는 소리가 나는 것을 알고 있지요? 그런데 거문고 줄에서 나오는 소리에 비하면 기타에서 나오는 소리는 음악적으로 들립니다. 거문고를 농현할 때 나는 소리는 하도 투박해서, 어떻게 저런 것을 용인했을까 하는 생각마저 듭니다.

또 거문고 연주법에는 싸랭 기법이라는 것이 있습니다. 이것은 술대로 현을 내려칠 때 강하게 쳐 그 힘으로 줄 밑에 있는 판까지 치게 되는 기법을 말합니다. 이런 것도 기법에 속하냐고 반문하는 분들이 있을지 모르겠습니다만, 이것은 엄연한 정식 연주 기법 중 하나입니다. 현을 강하게 치다 보니 우연히 그렇게 나오는 소리가 아니라는 것입니다. 그러니 이게 얼마나 재미난 현상입니까? 대개 현악기라는 건 곱고 예쁘게 소리를 내는 게 정상일 텐데, 이 거문고는 거칠게 뜯는 게 더 잘하는 것이 되다니 말입니다. 한번 상상해보십시오. 막대기로 악기를 내리찍어서 잡음이 나도 그것을 오히려 연주 기법의 하나로 간주한다니, 얼마나 화끈한 연주가 되겠습니까? 이것을 서양 악기에 빗대어 말하면, 첼로를 켜는 사람이 활로 첼로의 몸체를 벅벅 그어대는 것과 같다고 할 수 있겠습니다. 서양에서 이런 음악은 전위 예술을 하는 사람들이나 하는 것일 텐데, 한국의 예인들은 평상시에 이런 음악을 했답니다.

이 기법과 관련해 재미있는 이야기가 있습니다. 저는 이 이야기를 지금 하와이 대학의 한국학 센터에서 민족음악을 가르치고 있는 이병원 교수께 들었습니다. 1960년대에 이 교수가 서울대 국악과에 재학하고 있을 때 있었던 일이랍니다. 영국의 한 기관에서 우리나라 전통 음악을 수집해 녹음하려고 방한한 일이 있었습니다. 그때 이 교수는 통역차 참여했는데, 당시 거문고 산조의 명인인 신쾌동 선생의 연주를 녹음하는 순서가 되었답니다. 일단 녹음을 다 마쳤는데 그 영국인이 말하길, 술대로 내리찍을 때 나는 소리가 거슬리니 그 소리가 안 나게 연주할 수 있겠느냐고 물어왔다고 하더군요. 이에 신 명인은 그러겠노라 하고 그 소리가 안 나도록 연주를 다시 해서 녹음을 했습니다. 그런데 녹음을 끝낸 신 명인이 "시원스레 내리찍지를 못하니 당최 연주한 것 같지가 않다"고 소감을 밝혔다고 합니다. 한 사람에게는 소음으로밖에는 들리지 않는 것이 다른 사람에게는 자신이 연주하는 음악의 한 부분으로 이해되고 있으니, 서로의 음악 세계가 얼마나 다른지 알 수 있습니다.

세계에서 가장 기괴한 성악, 판소리

저는 개인적으로 판소리를 굉장히 좋아하고, 또 훌륭한 예술이라고 생각합니다. 그런데 우리 예술이라는 생각을 잠깐 접고 객관적으로 판소리를 대면해보면 여러 가지 재미있는 요소가 많이 발견됩니다. 저는 이 판소리야말로 정말로 기괴한 소리가 아닌가 하는 생각을 합니다. 특히 서양의 성악과 비교해보면 그 차이를 극명하게 알 수 있습니다. 오늘날 오페라는 18세기에 이탈리아에서 확립된 벨칸토 창법을 가장 이상적인 창법으로 인정하고 있습니다. 벨칸토(bel canto)의 뜻이 '아름다운 노래'라는 데서도 미루어 알 수 있듯이, 이 창법은 인위적으로 아주 고운 소리를 만들어내는 것으로 유명합니다. 이 소리를 느끼고 싶으면 간단하게 오페라에서 불리는 아리아를 상상하면 됩니다.

이에 비해 판소리는 어떻습니까? 곱고 부드러운 소리하고는 거리가 멀어도 한참 멉니다. 대신에 투박해도 보통 투박한 소리가 나오는 게 아닙니다. 목소리가 다 갈라진 소리가 나오기 때문입니다. 예쁘게 소리 내는 것과는 본질적으로 다르죠. 판소리에서는 거친 소리를 마구 질러대야 좋은 소리라고 합니다. 이미지상으로는 뚝배기나 막걸리에 가깝겠죠? 판소리 창자들은 이런 소리를 내기 위해 다른 식으로 매우 인위적인 노력을 합니다. 소리꾼들의 목소리가 변하는 과정을 살펴보면 그들의 노력이 얼마나 처절하고 각별한지를 알 수 있습니다. 소리꾼들은 소리를 배우기 시작할 때, 처음에는 여러 선생 밑을 전전하면서 배웁니다. 그러다 이제 자신의 음악 세계를 열어야겠다고 생각하면 '산공부'에 들어갑니다. 산공부란 혼자서 소위 '득음'을 하기 위해 연습에 매진하는 것을 말합니다. 이때부터 상당히 강도 높은 훈련이 시작됩니다. 매일 하루 온종일 소리를 질러댑니다. 폭포 아래에서 소리를 지르는 것도 이때의 일입니다. 폭포 소리가 들리지 않을 정도로 소리를 지르면서 연습을 하는 것이지요. 그렇게 소리를 지르다 보면 성대가 파열됩니다. 이때 소리꾼은 온 몸에서 열이 치솟는 등 몸 상태가 아주 나빠집니다. 전해 내려오는 이야기로, 소리꾼들이 똥물을 마신다는 때가 바로 이 시기지요. 이때 파열된 성대는 그 상태 그대로 불균형적인 상태에서 굳어버리고 맙니다. 그런데 판소리계에서는 반드시 이

힘을 들여 소리를 하는 소리꾼

단계를 넘어야 득음했다고 말합니다.

판소리의 소리가 이렇게 투박한 것은 바로 이런 이유 때문입니다. 파열된 성대로 노래를 하니 그럴 수밖에 없을 것입니다. 판소리 창자는 이런 과정을 거쳐 득음을 해야 비로소 다른 사람 앞에서 소리를 할 수 있습니다. 그 전에 하는 것은 스승들로부터 인정을 받지 못합니다.

제가 여기서 주목하고 싶은 것은 판소리의 음색입니다. 사람의 성대에서 나는 소리 치고는 너무 특이한, 혹은 기괴한 소리가 나기 때문입니다. 판소리에서는 가장 좋은 소리를 '하늘에서 내린 목소리'라는 뜻에서 '천구성'이라고 부릅니다. 이 소리는 쇠망치 소리와 같이 견고하고 강한 '철성'과, 쉰 듯이 컬컬하면서도 힘이 충만한 '수리성'이 합쳐진 소리를 말합니다. 사람의 목소리가 쇠로 만든 망치처럼 강해야 하고 목이 쉰 것처럼 컬컬하면서도 힘이 있어야 하다니, 인성(人聲)을 수식하는 단어라고는 믿어지지 않을 정도입니다. 이 묘사를 듣고 있노라면 예술을 논하고 있다는 생각은 들지 않고, 힘이 많이 드는 노동이나 스포츠에 대해 이야기하는 것만 같습니다. 판소리를 수식하는 말을 들을 때마다, 저는 한국인들의 힘과 자연 그대로의 거친 성질을 다시 한번 뼈저리게 느낍니다. 그러곤 한국인이 가진 힘의 근원을 다시금 느끼곤 합니다.

그런데 철성과 수리성도 평상시의 목소리를 묘사할 때이고, 소리를 하다 절정에 이르면 이보다 더 거세진 목소리가 나오게 됩니다. 음량도 훨씬 더 커지고, 쉿소리와 견고함 역시 강도를 더하기 때문에 실로 강한 목소리가 나오게 됩니다. 이것을 일컬어 일명 '꽥소리'라고 하는데, 일설에 따르면 돼지 멱따는 소리와 닮았다고 해서 붙여진 이름이라고 합니다. 그런데 판소리에서는 이 소리를 잘해야 소리를 잘한다는 말을 듣는다고 하니, 참으로 다른 세상의 이야기를 듣는 것만 같습니다.

판소리에 얽힌 유명한 이야기가 하나 있습니다. 북한에서는 학계에서나 음악계에서나 이 판소리를 전혀 연구하지도 않고, 부르지도 않는 것으로 유명한데, 사정이 이렇게 된 데에는 몇 가지 이유가 있다고 합니다. 가장 큰 이유는 북한 당국이 판소리를 무산계급의 음악으로 인정하지 않았기 때문입니다. 그들은 판소리가 비록 천민층에서 시작되었지만 결국엔 양반들의 유흥 거리로 전락한 데에 무게를 두고 있습니다. 따라서 연구할 만한 가치가 없다고 규정지은 것입니다. 두 번째 이유로는, 김일성 주석이 판소리의 소리를 좋아하지 않았다는 것을 들 수 있습니다. 김 주석은 특히 꽥소리를 싫어해서 일절 그 소리를 못하게 했다고 합니다. 하여 여자 가수들은 모두 꾀꼬리 같은 음성으로 노래를 불렀다고 하더군요(남한 가수로 이런 발성법을 쓰는 가수에는 김세레나가 있었습니다). 북한의 여자 가수들의 노랫소리를 떠올려보면 알 수 있을 것입니다. 북한 노래 〈반갑습니다〉를 들어보면 알 수 있듯이, 북한 여가수들의 창법은 곱고 인위적으로 부르는 것이 특징이지요. 발성법 또한 천편일률적입니다.

김 주석이 이 소리를 싫어했다는 것은 몇 가지 점을 시사해줍니다. 우선 김 주석은 우리 민족의 화끈한 기질을 이해하지 못했다고 할 수 있겠습니다. 우리 조상들이 그렇게 좋아했던 소리를 외면했다는 것은 그가 전통 예술에 대해서 식견이 부족했음을 드러냅니다. 이것은 그가 어려서부터 전통 예술 쪽으로는 별로 노출이 안 되었다는 것을 의미할 수도 있습니다. 이런 정황을 통해 보면 우리 한국인도 일찍부터 판소리 같은 전통 음악을 접하지 않으면 나중에 친숙하기가 힘든 판에 외국인이라면 어떨까 하는 생각이 듭니다. 실제로 거스 히딩크 감독은 한국의 전통 예술 가운데 판소리는 정말로 이해하기 힘들었다고 실토한 적이 있습니다. 벨칸토 창법에 익숙한 사람이 듣기에 판소리는 너무 투박하고 거칠어서 쉽게 친근해지기 어려울 거라는 생각도 듭니다. '가장 한국적인 것이 가장 세계적인 것이다'라는 구호가 항상 맞는 것은 아니라는 생각도 더불어 들고요.

판소리는 조선 후기를 대표하는 예술 장르 가운데 으뜸이 되는 예술입니다. 그런 까닭에 판소리는 한국인을 이해하는 데에 많은 도움을 줍니다. 계층에 관계없이 두루 사랑을 받은 예술은 판소리가 유일하다고 해도 과언이 아닙니다. 판소리는 원래 무당과 같은 천민 계층에서 시작되었습니다. 그러다 천천히 양반 계층으로 옮겨가고, 급기야는 왕실에까지 알려지게 됩니다. 한말의 명창이었던 이동백은 고종에게 초청되어 궁궐에서 공연을 하게 되었는데, 당시 고종이 그 공연에 크게 감동해 그의 손을 잡았다는 유명한 일화가 전해지고 있습니다(그래서 이 명창은 그 손을 씻지 않고 다녔다고 합니다!!). 또 양반이 과거에 급제하면 반드시 판소리꾼이 포함된 광대들을 불러 한바탕 놀았다고 하니, 판소리는 실로 전 계층이 즐긴 '전 국민'의 소리가 된 것이지요. 평민들이 판소리를 어찌나 좋아했던지, 일제 때의 명창이었던 임방울이 전하는 바에 따르면, 판소리 임시 공연장은 항상 미어졌고, 중간에 오줌 누러 가면 못 듣게 되는 것이 아까워서 아예 요강을 들고 오는 사람도 있었다고 합니다.

판소리가 조선인들의 음악적 정체성을 대표한다고 제가 이렇게 장황하게 강조하는 이유는, 모든 조선인들의 사랑을 받은 판소리의 발성법이 매우 거친 만큼 우리 민족의 성향도 거칠고 투박하지 않을까 해서입니다. 판소리의 발성법이 기질적으로 맞지 않다면, 이렇게 온 민중의 사랑을 받을 수 없었을 것입니다. 한국인들은 이처럼 텁텁하고 거친 소리가 우대받는 판소리를 가장 사랑했습니다. 그런 음악을 사랑하는 한국인들이 그와 비슷한 성정을 가졌다는 것은 능히 상상할 수 있는 일입니다.

그럼 이런 소리를 좋아하는 한국인들이 요즘 와서는 어떤 소리를 즐기고 있을까요? 판소리가 선조들이 가장 사랑하던 유행 음악이었다면, 지금 우리들이 가장 사랑하는 음악은 대중가요입니다. 그렇다면 이 대중가요에도 한국인들이 좋아하던 창법이 분명히 들어가 있을 것입니다. 이병원 교수는 한 연구에서, 판소리의 거친 창법을 가장 먼저 받아들인 한국 가수로 패티 김을 꼽고 있습니다. 실제로 패티 김은 가수로 데뷔하기 전 판소리를 공부했다는 풍문이 있습니다. 사실 그전에는 한국 가수들이 일본 창법을 받아들여 가늘고 고운 목소리로 노래를 부르는 게 다반사였습니다. 대표적인 예가 〈애수의 소야곡〉과 〈황성옛터〉 같은 명곡을 부른 남인수입니다. 이것은 일본 가수들의 창법을 흉내 낸 것으로 일제 치하를 거치면서 어쩔 수 없이 일본의 영향을 받게 된 것으로 생각됩니다. 요즘도 일본의 전통 가요인 엔카〔戀歌〕 가수들은 여전히 그런 곱고 가는 소리로 노래를 부릅니다. 이것은 대체로 목만 써서 부르는 창법으로 한국인들은 이런 창법에 익숙하지 않습니다.

해방이 되자 다시 문화적 주체성을 찾은 한국인들은 대중가요 부문에서도 서서히 한국식을 찾았고, 그 결과 처음으로 등장한 '한국형 창법'의 가수가 패티 김이라고 이 교수는 쓰고 있습니다.

그 이후로는 배호, 이은하 같은 가수들이 나와 한국인의 창법을 서서히 회복시켜갑니다. 이런 가수들을 보고 어떤 일본 평론가는 "한국 가수들은 일본 가수들처럼 목으로만 노래를 하는 것이 아니라 가슴으로 노래한다"고 했는데 이것은 정확한 지적이라 생각됩니다. 이러는 사이에 한국의 트로트계에는 거목이 나타납니다. 나훈아가 바로 그 주인공이지요. 나훈아 역시 같은 창법으로 선풍적인 인기를 끌게 되는데, 그는 전통 창법에서 거친 발성뿐만 아니라 이른바 '꺾기'도 받아들입니다. 꺾기는 원래 판소리나 전통 민요에서 많이 쓰던 창법입니다. 트로트의 근원이 일본 엔카라는 것은 부정할 수 없지만, 그것은 한국에 들어와 전통 창법과 접목되면서 한국화가 되었고, 이제는 완전히 '한국적인' 노래가 되었습니다.

어쨌든 이런 과정을 거쳐서 판소리 창법을 완성시키는 가수가 나왔는데, 그가 바로 조용필입니다. 조용필 같은 거대한 가수는 갑자기 튀어나오는 게 아니라, 이런 오랜 과정을 거쳐서 여러 가지 요소가 축적되어야 가능한 것입니다. 조용필은 좋은 노래를 많이 불렀지만, 그가 전 국민의 사랑을 받게 된 이유는 아무래도 그가 구사하는 창법에서 찾아야 할 것 같습니다. 가령 그의 노래 〈한오백년〉이나 〈창밖의 여자〉, 〈미워미워미워〉 같은 노래를 들어보십시오. 그가 얼마나 호소력 있게 노래하고 있습니까? 조용필이 이 노래를 할 때의 모습은 흡사 판소리 창자들이 피가 맺힐 정도로 목 놓아 절규하던 모습을 연상케 합니다. 한국인들은 그의 창법과 노래하는 모습에서 자신들의 깊은 심성 속에 잠재되어 있는 야성적이고 거친 모습을 다시 확인하고 좋아하는 것 아닌지 모르겠습니다. 이런 창법의 유행이 한국에만 국한된다는 것

전통적인 창법을 적절히 수용해 구사하고 있는 가수 조용필

은 나훈아, 조용필 같은 가수가 같은 트로트 문화권인 일본에서는 인기를 그다지 많이 얻지 못했다는 데에서 알 수 있을 것 같습니다. 이들의 노래는 너무 야성적이고 거칠어서 일본에서는 그리 많은 인기를 얻지 못한 것입니다. KBS 텔레비전 〈국악 한마당〉을 맡고 있는 최공호 PD를 일전에 만났더니 이들 한국의 대형 가수들이 일본에서는 정작 인기를 얻지 못하고 있지만, 이들을 흉내 낸 일본의 가수들은 큰 인기를 얻고 있다고 하더군요. 이들은 한국 가수처럼 힘 있고 거칠게 부르지는 않지만 그렇다고 일본 가수처럼 부드럽고 고운 음색을 사용한 것도 아닌, 그 중간 형태로 노래를 불러 성공했다는 것입니다. 이렇게 보면 우리들이 좋아하는 창법은 우리나라에서만 통할 수 있음을 알 수 있고, 그것이 우리 성정과 무관하지 않다는 것을 알 수 있습니다.

아쟁과 대금의 거친 소리

국악의 거친 소리 행진은 아직 끝나지 않았습니다. 그중에서도 아쟁은 아주 재미있는 악기입니다. 이 악기 역시 다른 악기처럼 정악 악기와 속악 악기가 구별되어 있는데, 여기서 주목하는 것은 정악 악기입니다. 국악에 밝지 않은 독자들은 이 악기에 익숙하지 않을지 모르겠지만, 그 소리를 들어보면 다 아는 악기입니다. 특히 속악 아쟁은 산조나 시나위처럼 민속 음악을 합주할 때 중요하게 쓰이기 때문에 한국인이라면 모두 이 소리에 익숙합니다. 아쟁 소리는 줄을 활로 그어서 나는 소리라 낮은 음이 애잔하게 깔려 가슴을 저미게 하는, 매우 한국적인 음색입니다. 정악에서도 이 악기는 중요한 자리를 차지하고 있습니다. 우리 정악의 백미 중 하나인 〈수제천〉 같은 곡을 유심히 듣고 있노라면 밑으로 첼로 소리처럼 깔리는 음을 들을 수 있는데, 그게 바로 아쟁 소리입니다. 저는 〈수제천〉을 굉장히 좋아하는데, 좋아하는 이유 가운데는 밑바닥에 깔리는 구성진 아쟁 소리도 큰 몫을 차지합니다.

아쟁은 가야금 같은 현악기입니다. 그래서 국악을 모르는 사람들이 보면 첫눈에는 가야금과 구별이 잘 안 됩니다. 이 악기가 가야금이나 거문고와 다른 점이 있다면, 악기를 손이나 술대로 치는 게 아니라 활로 현을 긁는다는 것입니다. 그런데 이 활이 볼만합니다. 현악기들은 대개 활에 말총을 쳐 그것으로 현을 긁습니다. 우리가 아는 바이올린이나 첼로 같은 서양의 대표적인 현악기들이 다 그런 활로 현을 긁지요. 그런데 정악 아쟁은 말총이 없습니다. 말총 없이 그냥 막대기로 그어대는 것입니다. 이때 활을 만드는 나무는 개나리 나무의 가지를 사용한다고 합니다. 말총 없이 그냥 나무로 줄을 그어대니 예쁜 소리가 나올 리 없습니다. 세고 거친 소리가 나오는 것은 당연한 일입니다.

그럼 이 악기의 근원은 무엇일까요? 이 악기는 고려 예종 때 중국

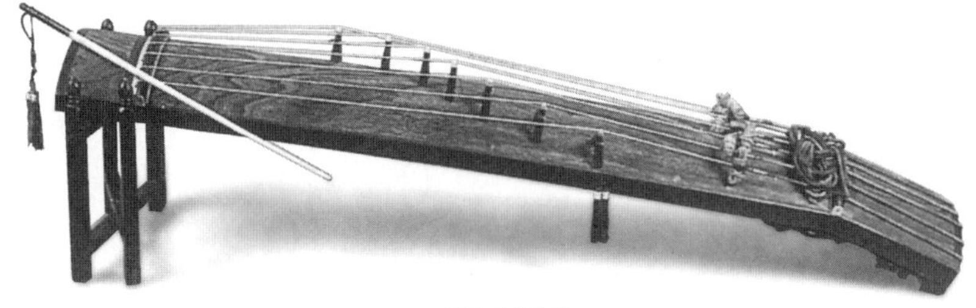

정악 아쟁과 활

에서 수입되었다고 합니다. 예종이 1116년에 송나라에서 중국의 궁중 음악인 대성악(大晟樂)을 수입하게 되는데, 이때 다른 악기와 함께 아쟁이 들어온 것입니다. 아쟁은 그러니까 'Made in China'가 되는 셈입니다. 지금 여기서는 복잡다단한 한국 음악사를 살펴보려는 게 아니고, 다만 이렇게 수입이 된 아쟁이 양국의 교향악단에서 어떤 길을 걷게 되었나에 대한 것만 살펴보고자 합니다. 제가 강조하고 싶은 것은, 우리나라 국악에서는 아쟁이 수입된 이후에 악단의 중심 악기로 매우 중시된 반면, 중국에서는 그 반대로 쇠퇴하여 지금은 아쟁의 흔적을 찾아보기가 힘들다는 것입니다. 이런 일이 가능했던 것은 아쟁이 한국인의 기질에 부합되었기 때문이 아닌가 합니다. 비록 아쟁의 원산지는 중국이지만, 중국에서는 중국인들의 기질과 맞지 않아 거의 사라진 반면 한국에서는 그 성향이 잘 맞아떨어져 계속 발전할 수 있었던 것이라고 말이지요.

성정이 거친, 다시 말해 판소리같이 거칠기 짝이 없는 소리를 좋아하는 한국인들은 말총 없이 직접 나무로 그어대는 아쟁의 소리에 큰 매력을 느꼈을 것입니다. 그러나 우리나라의 경우에도 속악 아쟁으로 가면 조금 사정이 달라집니다. 소리를 유려하게 만들기 위해 활에 말총을 달았기 때문입니다. 말총을 달았다고는 하지만, 소리가 거친 것은 여전히 없어지지 않았습니다. 음악의 소리 이야기를 말로만 하는 것은 아무래도 한계가 있으니 독자들은 이쯤에서 제가 설명한 내용과 관련된 국악의 음악을 직접 들어보시면 좋겠습니다.

또 거친 소리로 하면 대금이 빠질 수 없습니다. 대금은 그 소리가 거칠기 짝이 없지만 소리 이전에 그 악기 자체가 매우 거칠고 단순한 악기임을 알 수 있습니다. 그저 대나무 — 대금용 대나무는 양쪽이 파여 있어 '쌍골죽'이라 부릅니다 — 를 잘라서 구멍을 몇 개 뚫어놓은 게 전부입니다. 장치라고 볼 만한 것이 하나도 없습니다. 뭐든지 단순하게 하는 것을 좋아하는 한국인이 만든 악기답습니다(단순하게 만들었다고 해서 대금 만들기가 쉽다는 소리는 결코 아닙니다). 앞에서 한국인들은 자연을 대할 때 인간의 손길을 가능한 한 삼간다고 했는데, 대금도 그 원리에 충실하게 만들어진 악기 같습니다. 악기가 그렇게 투박하게 만들어졌으니 소리가 예쁠 리 없습니다. 대금 소리는 곱게 낼 수도 있지만 아무리 곱게 내려고 해도 서양의 플루트처럼 고와지지는 않습니다. 플루트는 어떤 소리를 냅니까? 인위적으로 아주 고운 소리를 만들어서 내지요? 흡사 성악에서 벨칸토 창법을 보는 것과 같습니다. 또 악기 자체도 대금과는 달리 아주 인위적으로 만들었습니다. 그러나 한국의 대금은 불다 보면 바람도 많이 빠져나가고 소리도 거칩니다. 저는 이 대금을 몇 년을 배워봤습니다만, 지금까지도 운지법이나 부는 방법, 거칠고 투박한 연주법은 오묘하기 짝이 없다고 느껴집니다.

우리 음악의 거친 모습은 속악인 산조 대금으로 가면 더 심해집니다. 산조는 속악이니 감정을 있는 대로 표현할 수 있습니다. 대금 산조를 들어보면 주자가 대금을 마구 불어 '제치는데' 입김의 반은 밖으로 새는 것 같습니다. 바람이 새는 소리가 대금 소리와 엇비슷하게 크게 들립니다. 그런데 산조는 그래야 제격입니다. 거문고를 탈 때에도 술대가 판에 부딪치는 소리가 음악의 일부였듯이 대금을 불 때에도 바람 새는 소리 역시 음악의 일부가 됩니다. 이생강 선생 같은 명인이 산조를 불어대면 가슴이 미어지는 것 같습니다. 거기다 대금은 플루트와는 달리 악기를 가지고 떨 수 있습니다. 떨어도 엄청 떨어댑니다. 소리는 거칠고, 바람은 빠지고, 대금은 흔들리고……. 그 모습에서 느껴지는 힘은 말할 수 없이 강합니다. 이런 게 전부 동원돼 강하게 합쳐진 부분이 자진모리 부분입니다. 자진모리는 산조의 맨 마지막 악장으로 휘모리를 제외하고 가장 빨리 연주하는 악장입니다. 이 악장을 대금이 불어대기 시작하면 그 힘과 거칠음에 완전 압도됩니다. 어떤 때는 인간이 내는 소리로는 들리지 않을 정도로 그 소리가 신이합니다.

그런데 대금 소리를 진짜로 거칠게 만드는 것은 위에서 언급한 요소들이 아닙니다. 대금이 대금다우려면 바로 이것이 있어서 그러한데, 이것이야말로 대금의 비밀이라고 할 수 있습니다. 대금에는 여섯 개의 지공(指空)과 한 개의 취구(吹口) 그리고 또 한 개의 구멍이 뚫려 있습니다. 이 구멍은 입으로 부는 취구 밑에 있는데 이것을 청공(淸空)이라 부릅니다. 여기에는 얇은 갈대의 속(갈대청)을 붙이는데, 아주 높은 소리나 아주 낮은 소리를 내면 이 청이 파르르 떨리면서 금속성 소리가 납니다. 특히 청황종 ― 한 옥타브 높은 E 플랫 혹은 E에 해당합니다 ― 소리를 낼 때에는 아주 강할 뿐만 아니라 째지는 금속성 소리가 나서 소음처럼 들리는 때도 있습니다. 그런데 대금 연주자들 사이에서는 이 청소리를 잘 내야 대금을 잘 분다는 소리를 듣습니다. 또 이 청소리 덕에 대금 소리는 사방 몇십리를 간다는 이야기도 있습니다. 그래서 저는 대금을 불 때마다 이 청공을 만든 조상들의 미의식에 탄복하곤 합니다. 어떻게 이런 기괴한 걸 만들 생각을 했을까 하는 생각부터 들으면 들을수록 신이하게 들리는 게, 탄복을 하지 않을 재간이 없습니다. 그런데 이 청소리는 서양 음악 관점에서 보면 완전히 소음입니다. 소리를 곱게 내도 시원치 않을 판에 일부러 찢어지는 소리를 내니 소음이 아닐 수가 없습니다.

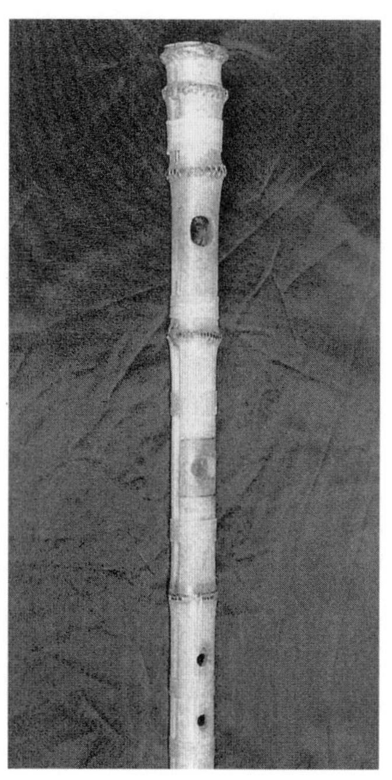

대금에는 부는 구멍인 취구와 그 밑에 갈대청을 붙인 청공이 있다.

이렇듯 한국인들의 미의식은 보면 볼수록 기이하고 묘하기만 합니다. 거문고, 판소리, 아쟁, 그리고 대금의 청소리까지……. 서양 음악에서는 소음에 가까운 소리를 우리 조상들은 즐겼습니다. 힘이 넘치지 않고서는 이런 소리를 좋아할 재간이 없었을 것입니다.

절정이 오래가는 사물놀이

지금까지 한국의 전통 악기들 가운데 거친 소리를 내는 대표적인 악기들을 살펴보았는데, 이것 말고도 우리 음악의 힘 있고 거친 모습은 많은 곳에서 발견됩니다. 우리 음악을 연주할 때 가장 중요한 게 뭐냐고 물으면 나이가 지긋한 연주자들은 한결같이 "맺고 푸는 것을 잘하는 것"이라고 대답합니다. 이것은 비단 음악에만 해당하는 것은 아닙니다. 우리의 전통 춤도 똑같은 원리로 진행되기 때문에, 이런 특징은 한국의 공연 예술이 추구하는 공통된 원리라고 보아도 무방합니다. 뒤에 다시 언급하겠지만, 가야금 산조의 명인이었던 심상건 선생은 무슨 재미로 평생 가야금을 탔느냐는 질문에 간단하게 '맺고(죄고) 푸는' 재미라고 대답했다고 합니다. 맺고 푼다는 것을 다른 말로 하면 긴장해서 힘을 모았다가 한번에 폭발하는 것을 말합니다. 이 심 명인은 자신의 음악 세계를 말하면서 선율의 아름다움이나 다른 기교에 대해서는 일절 언급하지 않고, 대신 연주할 때 힘을 넣고 빼는 따위의 힘쓰는 것에 대해서만 말한 것입니다. 이렇게 역동적인 면을 강조하는 연주법이 세계 음악사에 또 어디 있을까요. 한국 음악에서는 그저 힘, 또 힘이 중요하다는 것을 다시 한번 느낄 수 있는 대목입니다.

한국 음악의 역동성을 말할 때 사물놀이가 결코 빠질 수 없습니다. 사물놀이도 다른 나라에서 발견되지 않는 아주 독특한 음악입니다. 우선 사물놀이에는 힘이 넘쳐흐릅니다. 그래서 음량이 엄청나게 큽니다. 특히 꽹과리의 음량은 너무 시끄러워 우리 한국인들도 견디기가 힘들 지경입니다. 사물놀이의 모태였던 풍물은 원래 들에서 하던 것이었기 때문에 소리가 커야만 했습니다. 전 세계 타악기 중에 꽹과리처럼 높고 날카로운 소리를 내는 타악기는 그리 많지 않을 것입니다. 특히 국가대표팀이 하는 원정 경기에서 사물놀이의 진가는 유감없이 발휘되는데요. 한국 응원단의 수가 적을지라도 꽹과리가 포함된 사물놀이팀 하나만 있으면 응원전은 게임 끝났다고 보면 됩니다. 꽹과리, 북, 징, 장구로 이루어진 소리가 어찌나 크고 강한지, 일단 쳐대면 온 경기장을 압도합니다. 그래서 저는 사물을 들을 때마다 한국인들이 불과 40~50년 만에 이룩해낸 기적적인 경제성장을 생각합니다. 이런 엄청난 '극성'이 아니었다면 가능하지 않았을 것이기 때문입니다.

그런데 사물놀이는 그 특성이 음량이 큰 데에만 있는 것이 아닙니다. 오히려 큰 음량은 사물놀이가 가진 특성 축에도 못 낄지 모릅니다. 사물놀이(혹은 풍물패)를 사물놀이로 만드는 것은 그 초절(超絶)의 신명이 가득 찬 절정의 연속이 아닐까 합니다. 사물놀이의 독특함은 클라이맥스에 있습니다. 대개의 음악은 절정에 이르는 순간까지 일정한 시간이 걸립니다. 그리고 절정에 머무는 시간도 그리 길지 않지요. 그런데 사물놀이는 시작한 지 얼마 안 돼 곧바로 클라이맥스로 치닫습니다. 그러고는 그 상태를 오래 유지합니다. 다른 음악들이 절정에서 오래 머물지 않는 것은 당연한 일입니다. 절정을 오래 유지한다는 것이 쉬운 일이 아니기 때문입니다. 그런데 사물놀이는 그 절정 속에서도 계속 변주를 시도합니다. 장단을 바꿔가면서, 소리의 강약을 조절해가면서 그 흥을 지속적으로 유지하는 것이지요. 사물놀이의 소리가 사람의 넋을 빼앗아버리는 것은 바로 이런 이유에서입니다. 사물의 장단이 복잡하고 다양해서 비전문가들은 구별하기가 쉽지 않지만, 역동적이고 리듬 넘치는 연주의 비밀은 바로 이런 변주에 있었던 것입니다. 이렇게 클라이맥스를 오래 유지할 수 있다는 건 그만큼 힘이 있다는 것을 의미할 것입니다. 힘이 없다면 무아지경이나 엑스터시 상태에서 그렇게 오랫동안 견뎌낼 수가 없을 테니까요. 이와 같이 한국인이 가진 역동성은 이 사물놀이에서도 유감없이 발휘되고 있는 것입니다.

리듬의 강렬함이나 역동성으로 따지면 아프리카의 민속 타악기가 훨씬 강하지 않겠느냐고 주장하는 분도 있을 것입니다. 미국의 하드록도 강렬하기로 따지자면 사물에 못지않을 것이라고 반문하는 분도 있을 테고요. 저도 이 말에 동의합니다. 그러나 우리 음악은 저들의 음악에 비해 장단이 무척 다양하다는 특징이 있습니다. 아프리카 민속 음악이나 미국의 하드록도 대단히 강렬하긴 합니다만, 그들 음악의 특징

사물놀이의 원형인 판굿

은 단순한 리듬의 반복에 있다고 볼 수 있습니다. 하드록의 경우, 그들이 쓰는 리듬은 네 박자로서 '쿵쿵따'로 요약될 수 있는 하나의 박자에 불과합니다. 그것을 끊임없이 반복할 뿐이고, 음량을 키우기 위해서 앰프와 스피커라는 인공 장치를 이용합니다. 그들의 음악에서는 반복을 통해 전율을 느낄 수 있지요.

반면 우리 음악은 꽹과리를 치면서 전체를 지휘하는 상쇠가 즉흥적이면서도 다양한 변주를 이끕니다. 역동성 속에서 숨 막히는 변화를 느낄 수 있지요. 그런 면에서 볼 때 요즘 이른바 퓨전 국악 공연에서 많이 하는 '모듬북 연주' 같은 것에서는 사물이나 풍물에서 느낄 수 있는 그런 숨 막히는 다양함이 없어 아쉽습니다. 그저 규모만 키워 여러 명이 함으로써 음량은 늘렸지만, 같은 박자를 반복하기 때문에 그 소리에 잘 빨려 들어가지 않습니다. 리듬이나 박자가 너무 정형화된 느낌을 받는 것입니다. 이런 사정은 난타도 마찬가지인 것 같습니다.

난타는 사물놀이에는 전혀 없는 '이야기'라는 연극적인 요소를 넣었기에 재미있는 것이지, 타악기 연주 자체에서는 사물에서 느낄 수 있는 황홀감과 신명을 느끼기가 쉽지 않은 것 같습니다.

실제로, 우리 국악에는 정말로 다양한 장단들이 많이 있습니다. 특히 굿판에서 이용되는 장단을 보면 도무지 감을 잡을 수가 없습니다. 무척 복잡하기 때문입니다. 동살풀이 장단 같은 것을 들어보면 박자가 어디서 끊어지는지, 또 어디가 한 박자인지 도무지 알 수가 없습니다. 서양 장단 혹은 리듬이라는 것들은 대체로 어디서 끊기고 어찌 되는지 그 윤곽이 잡히는데, 한국의 (민속) 장단은 마치 지구상에서 처음 들어보는 음악 같습니다. 그래서 전공자들도 장단을 완전히 배우려면 시간이 많이 걸린다고 합니다. 리듬감 혹은 박자감은 감각을 관장하는 우뇌적인 능력입니다. 모든 사물을 분석적으로만 보는 좌뇌적인 능력은 리듬감과 별로 관계가 없다고 할 수 있습니다. 한국인들이 장단에서 둘째가라면 서러워할 사람들이라면, 그만큼 우뇌적인 능력이 발달한 것이 됩니다. 또 이렇게 장단이 다양하다는 것은, 음악의 특징이 그만큼 자유분방하다는 것을 의미합니다. 정해진 규율이 있으면 자유분방해지기 어렵겠지요. 제 소견으로는 한국인들은 대단히 자유분방하다고 생각하는데, 음악에서는 이런 경향이 즉흥성으로 표현되는 것 같습니다. 그러면, 다음 강에서 한국 음악에서 나타나는 즉흥성을 알아보겠습니다.

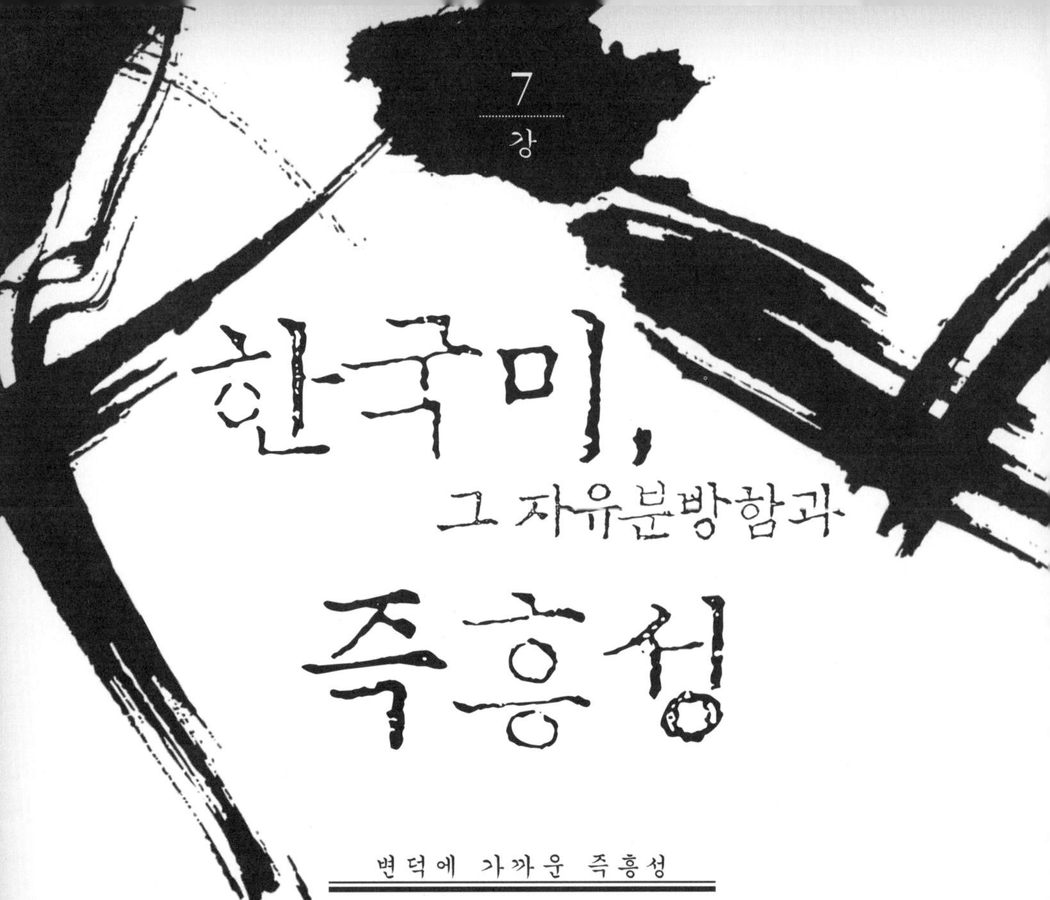

7강

한국미, 그 자유분방함과 즉흥성

변덕에 가까운 즉흥성

한국 음악의 특징을 말할 때 역동성과 함께 거론되는 개념이 있는데, 그것은 다름 아닌 즉흥성입니다. 한국의 전통 음악(그리고 춤)에서 즉흥성이 매우 중요한 개념이라는 것은 전공자들에게는 지극히 상식적인 이야기에 속합니다. 1강에서 예로 든 시나위처럼, 한국인들은 어떤 외적인 규율보다는 상황에 따라 연주하고 대처하는 것에 능한 사람들입니다. 판소리나 산조를 연주하러 와서는 "오늘은 몇 분짜리로 할까요?"라고 묻는 경우가 꽤 있습니다(아니면 주최 측에서 먼저 몇 분짜리로 해달라고 요구하기도 하지요). 한국의 민속 음악에 정해진 틀이 없는 것은 아니지만, 그 틀 안에서는 얼마든지 자기 마음대로 할 수 있기 때문입니다. 예를 들어 산조는 보통 4악장으로 되어 있는데, 그 악장의 순서에만 충실하게 한다면 그 안에서 얼마든지 자기 나름대로의 변화를 꾀할 수 있습니다.

이런 융통성은 특히 (민)속악에서 많이 발휘되는데, 그중에서 가장 강한 융통성이나 즉흥성을 가진 게 바로 시나위입니다. 앞에서도 거론했지만 시나위는 원래 악보가 없으므로, 그날의 기분에 따라 각 악기가 제멋대로 연주를 하면 됩니다. 전문적인 용어로 표현하면, 즉흥적으로 '흐드러져야' 최고라고 말할 수 있는 연주지요. 그때그때의 상황과 감정에 몰입되어 자기 마음 가는 대로 연주하면 된다는 것입니다(여기서의 '제멋대로'는 악장의 구성이라든가 다른 사람과의 호흡은 기본적으로 염두에 둔 상태에서의 '제멋'이라고 할 수 있습니다). 그래서 시나위를 결코 배울 수 없는 음악이라고 합니다. 이렇게 음악에 즉흥성이 강조되는 것은 전 세계에서 인도와 터키의 음악에서나 발견되는 아주 희귀한 경우라고 전문가들은 입을 모아 말합니다.

이렇게 즉흥적인 악상이 나오려면 무릇 연주하는 사람이 힘이 있어야 합니다. 힘이 있어야 그 힘을 자기 마음대로 운용해 즉흥적인 가락을 만들 수 있기 때문입니다. 그러니까 즉흥은 역동과 떼려야 뗄 수 없는 관계라고 볼 수 있습니다. 따라서 이 즉흥곡은 아무나 할 수 있는 것이 아닙니다. 절정의 고수들만이 할 수 있는 지극히 높은 경지라고 할 수 있지요. 따라서 시나위의 핵심은 아무렇게나 마음 가는 대로 연주하는 것에만 있는 것이 아니라, 즉흥성을 발휘하면서도 전 악기가 절묘하게 조화의 상태를 찾아가는 데에 있다고 할 수 있습니다. 각 악기가 따로따로 연주될 때에는 불협화음에 가깝다가도, 어느새 서로에게 맞추면서 조화를 찾아가는 것이지요. 그렇게 같이 잘 가다가 또 혼자 가고 싶으면 제 갈 길로 가고, 그러다 다시 조화를 찾고, 시나위의 아름다움은 바로 여기에 있습니다.

저는 이런 음악을 들을 때마다 한국인들이 얼마나 개성이 강한 사람들인가를 절감합니다. 이러한 추론을 할 수 있는 것은 앞에서 언급한 것처럼 이런 음악을 하는 사람들이 전 세계에 거의 없기 때문입니다. 한국인들의 내면에는 이처럼 무당과 같은 끼가 넘쳐흐릅니다. 그런데 지금은 이런 음악에 대한 수요가 없어서인지 아니면 어려워서인지, 시나위를 제대로 하는 악단이 하나도 없습니다. 전국 주요 도시에 서양 교향악을 연주하는 교향악단은 다 있으면서 자기 민족의 성정을 가장 잘 드러내는 시나위 악단이 하나도 없다는 것은 난센스에 가깝습니다. 같은 민속 악단인 사물놀이 악단이 엄청나게 많은 데 비해 시나위를 하는 악단이 없는 것을 보면 이 시나위 음악이 어렵긴 어려운 모양입니다. 지금도 국악 연주자들이 가끔 이 음악을 연주하지만, 즉흥성과는 거리가 멀어 악보를 보고 흉내 내기에 바쁩니다. 언제 이 불세출의 음악인 시나위를 제대로 하는 악단이 나올지……. 시나위를 사랑하는 저로서는 여간 안타까운 일이 아닙니다.

시나위와 더불어 국악에서 가장 유명한 음악으로 산조를 꼽을 수 있습니다. 산조를 들어보지 않은 한국인은 없을 정도로, 친숙한 음악이 바로 산조입니다. 산조 가운데에는 가야금 산조나 대금 산조가 가장 많이 알려져 있는데, 이 음악 역시 한국 음악을 대표하는 불세출의 작품입니다. 이 음악은 대체로 시나위에서 독주곡 형태로 발전되어 나왔을 것으로 추정되는데, 그런 까닭에 예의 즉흥성 역시 강하게 보이는 것이 당연한 일일 것입니다. 이 즉흥성을 살펴보기 전에 산조라는 음악의 모습이 매우 독특하다는 것을 먼저 지적해야겠습니다.

산조는 북의 일종이라 할 수 있는 장구 반주에 맞추어 연주하는 음악입니다. 그런데 세계에는 장구 같은 북 반주에만 맞추어서 하는 음악은 흔치 않다고 합니다. 우리가 지금까지 여러 가지 예에서 보았지만, 한국 문화 혹은 한국 예술의 특질에는 단순함이 있다고 했습니다. 외국으로부터 복잡한 사조가 들어오면 세부적인 것들은 과감하게 생략하고 큰 틀만 유지한다는 게 그것입니다(사물을 크게 보는 사람들이라 이런 것이 가능하다고 했습니다). 산조를 연주하는 모습을 보면 바로 그 단순성이 생각납니다. 장구만 달랑 있지만 그 음악은 오묘의 극치를 더해갑니다. 음악에 능한 민족답게 절세의 음악을 만들어낸 것입니다.

산조 음악은 앞에서 본 대로 연주가 되는 상황에 따라 마음대로 그 길이를 조절할 수 있습니다. 10분 정도의 시간만 주어지면 길이의 조절이 가능합니다. 어떻게 가능한 것일까요? 곡의 각 악장에서 부분적으로 조금씩 뽑아내 그것을 연결시킴으로써 한 곡을 다시 만드는 것입니다. 이렇게 해서 짧게 뽑으면 짧은 산조가 되는 것이고 전체를 다 연주하면 긴 산조가 되는 것입니다. 서양 음악과 비교해보면 이런 자유분방함이 얼마나 낯선 것인지 금세 드러납니다. 4악장으로 구성된 하이든의 실내악을 각 악장에서 조금씩 뽑아 축약된 곡을 만든다면 어떻게 될까요? 음악의 완성도 면에서 그것이 가능할까요? 한 악장만 연주한다면야 가능하겠지만, 우리의 산조처럼 전 악장에서 조금씩 발췌해 다른 곡으로 변주하는 일은 가능하지 않을 것입니다. 이처럼 우리는 정해진 틀 안에서 '놀기'보다는 그때그때 다르게, 자의적으로 '노니는' 데에 강합니다. 〈웃찾사〉라는 개그 프로그램에서 인기를 끌던 '컬투'가 영어 개그를 하면서 "그때그때 달라요"라는 유행어를 만들어내기도 했는데, 아마 이런 농담도 항상 환경 편의적으로 대강 하는 한국인들에게서나 나올 법한 어투로 생각됩니다. 정해진 규범을 꼭 지키는 것보다는 그때그때 다른 상황성을 강조하는 것이지요.

이번에는 우리나라 국악계에 전설처럼 내려오는 '즉흥 연주'의 대가 이야기를 하려고 합니다. 주인공은 가야금 산조의 명인인 심상건 선생입니다. 심상건 선생은 생전에 가야금계의 전설이었다고 합니다. 어떤 학생이 심 명인에게서 가야금 산조를 배울 때의 일인데요. 가르침을 받은 학생이 밤새 그 가락을 연습해서 다 외웠다고 합니다. 그러곤 그 다음 날 가서 외운 것을 바탕으로 한바탕 가야금을 탔습니다. 그런데 심 명인은 자신은 어제 그렇게 연주하지 않았다며 학생을 나무라더랍니다. 그 학생은 아니라고 항변하고 싶었지만 감히 스승을 거역할 수 없어 그날 다시 가르침을 받으면서, 나중에 스승에게 증거를 제시하려고 그날은 아예 그 가락을 녹음했답니다. 이 학생은 그날도 열심히 외워서 다음날 다시 심 명인을 찾았습니다. 역시 전날의 연주를 외운 대로 탔는데, 이날도 마찬가지로 심 명인은 자신의 가락은 그렇지 않았다며 학생을 나무랐다고 합니다. 학생은 예상했다는 듯이 전날 녹음한 녹음기를 켰답니다. 심 명인이 꼼짝없이 걸려든 것입니다. 그러나 자신이 연주한 가락을 다 들은 심 명인은 전혀 당황하지 않고 한국 국악사에 영원히 남을 이야기를 남깁니다. "이건 어제의 가락이지 오늘의 가락이 아니다." 중요한 것은 지금 내가 여기서 무엇을 느끼느냐는 것이고, 그것에 따라 감정을 표현하면 된다는 이야기를 심 명인은 들려주고 싶었던 것입니다. 이 정도 되면 즉흥성이라기보다 차라리 '변덕'이라고 해야 어울릴 것 같습니다. 연주자 마음 가는 대로 하겠다는 말처럼 들릴 수도 있으니까요. 하지만 속을 들여다보면, 그만큼 느낌을 중시하고, 마음속에서 자연스럽게 일어나는 신기를 중요시한다는 것을 알 수 있습니다.

심 명인에 얽힌 이야기는 또 있습니다. 어떤 부자가 심 명인의 음반을 듣고 그 소리에 반해 직접 듣고 싶어 했습니다. 그래서 개인적으로 심 명인을 초청해 연주를 부탁했다고 합니다. 부자는 심 명인을 당시 최고의 요정인 '국일관'으로 모셔 연주를 청했습니다. 그런데 그날따라 심 명인이 죽을 쑨 모양입니다. 그래서 이 부자는 그냥 음반으로 듣는 게 낫겠다면서 실망을 감추지 못했다고 합니다. 연주하는 장소, 시간에 따라 기분이 변화하는데, 아마도 이날 심 명인은 흥이 별로 나지 않았던 것 같습니다. 상식적으로 생각해봐도, 요정이라는 답답한 공간에서 연주하는 것은 음악가에게는 결코 신나는 일이 될 수 없습니다. 감정에 충실하다보니까 이런 일이 생겼을 테지요.

그렇다면 이런 즉흥적인 악상들은 어떻게 생겨나는 것일까요? 여러 경로가 있겠지만 가장 흔한 경우는 연주하는 중에 흥에 도취되어 무아지경에 빠졌을 때라고 합니다. 이럴 때는 자신도 자기가 만든 가락에 깜짝 놀란다고 합니다. 전혀 뜻하지 않은 가락이 나오기 때문입니다. 그래서 연주가 끝난 다음에 그 부분만 다시 해보려고 해도 기억이 잘 안 난다고 합니다. 이쯤 되면 즉흥 중에서도 엄청난 즉흥이라고 할 수 있겠지요. 무아지경 상태에서 만들었던 즉흥 가락이라, 의식이 돌아온 뒤에 하려고 하면 잘 안 되는 것은 당연한 일일 것입니다. 여기서 주목해야 할 것은 이 즉흥 악상이 생겨나는 맥락이 '무아지경'이라는 것입니다. 무아지경이란 질서 잡힌 세계와는 정반대로 카오스적인 세계를 말합니다. 아무래도 한국인은 이런 무질서의 세계를 지향하는 것이 기질에 맞는 듯싶습니다.

남을 흉내 내는 것을 극렬하게 싫어하는 한국인

국악을 전공한 교수 한 분이 판소리의 정확한 계보를 만들려고 시도했다가 실패했다는 글을 읽은 적이 있습니다. 판소리 명인들에게 소리를 누구한테서 배웠느냐고 물어보면 한결같이 "배우긴 누구한테 배우느냐, 여기저기 돌아다니며 배우다 혼자 터득했지"라고 하기 때문이랍니다. 그런데 이 이야기는 틀린 소리가 아닙니다. 원래 소리를 배울 때에는 처음부터 끝까지 한 선생 밑에서 배우는 게 아니라 여러 선생을 찾아다니면서 배운다고 합니다. 여기저기 다니면서 배우는 이유는 요즘 말로 하면 일종의 자료를 모으기 위해서라고 할 수 있습니다. 그 과정에서 다양한 자료가 모아지면 — 다시 말해 여러 선생들에게서 그들의 창법을 다양하게 배우면 — 독공(獨工)을 하기 위해 은둔을 합니다.* 이것을 그들은 '산공부' 한다고 표현합니다. 끌어 모은 여러 자료들을 자기 나름대로 요리하기 위해 개별 시간을 갖는 것입니다. 그때부터 상상할 수 없는 엄청난 노력이 경주됩니다. 과도한 수련 끝에 성대가 파열되고, 그래서 온 몸에 열이 나고, 그것을 치료하기 위해 똥물까지 마시는 과정을 거치는 것이지요. 피눈물 나는 맹연습을 거듭하다, 마침내 득음을 합니다.

득음이란 자기 소리가 완성된 것을 뜻합니다. 지금까지는 남의 소리를 흉내 냈는데, 여러 스승들의 소리를 자기 식으로 섞어 자기만의 메뉴를 확실히 개발한 것입니다. 이때부터는 자기 소리를 낼 수 있고, 다른 사람 앞에 설 수 있는 단계가 되었다고 볼 수 있습니다. 득음하기 전까지는 다른 사람들 앞에서 공연하는 것이 원칙적으로 금지되어 있으니까요. 득음도 하기 전에 사람들 앞에 섰다가는, 선배들로부터 모진 질타를 받습니다. 아직 자기 소리도 찾지 못한 자가 남의 앞에 서는 것을 판소리계에서는 용납하지 않기 때문이지요. 판소리에서 가장 금기시하는 것이 있다면 그것은 사진(photo) 소리입니다. 사진 소리란 말 그대로 남 — 이 경우에는 스승의 소리 — 의 소리를 사진처럼 베낀 소리를 말합니다. 한국의 판소리꾼들은 어떻게 해서든 남을 흉내 내지 말고 저만이 할 수 있는 소리를 개발해야 합니다.

여기서 우리는 한국인들이 개성을 무척 중시하고 존중한다는 사실을 확인할 수 있습니다. 한국인들은 저마다 자부심이 아주 강한 사람들입니다. 따라서 자존심도 무척 세지요. 이것은 한국인들의 내면에

* 그런데 요즘은 이런 선대의 학습 태도가 사라지고, 오로지 한 스승에게서만 지도를 받는 경우가 많다고 합니다. 이것이 좋은 것인지 아닌지는 섣불리 판단할 수 없으나 과거와 달라진 것은 확실합니다.

힘이 충만하고, 자기를 표현하고 싶은 욕구가 강하기 때문에 나타나는 현상일 것입니다. 그래서 저는 한국인들이 대단히 창의적인 사람들이라고 믿습니다. 이렇게 자기 소리 혹은 음악 세계를 고집하다 보니, 자기 연주가 다른 사람과 약간만 달라져도 유파를 만들어냅니다. 최옥산류의 가야금 산조나 이생강류의 대금 산조들은 다 이런 연유로 생겨난 것입니다. 이러한 현상은 우리 국악인들에게는 워낙 익숙한 일이겠지만, 서양 음악계의 시각에서 보면 대단히 독특한 현상임을 알 수 있습니다. 모차르트 바이올린 협주곡 G장조에서 정경화류가 따로 있고 이자크 펄만(Itzhak Perlman)류가 따로 있을 수는 없기 때문입니다. 그들은 객관적으로 주어진 악보에 충실해야 하기 때문에 자신들이 해석을 크게 달리 해서 연주하는 것이 불가능합니다. 연주자들마다 특색을 띨 수는 있겠지만, 그것이 유파를 형성할 만큼 다르지는 않습니다.

이웃나라인 일본의 경우만 보아도 우리와 얼마나 다른지 알 수 있습니다. 일본의 경우는 장인들이 이에모토〔家元〕라는 유사 가족 집단을 이루어 유사 가부장제를 만들어낸다고 합니다. 그래서 이 조직의 구성원들은 우두머리에게 철저하게 충성을 바친다고 합니다. 제자들은 스승의 연주 기법을 그대로 흉내만 낼 수 있을 뿐 자기 마음대로 해석할 수는 없습니다. 만일 자기 마음대로 조금 다르게 해석해서 연주하면 그 자리에서 축출당한다고 합니다. 반면 우리는 자신만의 개성을 살려 다르게 연주하지 않으면 인정을 받지 못합니다. 그런 면에서 볼 때, 일본과 우리나라의 음악 전통은 달라도 한참 다르다고 할 수 있습니다. 우리는 이런 비교를 통해서 한국인들이 얼마나 자유분방하고 창의적인 사람들인지 극명하게 알 수 있을 것입니다(그렇다고 일본 예술이 창의적이지 않다는 것은 결코 아닙니다). 이렇게 자유분방한 한국인들이 양은냄비처럼 확 끓어올랐다가 갑자기 식는 것은 어쩌면 어쩔 수 없는 일인지도 모르겠습니다.

이런 현상은 속악에서만 발견되는 것이 아닙니다. 정악에서도 다만 정도가 낮을 뿐 비슷한 일이 벌어지고 있습니다. 예를 들어 궁중 음악은 워낙 규범에 충실하기 때문에 웬만해서는 변형되지 않습니다. 이웃나라인 일본의 궁중 음악이 그런 예에 속하는데, 가령 1775년에 기록된 일본의 정악인 쟁곡(箏曲)은 지금도 그 악보 그대로 연주한다고 합니다. 규범에 철저한 일본인다운 행위라 하겠습니다. 그러나 한국으로 오면 사정은 완전히 달라집니다. 우리나라 정악의 백미라 하는 〈영산회상〉을 예로 들어보겠습니다. 〈영산회상〉은 원래 '영산회상불보살(靈山會相佛菩薩)'이라는 가사를 가진 불교 계통의 성악곡이었는데, 처음에는 15세기에 한 악장으로만 시작했답니다.* 그러던 것이 19세기 말이 되면서 전부 아홉 개의 악장으로 늘어나게 됩니다. 변주곡이 자꾸 생긴 것입니다. 따라서 초기의 악보와 지금의 악보를 비교해보면 완전히 다른 곡처럼 보입니다. 이런 현상은 특히 임진왜란 후에 심해지는데, 이것은 유교적인 질서가 조금씩 완화되면서 생긴 현상일 것입니다. 아무리 정악이라도 변하지 않는 것을 싫어해 계속해서 변화를 주고, 주어진 악보대로 연주하는 것을 싫어해 자의적인 해석을 가미해야 직성이 풀리는 한국 예인들의 모습이 이 정악에서도 보이는 것입니다.

정악 가운데 남을 흉내 내는 것을 지극히 싫어하는 한국인의 성향이 가장 많이 반영된 것은 시조창입니다. 이 시조창은 끝마무리를 제대로 안 하고 대충 끝내는 것으로 유명하지만, 개성을 강조한 것으로도 유명합니다. 이런 시조창 분야에서 대대로 내려오는 유명한 문구가 있어 소개해보겠습니다. 시조계에서는 시조창을 부를 때 "사람은 있으되 내가 없으면 이는 꼭두각시지 산 사람이 아니고, 직선만 있고 곡선

* 〈영산회상〉은 17세기 후반이 되면 기악곡으로 바뀌어 성악은 더 이상 하지 않습니다. 그 때문에 가사들은 유실되어 현재에는 그 가사의 내용을 알 수 없습니다.

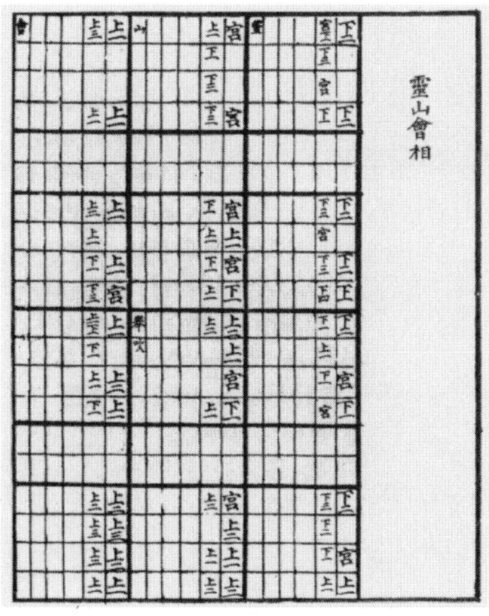

영조 35년(1759)에 간행된 『대악후보(大樂後譜)』에 실린
〈영산회상〉 악보로 조선 초기 〈영산회상〉의 모습을 보여준다.

이 없으면 이는 물이 새서 흐르는 그릇이다"라는 말이 있는데, 우리의 관심을 끄는 것은 앞 구절입니다(물론 뒤 구절에서도 직선보다는 곡선을 선호하는 한국인들의 미의식이 잘 드러나 있습니다. 가령 서양 음악에서는 한 음에서 다른 음으로 갈 때 직선적으로 단계적으로 가지만, 한국 음악에서는 항상 '위잉' 하면서 곡선을 그으며 천천히 올라가고 내려가기 때문에 나온 소리일 것입니다. 이 점 역시 한국 미학에서는 대단히 중요하게 다루어져야 하는 부분입니다).

앞 구절을 현대식으로 해석해보면 다음과 같은 의미가 될 것입니다. "노래를 할 때 자기만이 할 수 있는 소리를 내지 못한다면 그것은 살아 있는 사람이 하는 소리가 아니다." 이로써 우리는, 한국 음악가들이 음악의 가장 중요한 요소로 각 개개인의 창의력을 가장 높게 평가한 것을 알 수 있습니다. 무엇보다도 모방은 극력 피해야 할 것으로 생각했습니다. 얼마나 모방을 싫어했으면 모방하는 사람을 보고 살아 있는 사람이 아니라고 했을까요? 여기서 볼 수 있듯이, 한국인들은 이미 만들어진 질서에 대한 묘한 거부감을 갖고 있습니다. 이런 식의 창의성을 존중하는 경향은 내면에 큰 힘을 가진 역동적인 사람들만 할 수 있는 것 아닐까 하고 생각합니다.

청룡사의 전율

한국의 미가 지닌 힘과 파격을 가장 잘 보여주는 것으로는 안성에 있는 청룡사 대웅전의 기둥을 빼놓을 수 없습니다. 청룡사 대웅전의 기둥들은 보는 이에게 일종의 '전율'을 선사합니다. 기둥들이 일체의 가공 작업 없이, 휜 상태 그대로 건축에 쓰였기 때문입니다. 대체 어느 건축가가 이처럼 휜 나무를 그대로 살려 건축물에 쓸 생각을 했을까요?

이런 건축물들이 많이 나타나는 것은 조선 후기입니다. 그래서 혹자는 조선 전기부터 나무를 너무 많이 베어 쓴 탓에, 후기에는 좋은 나무가 없어 이런 건축물이 많이 나타났다고 주장하기도 합니다. 이런 주장에 일리가 없는 것은 아니겠지만, 저는 목재의 문제뿐만 아니라 한국인의 미적인 감각도 한몫을 했다고 생각합니다. 좋은 목재가 없다고 휜 상태를 가공조차 하지 않는다는 것은 이치에 맞지 않기 때문입니다. 파격적인 건축이야말로 한국인의 의식 구조를 잘 드러내주는 대목이 아닐까요?

사진에서 보듯이, 이 기둥들에서 우리가 느낄 수 있는 것은 휘몰아치는 힘입니다. 기둥이 휘어 있는 모습에서 우리는 엄청난 힘을 느낍니다. 게다가 자연목을 그대로 썼기 때문에 야성의 힘도 느껴집니다. 한국인들의 야성적인 면모가 바로 이런 건축 예술에서 흠씬 묻어나오는 것을 알 수 있습니다. 그런데 이렇게 파격적이고 비균제적인 모습 속에서도 조화미가 돋보입니다. 아무렇게나 재료를 막 쓴 것 같은데

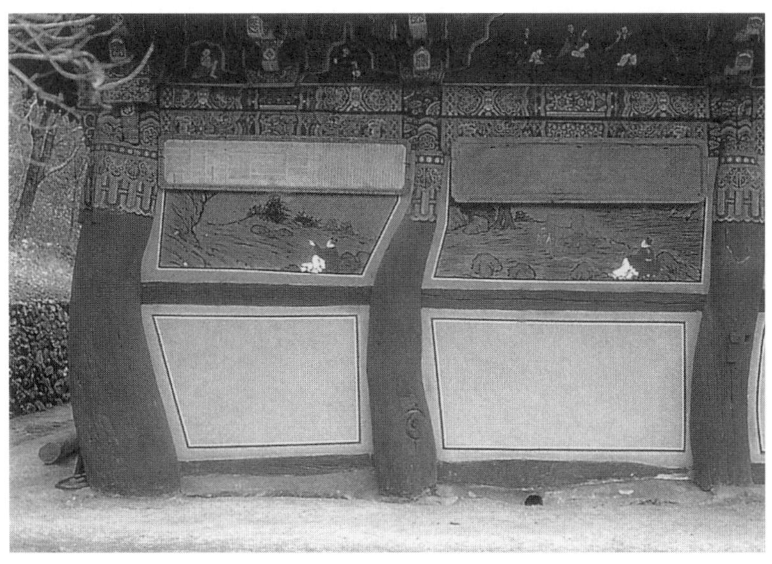

안성 청룡사의 대웅전 기둥

도, 전체적으로 안정감 있고 균형을 이루고 있어 아름답습니다. 아름다움 가운데서 힘이 느껴지는 것, 이것이 바로 한국적인 미라고 할 수 있을 것입니다. 언뜻 보기에는 대충 한 것 같지만, 나름대로의 미의식에 따라 주밀하게 건축한 것이 틀림없습니다. 미감에 따라 적절하게 배치하지 않고서야 이렇게 훌륭한 모습이 나올 수 없겠지요.

한국인들의 거친 힘은 이 기둥의 모습에서만 나오는 것이 아닙니다. 이 기둥의 밑동을 보십시오. 거친 주춧돌과 나무가 지저분하게 연결되어, 그다지 깔끔한 마무리가 아니라는 것을 알 수 있습니다. 이런 모습은 어느 절을 가든 쉽게 발견할 수 있는데, 여기서도 저는 우리 한국인들의 야성이나 힘을 느낄 수 있습니다. 우선 가공하지 않은 돌을 그대로 주춧돌로 쓰는 게 그렇습니다. 저는 절에 갈 때마다 이런 돌을 부지기수로 발견하고 '한국성'을 듬뿍 느끼곤 합니다. 얼마나 투박한지 탄성이 절로 날 지경입니다. 이 건물을 지은 사람들도 생각만 있다면 돌을 얼마든지 정련해서 깨끗하게 다듬을 수 있었을 것입니다. 기술력이 없거나 비용이 문제가 되지는 않았을 것입니다. 그런데 굳이 그렇게 하는 것을 마다했습니다. 다듬어서 인위적으로 예쁘게 만드는 게 싫었던 것입니다. 그들은 자연석을 가져다가 예의 '대충 하는' 방식으로, 자연의 모습 그대로를 유지하면서 건축에 이용한 것입니다. 옛 장인들이 어떤 마음가짐으로 솜씨를 부렸는지가 제 눈앞에 떠오르는 것 같습니다.

이런 식으로 돌을 별로 가공하지 않고 거친 대로 쓰는 것은 절에서만 발견되는 것이 아닙니다. 지엄한 왕궁 같은 데에서도 발견되니, 모든 계층의 한국인들이 이런 미의 양태를 좋아한 모양입니다. 이번에 예로 들 곳은 궁궐 정전의 앞마당과 종묘 정전의 앞마당입니다. 이 앞마당들은 전체에 돌이 깔려 있는데, 이 돌들 역시 정제되지 않은 매우 투박한 모양입니다. 왕궁이나 종묘처럼 지엄한 곳에다가 이렇게 정제

경복궁 근정전 앞마당에 깔린 거친 돌들

되지 않은 돌을 까는 것은 보기에 따라 이상하게 생각될 수 있습니다. 게다가 워낙 법도가 엄한 곳이라 대충 하는 것도 용납되지 않았을 테니 더욱 궁금증을 불러일으키지요. 그런데 그런 곳에 이렇게 대충 만든 것 같은 돌을 무더기로 깔아놓았습니다. 물론 여기에 거친돌을 깐 데에는 여러 이유가 있습니다. 가령 신하들로 하여금 감히 얼굴을 들지 못하도록 발걸음을 조심스럽게 만들 의도였다든지, 반들반들한 돌에 햇빛이 반사되어 임금의 눈을 부시게 하는 것을 막기 위해서라든지 하는 이유가 그것이지요. 그러나 다른 한편으로는 투박하고 거친 것을 좋아하는 한국인들의 성향도 얼마간은 작용하지 않았을까 합니다. 그 곳에 갈 때마다 항상 느끼는 것이지만, 돌을 이렇게까지 투박하게 깔 필요는 없지 않았을까 하는 생각을 지울 길이 없습니다. 이런 건축을 한 주체는 왕실일 터인데 왕실에 돈이 없을 리가 없지 않겠습니까? 그런데도 이런 식으로 투박하게 조형한 것은 그렇게 하는 게 좋아서 그러지 않았을까 하는 추측을 해봅니다.

한국인의 야성성은 거친 자연석을 가지고 초석을 만드는 데 그치지 않습니다. 기둥으로 쓸 나무는 어떻게 세워놓았을까요? 여기에서 다시 한번 한국인들의 극히 수준 높은 '대충성'이 감지됩니다. 이런 사전 지식을 가지고 초석과 기둥의 연결 부분을 보면, 이 부분이 빈틈 하나 없이 꽉 끼여 있다는 것을 알 수 있습니다. 그런데 돌은 자연석이라 기둥과 닿는 면이 아주 거칠게 되어 있습니다. 그러면 과연 이 거친 돌의 면과 기둥은 어떻게 붙어 있을까요? 여기에서 다시 그 한국인 특유의 감이 발동됩니다. 대충 하는 것 같으면서도 고도의 기술이 가미된 뛰어난 건축술이 나오기 때문입니다.

이렇게 울퉁불퉁한 돌의 면과 나무 기둥을 연결하는 법 가운데 가장 유명한 것은 그렝이 공법(혹은 그레질)입니다. 이 공법은 쉽게 말해서 기둥의 밑동을 돌의 거친 면과 맞물릴 수 있도록 똑같이 깎아내는 것입니다. 이 기술은 아무나 할 수 있는 게 아니라고 합니다. 20~30년 된 도편수 대목(大木)들이나 할 수 있는 아주 어려운 기술이라는 것입니다. 그도 그럴 수밖에 없는 게 기둥과 돌이 조금의 빈틈도 없이 딱 맞아야 하고, 게다가 기둥은 수직으로 서야 하니 얼마나 힘든 일이겠습니까? 그렝이질이 능숙하여 기둥 절단이 정확하면 기둥과 주춧돌이 정교하게 밀착되어 습기도 스며들지 못하고 벌레 역시 들어갈 틈이 없다고 하니, 얼마나 숙련된 목수가 작업해야 하는 것인지 상상이 갑니다.

그런데 이 공법은 공법으로서도 매우 뛰어난 것이라고 합니다. 기둥과 돌이 딱 맞아 맞물리면 어떤 충격에도 견딜 수 있는 아주 강한 구조가 되기 때문이지요. 옛 한국인들이 이 그렝이 공법을 좋아했던 것은 이 공법이 튼튼한 공법이었기 때문이지 이 공법이 지닌 미학적인 특징 때문은 아니라고 주장하는 유명한 한국 전통 건축 전공자가 있습니다. 바로 한국예술종합학교 건축학과의 김봉렬 교수인데, 그분은 제

돌로 만든 기단에 그렝이 공법을 사용한 분황사 석탑 ⓒ오세윤

가 한국적인 미의 특징을 말할 때마다 항상 마뜩치 않은 눈길을 보내곤 하십니다. 제가 자꾸 한국미가 이렇고 저렇고 하는 모습이 국수적으로 보여 유치하고 안쓰럽게 보였던 모양입니다. 그런 민족적인 것을 자꾸 내세우는 보수적인 태도도 촌스럽게 보인 것 같고요. 그래서 저는 언젠가 김 교수께 이렇게 반문했습니다. 이 그렝이 공법이 그렇게 훌륭한 것이라면 왜 이웃나라인 일본이나 중국에서는 사용하지 않느냐고 말입니다.

우리 시대의 대목 가운데 한 분인 신영훈 씨의 설명을 빌리면, 이 공법은 이웃나라에서는 일본에서만 극히 부분적으로 쓰이고 있다고 합니다. 결국 이 공법은 우리 취향에 맞았기에 조선 후기까지 전승된 것으로 보아야 하지 않을까요? 그런데 이 공법은 조선 후기에 와서 비로소 사용했던 것은 아닙니다. 현재 남아 있는 것을 보면 사진에서 보는 바와 같이 분황사 탑의 기단에도 이 공법을 사용한 것을 확인할 수 있습니다. 여기서는 나무가 아니라 돌로 만든 기단에 그렝이 공법을 도입한 것이 특이합니다. 이렇게 보면 우리나라 사람들이 그렝이 공법을 선호한 역사가 꽤 된다는 것을 알 수 있습니다. 제 눈에는 이 모든 것이 한국인들의 자유분방한 야성성을 드러내는 것으로 보입니다.

건축에서 이런 '대충 하기'의 특징은 아주 잘 지은 양반집에서도 찾아볼 수 있습니다. 세부적으로 살펴보면 그때그때 임기응변식으로 처리한 것이 역력하게 눈에 띄기 때문이지요. 앞에서 언급한 절 건물을 다시 살펴볼까요? 절은 원래 건축 양식이 다양해서 이런 경향이 더 두드러지는 것 같습니다. 예를 들어 화엄사에 있는 각황전 같은 건물은 멀리서 보면 멋있기가 짝이 없습니다. 정대칭으로 되어 있어 격조 있는 모습에 규모도 있어 위용스러운 모습을 갖추고 있습니다. 그런데 각황전뿐 아니라, 우리나라의 절들은 대개 가까이 가서 세부적인 모습을 보면 멀리서 보았던 모습과 영 다릅니다. 크고 장대한 모습에 비해 세부는 대충 대충 처리한 것이 눈에 많이 띄기 때문입니다. 문틀은 잘 맞지 않아 삐거덕거리고, 마루는 온통 땜질을 해놓아 여기저기 색깔이 다르기가 일쑤입니다. 게다가 주춧돌과 기둥은 그렝이 공법으로 해놓아 연결 부분이 깨끗하지 않습니다. 이 정도면 더 이상 설명을 하지 않아도 한국 절의 분위기를 가늠할 수 있겠지요? 어느 절에 가도 상황은 비슷합니다. 이런 분위기를 두고 고유섭 선생은 "구수한 큰 맛"을 지닌 게 한국 예술의 미학이라고 하셨는지도 모르겠습니다.

막사발과 일본 다실의 절묘한 조화

이렇게 거칠고 대충 하는 것은 일본 미학의 입장과는 아주 다릅니다. 일본의 미학은 주지하는 바와 같이, 많은 경우에 정대칭과 완벽한 미를 추구합니다. 좀 더 구체적으로 말하면, 한국 예술이 세부적인 데에 관심이 없다면 일본 예술은 세부적인 데에 관심이 많다고 할 수 있겠습니다. 따라서 예술적인 면뿐 아니라 사고하는 방식도 양 나라 사람들이 너무나 다릅니다. 한국인들이 일본인들이 하는 일들을 보면 '쫀쫀하다'고 할 것이고, 일본인들이 한국인들이 하는 것을 보면 철저하지 못하고 대충 하는 게 영 미덥지 않다고 할 겁니다. 이런 차이는 어쩔 수 없습니다. 양 나라 사람들이 사물을 바라보는 시각이 너무 다르기 때문입니다. 그런데 이 양 나라 사람들의 미학이 합쳐져 환상의 콤비를 만들어낸 것이 있습니다. 그것은 바로 속칭 막사발로 불리는 그릇 — 막사발은 막 만든 사발이 아니기 때문에 다른 이름으로 불려야 한다는 주장도 있지만, 여기서는 편의상 관례를 따르기로 합니다 — 과 일본 다실과의 결합입니다.

이 막사발의 미학에 대해서는 이미 많은 사람들이 상식적으로 알고 있기 때문에 다시 세세하게 논의할 필요는 없을 겁니다. 그런데 이 막사발이 어째서 도요토미 히데요시가 살고 있던 당시의 일본에서 선풍적인 인기를 끌었을까 하는 문제는 그다지 알려져 있지 않은 것 같습니다. 여기에는 여러 이유가 있었겠지만, 그중 미학적인 요인이 큰 몫을 차지했다고 볼 수 있습니다. 일본 다실은 사진에서 보는 바와 같이 모든 게 직선적이고 완벽하게 잘 짜여 있습니다. 바늘 하나 들어갈 틈도 없을 것처럼 잘 짜인 완벽한 모습이지요. 일본인들이 삶에 대해 갖는 이런 태도는 현대에서도 손쉽게 목격할 수 있습니다. 도쿄의 신주쿠 역에서 수많은 열차가 1~2분 차이로 지나가도 사소한 사고 한번 안 나는 정확성을 생각하면 완전무결을 향한 일본인들의 크나큰 동경을 알 수 있을 것 같습니다. 그런데 이렇게 완전무결하기만 하면 너무 긴장이 될 것 같습니다. 숨 한번 크게 쉴 수가 없을 것 같아요. 사람은 완전무결하게만 살 수는 없는 것 아니겠습니까?

일본의 엘리트들이 이런 완전무결한 다실에서 차를 마시고 있을

일본의 정형적인 다실

때 우리의 막사발이 소개되었습니다. 일본의 다인들은 곧 이 막사발의 미학에 매료되었습니다. 이때 특히 불교 승려인 센노리큐〔千利休〕가 주동이 되어 이 새롭고 독특한 일본의 다도(茶道)를 만들어 나가기 시작합니다. 일본의 다실은, 앞서 말씀드린 것처럼 아주 인위적으로 완벽미를 추구하고 있습니다. 어디 한군데 적당히 해놓은 데가 없을 정도로 모든 게 완벽합니다. 그런 다실에 무작위의 챔피언이라 할 수 있는 막사발이 놓입니다. 주위의 온갖 것이 정형으로 되어 있는데 정가운데에 있는 찻잔만 비정형으로 되어 있습니다. 비정형도 마구 만들어서 비정형인 것이 아니라, 무의식적인 고도의 계산 아래 만들어진 비정형입니다. 그래서 이런 것을 고유섭 선생은 "무작위의 작위"라고 불렀습니다. 비정형 같지만 그 안에는 정형도 포함되어 있기 때문입니다. 이런 탁월한 그릇이 다실 가운데에 위치하니 다실 전체가 이 그릇을 중심으로 확 살아납니다. 이 그릇이 핵심 '포인트'가 된 것입니다. 이 그릇 하나로 다실 전체에 생기가 불어 넣어집니다.

이렇듯 막사발이 당시 일본에서 인기를 끌게 된 것은 말할 것도 없이 막사발이 갖고 있는 정형을 깨는 파격성 때문입니다. 막사발은 굽다가 유약이 흐르면 흐르는 대로 놓아두고, 표면이 갈라지면 그것도 그대로 내버려둡니다. 그리고 전체적인 모습이 대칭적인 것도 별로 없습니다. 어딘가 틀어져(?) 있는 경우가 다반사입니다. 그런데 그 비정형이 인간이 의도적으로 만들어낸 것 같지 않고, 마치 자연이 만든 것 같습니다. 자연 속에는 대칭적인 것보다는 비대칭적인 것이 더 많기 때문입니다. 막사발의 위대성은 바로 여기에 있습니다. 일본의 도자기 전문가들은 이런 맥락에서 "조선의 그릇은 인간이 만든 것이 아니라

일본에서 선풍적인 인기를 끌었던 비정형적인 막사발

자연이 조선 도공의 손을 빌려 만들었다"고 합니다. 그렇게 파격적이고 비정형적이라, 우리는 막사발에서 예의 한국인의 힘을 느끼게 됩니다. 실제로 일본에서 우리의 막사발을 보고 온 사람들의 이야기를 들어보면 엄청난 힘을 느낀다고 합니다.*

파격을 주제로 하는 한국 예술품들의 행진은 지금부터 얼마든지 이어갈 수 있습니다. 그러나 제가 이미 이전에 조선 후기의 한국미를 자유분방미라는 개념으로 정리해서 책을 낸 적이 있기 때문에 여기서는 그만 그치기로 하겠습니다. 그런데 그 책에서도 다루지 않았고 새로운 개념으로 보고 싶은 몇 가지 작품들이 더 있어 소개해보겠습니다. 여기서 새로운 개념이라고 하는 것은 '익살' 혹은 '해학'을 말하는데, 이것은 한국 예술의 한 특징으로 보아도 좋을 것 같습니다. 다른 나라의 예술과 철저한 비교를 해보지 않아 함부로 단정할 수는 없는 일이지만, 한국인들은 퍽이나 익살스러운 민족 같습니다. 무엇보다도 그들의 예술품들이 그렇습니다. 제 생각에 한국인들이 그렇게 웃길 수 있는 것은 그들이 파격적이고 비정형적인 것을 좋아하기 때문일 것입니다. 규격적이고 정형적인 것만을 고집한다면 그런 것에서는 파격이나 익살이 쉽게 나오지 않을 것이기 때문입니다.

익살로 구운 자기

한국 예술의 '해학성'을 설명할 때 저는 사진에서 보이는 백자 두 개를 비교하면서 하는 경우가 많습니다. 이 사진은 제가 한국 예술에 대해 강의를 할 때마다 청중들에게 꼭 보여주면서 비교하기를 권하는 사진

* 이상하게도 우리나라에는 좋은 막사발이 거의 없고 최고의 것은 대부분 일본에 있습니다. 사진에서 보는 막사발은 일본의 문화재입니다.

완벽한 대칭의 백자와, 같은 모양이나 파격적인 문양을 그린 백자

인데, 보시는 것처럼 두 개의 백자는 확연히 다른 분위기를 풍기고 있습니다. 왼쪽 백자는 대칭을 강조한 대단히 격조 있는 작품이고, 오른쪽 백자는 자유분방한 기운이 물씬 풍기는 작품입니다. 제가 이 두 백자를 비교하는 이유는, 우리 선조들이 조선조 때에 일명 달항아리라고 불리는 조금 찌그러진(?) 백자만을 만들었던 것은 아니라는 것을 강조하기 위함입니다. 완전미가 돋보이는 백자도 얼마든지 만들 줄 알았던 것이지요.

그런데 익살스러운 조선인들은 이 그릇에서 보이는 완벽미를 참을 수 없었던 모양입니다. 그릇을 만드는 사람의 장난기가 발동을 한 것 같습니다. 오른쪽 백자에서 보이는 것처럼 도자기 위에다 끈을 그려놓았기 때문입니다. 이 백자는 생긴 모습에서 알 수 있는 것처럼 원래 술병이었습니다. 그렇다면 이 끈은 무엇일까요? 이 병의 목에 달려 있던 끈입니다. 아마 이 그릇을 만든 도공이 이 그릇이 너무 완벽하게 보이니까 그 정형미나 완벽미를 깨뜨리려고 붓으로 끈을 그린 것 아닌지 모르겠습니다. 그렇게 추정하는 이유는 선이 그다지 세련되게 보이지 않기 때문입니다. 그저 자연스럽게 보이려고 투박하게 선을 그린 것 같습니다. 그런데 이 선은 쉽게 나오는 선이 아니랍니다. 아무렇게나 그었으되, 필력이 좋은 고수가 그은 것이 틀림없습니다. 오늘날 도공 가운데에서 이 정도의 선을 그릴 수 있는 분이 얼마나 될지 모르겠습니다. 제가 실제로 경험한 일인데, 언젠가 인간문화재 도공의 작업실에 들른 적이 있었습니다. 그 집을 둘러보니 바로 이 그릇을 모방해서 만든 그릇이 있었습니다. 그런데 그릇 모양은 거의 똑같이 나왔는데 이 선은 전혀 닮지 않았습니다. 원래 선이 갖고 있는 힘차면서 자유분방한 모습이 전혀 풍겨나오지 않았던 것입니다. 그제야 저는 이런 자유분방한 선을 긋는 일이 얼마나 힘든가를 알게 되었습니다. 아울러 완전미를 참아내지 못하는 한국인들의 성정이 다시 한번 보여 내심 은근하게 기쁘기도 하였습니다.

도자기사 전문가인 명지대학의 윤용이 교수는 정말로 조선적인 것, 혹은 한국적인 미의 원형을 보고 싶으면 분청자를 보라고 권할 정도로 분청자는 우리의 모습과 많이 닮았습니다. 특히 파격적인 자유분방함이나 익살스럽고 천진난만한 모습이 그러합니다. 너무 수더분해서 고유섭 선생이 말한 것처럼 "구수한 큰 맛"이라는 묘사가 아주 잘 어울리는 그릇입니다. 우선 그릇의 형태가 그렇습니다. 정형적인 모습이 잘 보이지 않습니다. 이리 찌그러뜨리고 저리 찌그러뜨려 놓아, 정형과는 아주 거리가 멀지요. 대칭적으로 매끈하게 처리하지 않았습니다. '대충' 만든 흔적이 역력합니다. 그릇에 새겨져 있는 문양의 모습 역시 그렇습니다.

그 가운데 정말 웃기는 것은, 물고기를 거꾸로 그려놓은 것입니다. 물고기가 뒤집혀 있으면 그것은 죽었다는 것인데, 어떻게 죽어 '나자

코믹한 물고기 문양을 그린 분청자기

빠져' 있는 물고기를 그릇 위에 그릴 생각을 했는지, 제게는 불가사의하게 느껴질 정도입니다. 그런데 이 죽은 물고기가 전혀 이질감이 나지 않고 정겹기까지 합니다. 아니, 오히려 살아 있는 것처럼 더 생생한 느낌을 주지요. 익살도 이 정도 되면 '블랙' 익살이고 '고단위' 익살이라 아무나 흉내 낼 수 없는 것이 됩니다. 그림 자체로도 아주 훌륭한 그림이라 따라 그리기도 힘듭니다. 저 그림이 간단하게 보여도 저 정도의 필치를 발휘하는 것은 쉬운 일이 아니라고 하더군요.

이런 고단위의 익살이 다시금 유감없이 발휘되는 것이 바로 '바보 호랑이'로 알려져 있는 백자입니다. 이 백자는 그려져 있는 호랑이 그림을 보기 전에 먼저 찌그러져 있는 모양에 주목해야 합니다. 한국미가 지닌 비정형의 미학은 잘 알려져 있는 사실이지만, 이 백자에서도 볼 수 있듯이, 한국인들은 그릇 하나를 만들어도 비균제적으로 만들고자 했습니다. 이리 보든 저리 보든 '완벽한 것은 싫다!'는 것이 한국인들의 영원한 모토인 듯싶습니다.

제가 가르치는 학생 중 하나가 국립중앙박물관에 외국인을 데리고

바보 호랑이가 그려진 달항아리

가서 이 그릇을 보여주었답니다. 그랬더니 이 외국인이 자꾸 조명이 있는 쪽을 보더랍니다. 아무리 보아도 그릇 한쪽이 찌그러진 것 같은데 혹시 조명이 잘못 비추어서 그렇게 보이는 것이 아닌가 했던 것이지요. 외국인의 시각에서 그릇을 인위적으로 찌그러뜨려 제작하는 행위는 상상을 뛰어넘는 일이었을 것입니다. 게다가 색깔도 '허여멀겋습니다'. 화려한 중국 도자기나 일본 도자기와 비교해볼 때 지나치게 소박해 가난해 보일 정도지요. 꾸민 데라고는 도무지 찾아볼 수 없습니다. 그래서 너무 투박하고 심지어는 퉁명스럽기까지 합니다.

이런 기준으로 살펴보면, 조선의 달항아리는 대단히 이상한 그릇이 됩니다. 정말로 만들다 만 그릇 같기 때문입니다. 우리는 이 그릇이 그렇게 좋다고들 야단이지만 다른 미학의 입장에서 보면 아주 이상한 그릇이 됩니다. 분명 중국의 귀족이나 일본의 귀족들은 이런 그릇을 좋아하지 않았을 겁니다. 투박하고 어떻게 보면 불친절한 것 같은 한국인들의 야성적인 모습, 그릇을 치장하고 화려하게 만드는 것보다는 자연의 한 기물처럼 소박하게 만드는 그런 야성적인 모습이 유감없이 발휘된 게 이 달항아리가 아닌가 싶습니다.

그런데 이렇게 도자기를 단순하게 만들었다고 해서 조선인들이 자신들의 익살까지 생략하지는 않았습니다. 항상 파격을 즐기는 사람들이 이런 그릇을 그저 '휑하니' 허옇게 남겨두지만은 않았던 것입니다. 사진에서 보이는 바와 같이 이 그릇 위에다가 호랑이를 그려놓은 것입니다. 이 호랑이는 우리에게 너무 친숙한 호랑이입니다. 보통 '까치 호랑이'라는 이름으로 불리는 그림에 나오는 호랑이로, 조선 후기 민간에서 많이 그려졌던 호랑이이기 때문입니다. 이 도자기에 그려진 호랑이도 그런 전통을 이어받아 그린 것이겠죠? 그런데 세상에, 호랑이를 이렇게 코믹하게 그리는 사람들이 또 있을까 하는 생각이 들 정도로, 이 호랑이 그림은 친근하고 정겹기만 합니다. 호랑인지 고양인지조차 헷갈릴 지경이지요. 그렇게 치기 어려 보이지만 전체적인 그림은 대단히 잘 그린, 좋은 작품입니다. 호랑이의 표정에서는 훈훈한 정감이 넘칩니다.

저는 이 호랑이를 '바보 호랑이'라고 부른다는 이야기를 조선 백자의 권위자인 방병선 교수에게 들었는데, 당시 저는 "아니 무슨 소리냐? 이렇게 천진난만한 호랑이 보고 바보라니? 이 호랑이는 바보라서 이렇게 천진난만하게 보이는 게 아니라 도가 높아서 천진난만하게 보이는 것이다"라고 우겼던 기억이 납니다. 호랑이를 그린 화가들은 '얼치기'라 이런 그림을 그린 것이 아니라 오히려 수준 높은 천진성을 지니고 있었기에 이런 그림이 가능했다고 항변한 것입니다. 게다가 이 그림에서 지나치면 안 되는 것은 이 그림이 평면이 아니라 굴곡이 있는 도자기 겉면에 그려졌다는 사실입니다. 그림은 평면보다는 곡면에 그리는 것이 훨씬 어려울 터이니 이 그림을 그린 사람은 고수임에 틀림없습니다.

해학의 최고봉

저는 그동안 공부하고 답사를 다니면서 많은 예술품을 보아왔는데요, 그중에서도 익살의 '원단' 혹은 '원조'라 불릴 만한 것이 있어 소개해 보려고 합니다. 그 주인공은 지금 현재 경주 괘릉에 있습니다. 괘릉이니까 신라 시대에 만들어진 것입니다. 그러니 지금으로부터 1,400년은 족히 거슬러 올라가야 될 겁니다. 제가 '원단'이라는 수식어를 쓴 이유가 여기에 있습니다. 이 괘릉은 원래 그 능을 지키고 있는 무인석(武人石)으로 유명해진 능입니다(아울러 동물로 형상화된 12간지석으로 무덤을 빙 돌려 장식한 것으로도 유명하지요). 확실하게 어떤 왕의 능인가 하는 것은 밝혀지지 않았지만, 대체로 원성왕의 것으로 추측하고 있습니다. 이 무인석은 그 조각의 뛰어남 때문에 많은 칭송을 받았는데, 문화재청으로부터는 그다지 주목을 받지 못하다가 최근(2005년 상반기)에 유홍준 교수가 청장으로 오면서 보물로 지정되었습니다.

사진에서 보이는 것처럼, 무인석의 조각이 아주 당당하고 치밀해서 비슷한 유형의 신라 조각 가운데에는 가장 우수하다는 평을 받습니다. 실제로 보면 팔뚝의 근육이나 옷의 묘사가 매우 사실적이라 탄성을 자아낼 만큼 수준급임을 알 수 있습니다. 우리나라 실크로드 문화교섭사의 권위자인 민병훈 박사는, 이 무인석의 조각 솜씨가 석굴암의 본존불에 버금가는 것이라 하면서 찬탄을 아끼지 않았습니다. 그런데 이 무인상은 얼굴이 매우 이국적이라 동서 문화교섭사를 전공하는 사람들에게서 비상한 주목을 받았습니다. 얼굴이 분명 중앙아시아 사람의 모습을 하고 있어 당시에 이미 많은 서역인들이 신라에 들어와 여러 가지 활동을 하고 있었음을 짐작케 하기 때문입니다. 앞으로 경주에 가면 꼭 괘릉을 찾아 무인석을 보시기 바랍니다. 아주 좋은 답사거리가 될 것입니다.

괘릉의 무인석

그런데 제가 여기서 조명하고 싶은 것은 이 유물이 아니라 능 바로 앞에 있는 돌사자상들입니다. 이 상들은 대단히 훌륭한 조각 솜씨를 뽐내고 있는 것에 비해 그다지 조명을 받지 못하고 있습니다. 상은 네 개로 되어 있는데, 본래의 위치는 확실히 모릅니다. 아마 능 주위의 사방을 지키고 있었을 것으로 생각되는데, 지금은 네 개를 모아서 능 앞에 놓았습니다. 그중에서 우리의 주의를 끄는 한 마리의 사자상이 있는데, 이 사자상이야말로 신라 해학의 최고봉이라는 생각이 듭니다.

원래 능 주위에 있는 사자상은 대개 발을 가지런히 하고 앞을 쳐다봐야 합니다. 당연한 것이, 이 사자의 역할이 능을 지키는 것이니 딴전

익살의 원조인 괘릉의 돌사자상

을 피워서는 안 되기 때문이지요. 그런데 괘릉에 있는 사자의 모습은 어떻습니까? 우선 앞발이 가지런하지 않습니다. 왼쪽 발을 슬쩍 들어 올렸습니다. 이 모습이 여간 익살스러운 게 아닙니다. 신라 사람들이 사자는 못 보았을 터이니 아마 주위에 있는 개들의 포즈에서 흉내 낸 것 아닌지 모르겠습니다. 한 발을 들고 '어디 나하고 한번 을러볼래?' 하는 것만 같습니다. 혹은 '나한테 올 테면 와봐라' 하면서 의기양양하게 상대방을 주눅 들게 하는 것도 같습니다. 그래서 능청스럽기까지 합니다. 정말로 능청스러운 것은 이들의 얼굴 표정입니다. 아, 이 얼마나 해학적이고 웃기는 익살 덩어리입니까? 게다가 정중앙을 보고 있지도 않습니다. 옆을 보면서 '씨익' 웃는 것만 같습니다. '자식! 네 실력으로 날 이길 수 있을 것 같아?' 하면서 시쳇말로 '실실 쪼개는' 것 같습니다. 실로 이 사자상은 신라 해학의 정수라고 할 수 있겠습니다.

그런데 이 상들이 놓인 곳을 주목해야 합니다. 이곳이 어디입니까? 지엄하신 왕의 무덤 앞 아닙니까? 살아 있는 왕 앞에서도 이런 익살을 부려서는 안 되거늘 더 진중해야 할 왕의 무덤 앞에서 난데없이 이런 농을 하니, 신라인들은 알다가도 모르겠습니다. 이 돌사자들은 정말로 훌륭한 작품입니다. 해학적인 면뿐 아니라 조각의 완성도 면에서도 이 사자상은 일급 수준에서 전혀 떨어지지 않는 작품입니다. 이런 불세출의 예술품을 천 년 이상 방치했을 뿐만 아니라 산성비에 그대로 노출시켜 놓고 있는 심사가 어떤 건지, 저로서는 잘 모르겠습니다. 어찌 됐든, 저는 이 돌사자를 보면서 앞에서 보았던 황룡사 치미에 그려져 있던 사람의 얼굴과 신라 토우에서 보였던 해학적인 요소가 다시 생각났습니다. 이렇듯 신라인들이 누렸던 해학은 남다른 데가 있는 것 같습니다. 그리고 신라인의 이런 익살 정신이 끊어지지 않고 우리에게도 전승되지 않았을까 하는 생각도 더불어 해봅니다.

한국인들이 지니고 있던 익살이 형상화된 작품 가운데 꼭 소개하고 싶은 것이 하나 더 있습니다. 이것 역시 동물 형상을 돌로 만든 것인데, 그 소재지는 부여 국립박물관 앞뜰입니다. 박물관 정문을 향해 올라가다 보면 계단 한쪽에 석물(石物)을 모아놓은 곳이 있습니다. 그 가운데에는 거북이 형상을 한 비 받침대가 있는 것을 발견할 수 있습니다. 거북이 형상으로 비 받침대를 만드는 것은 늘 해오던 일이라 유달리 새로울 것은 없습니다. 그런데 사진에서 보는 바와 같이 거북이 머리의 자태가 좀 수상합니다. 목을 쭉 빼서 얼굴을 옆으로 돌려놓고 있기 때문입니다. 처음에는 이게 무엇을 뜻하나 궁금했는데 가까이 가보니 금세 의미가 전달됐습니다. 한마디로 말해 '메롱~ 용용 죽겠지'

놀리는 듯한 거북이 형상의 비 받침대

하는 형상이었습니다. 우리도 남을 놀릴 때 목을 길게 빼고 얼굴을 좌우로 흔들지 않습니까? 바로 그 모습이었습니다. 처음에 이 거북이를 보고 어찌나 웃었던지……. 그리고 조상들의 수준 높은 익살에 혀를 내두를 수밖에 없었습니다. 비라는 게 무엇입니까? 주로 무덤 앞에 세워놓고 무덤의 주인을 기리는 것 아닙니까? 무덤 앞에 있으니 얼마나 경건해야 하는 것이겠습니까? 그런데 그런 엄숙한 곳에다가 옛 장인들이 또 '장난질'을 했습니다. 물론 이 비는 위에서 본 괘릉의 것처럼 오래된 것은 아닐 겁니다. 비록 백제 박물관 앞에 있지만 아마 백제 후대의 것으로 추정되는데, 그렇게 보면 한국인의 익살은 계속해서 이어졌다는 것을 알 수 있겠습니다.

지금까지 많은 예를 통해 살펴봤듯이, 한국인들의 익살은 남다른 데가 있는 것 같습니다. 익살을 부려서는 안 되는 곳에서 익살을 부리니 말입니다. 그 대표적인 것으로 '진도 다시래기 놀이'도 빼놓을 수 없습니다. 다시래기 놀이는 전라남도 진도 지방에서 출상(出喪)하기 전날 밤 초상집에서 상두꾼들이 벌이는 민속놀이인데, 이 놀이를 할 때에는 남의 '상갓집'에 와서 상주를 잘 웃겨야 기량을 인정받는다고 하니 별놈의 기준이 다 있다는 생각이 듭니다. 다시래기 놀이패들은 그곳에서 즉흥 연극을 하는데, 남녀 관계를 흉내 내거나 아이 낳는 시늉을 하는 등 진중해야 하고 슬퍼해야 하는 상가와는 안 어울리는 연극을 합니다. 상갓집에서도 흥을 돋우는 놀이를 하는 것에서 볼 수 있듯이, 한국인들의 해학과 익살은 대단합니다.

이 정도면 과거에 우리 조상들이 어떤 기질을 가지고 문화 · 예술 활동을 했나를 대강이나마 알 수 있지 않을까 싶습니다. 우리 조상들은 기질이 워낙 화끈하다 보니 무엇을 주밀하게 생각하기보다는 그 기운을 누리고 즐기고 싶어 합니다. 기운이 넘치니 '쫀쫀하게' 따지는 것을 싫어하고 규범적인 틀을 태생적으로 거부합니다. 또 화끈하니까 낙천적이고, 생을 구가하고 즐기는 것을 좋아합니다. 인생의 궁극적인 문제나 삶의 비극에 대해 상념하거나 고뇌를 있는 대로 느끼는 것은 한국인과 어울리지 않는 것 같습니다. 그래서 우리의 전통 문학에는 셰익스피어의 『리어왕』이나 『맥베스』처럼 처절한 비극을 다룬 작품이 없는지도 모르겠습니다. 그저 흥부고 심청이고 춘향이고 나중에는 다 잘 돼서 영원히 행복하게 사는 것으로 끝나는 것을 좋아합니다. 좋은 게 좋은 거라는 낙천성, 인생을 즐길 시간도 없는데 무슨 비극을 생각하느냐 하는 긍정적인 사고방식을 엿볼 수 있습니다. 한국인의 이런 기질은 현대에 와서도 결코 변하지 않았습니다. 다만 현대에서는 다른 모습으로 나타나는데요, 다음 강에서는 그것을 살펴보기로 하겠습니다.

8
강

신기와 문화 산업의 궁합

디자인 분야야말로 우리에게 제격

지금까지 살펴보았듯이, 옛 한국인들의 그 화끈한 신기는 아마도 한국인들의 DNA 속에 깊이 내장되었던 모양입니다. 현대에 와서도 유감없이 빛을 발하고 있기 때문입니다. 이 부분에 대해서는 제가 다른 졸저 『대한민국을 팔아라』(시공사, 2002)에서 이미 세세하게 설명했지만, 여기서는 좀 더 새로운 각도에서 그동안 수집했던 자료와 함께 새롭게 설명해보겠습니다.

지금까지 본 한국인의 성정과 부합되는 현대의 산업 혹은 기술에는 어떤 것이 있을까요? 이것은 대단히 중요한 일이 아닐 수 없습니다. 우리의 기질과 맞는 것을 찾아내 그것에 자본과 인력을 집약적으로 투입하는 것은 국가 경쟁력을 높일 수 있는 지름길이기 때문입니다. 물론 이런 일은 자연스럽게 이루어지기 마련입니다. 현장에 있는 분들이 자신의 기질에 따라 자신에게 맞는 산업과 기술을 발전시키는 경우가 많기 때문이지요. 그러나 때로는 정부가 공연히 다른 나라의 예를 따라간다며 국민의 기질을 도외시하고 안 되는 일을 하는 경우도 있습니다. 그러니 우리가 먼저 우리 기질을 확인하고 그것에 맞는 일을 찾아내 거기에 힘을 모은다면 좀 더 빨리 좋은 결과가 나오지 않겠는가 하고 생각합니다.

현대의 중요한 사업 가운데에 우리의 기질과 맞는 것을 들어보라면 저는 맨 먼저 디자인 산업을 꼽고 싶습니다. 디자인 산업이 얼마나 중요한지는 재론할 여지가 없습니다. 제품의 성능이 아무리 좋다 해도 포장이 시원치 않으면 소비자의 좋은 반응을 기대하기 어렵습니다. 물론 디자인이란 포장만을 의미하는 것이 아니라 제품의 전반적인 구성을 총체적으로 말하는 것이지만, 그래도 디자인적인 요소는 제품의 겉모습에 많이 적용되는 것이 사실입니다.

계속 나아지고는 있지만, 제 생각에 우리나라 기업의 제품 디자인이 그리 훌륭한 것 같지는 않습니다. 가령 현대 자동차가 생산했던 자동차 가운데에서도 최근의 뉴소나타 정도 되어야 디자인이 조금 나아졌다고 할 수 있을 것 같은데, 이것 역시 일본의 자동차 디자인을 많이 받아들인 것이라고 합니다. 포니부터 해서 디자인이 훌륭한 차가 별로 보이지 않습니다. 여기서 차 디자인이 훌륭하다는 것은 몇 년이 지나도 싫증이 나지 않는다는 것을 의미합니다. 그런데 포니는 말할 것도 없고 이전의 스텔라나 소나타, 그랜저 등의 디자인은 정말 열악했습니다. 이것은 디자인에 문외한인 제가 제멋대로 판단한 것이 아니고 외국의 저명한 디자이너들이 내린 결론입니다.

그런데 한 가지 예외가 있었습니다. 현대에서 개발한 스쿠프가 그것입니다. 외국 디자이너에 따르면, 스쿠프의 디자인은 썩 괜찮은 편에 속했다고 하더군요. 지금은 그 모델이 없어져 거의 눈에 띄지 않지만, 이 차는 지금 보아도 새로운 면이 있어 싫증이 나지 않습니다.

어떤 분은 이렇게 말할지 모르겠습니다. 삼성에서 만드는 휴대 전화나 가전제품들은 디자인이 훌륭하지 않은가, 디자인이 훌륭해서 전 세계적으로 잘 팔리는 것이 아닌가 하고 말입니다. 물론 틀린 말은 아닙니다. 분명히 우리 가전제품들의 디자인이 좋으니 잘 팔리는 것일 겁니다. 그러나 만일 그렇기만 한다면 2005년 초에 왜 삼성의 이건희 회장이 이탈리아의 밀라노에서 그룹 전체 임원 회의를 했을까요? 밀라노라면 세계 의상 디자인계의 메카 아닙니까? 게다가 이탈리아 하면 세계적인 디자인 강국입니다. 그곳에서 이 회장은 여러 임원들에게 "지금 디자인 역량으로는 약하다. 새로운 디자인을 생각해보라"고 강하게 주문한 모양입니다(또 2006년에는 삼성 제품이 뉴욕에서 인정을 받아야 한다는 말을 했다고 하지요?). 이 회장이 보기에 현재의 디자인 가지고는 앞으로 세계적인 경쟁에서 밀릴 것으로 생각한 것입니다. 다시 말해 지금 같은 일반적인 디자인은 금세 중국 같은 후발 국가들에게 추월당할 수 있다고 본 것입니다. 그러니 이 디자인 강국인 이탈리아에서 재충전을 해보라고 그 먼 데까지 간 것으로 생각됩니다.

제 어림짐작이지만, 이 회장은 아마도 한국에서만 나올 수 있는 새로운 디자인을 창조해야 한다고 믿고 있는 것 같습니다. 그러니까 한국인이 아니면 만들어낼 수 없는 디자인이 나와야 비로소 국제 경쟁력을 갖게 되는 것이라고 생각한 것 아닐까요? 당연히 한국인들만이 할 수 있는 게 나와야 다른 민족이 따라 할 수 없으니 경쟁력이 있는 것 아니겠습니까? 제 어줍지 않은 생각에도 만일 이런 디자인이 천신만고 끝에 나온다면 제품 판매량이 훨씬 더 늘어날 것만 같은데, 정작 디자인 업체에 있는 분들은 어떻게 느끼는지 잘 모르겠습니다.

그런데 우리 한국인들은 디자인에 소질이 있을까요, 없을까요? 흔히들 한국인들은 획일적인 암기 위주의 교육을 받아 창의력이 없다고 합니다. 창의력이 없으면 디자인을 잘할 수 없고, 따라서 한국인들은 디자인을 잘 못할 것이라는 예단(豫斷)이 가능합니다. 그리고 지금까지 해온 것들을 보아도 한국인들의 디자인 능력은 그다지 신통찮은 것처럼 보입니다. 그런데 제 생각은 아주 다릅니다. 그와 정반대로 보고 있으니까요. 지금까지 살펴본 대로 한국인들은 기본 성정이 자유분방하기 짝이 없어, 디자인 분야와는 콘셉트가 딱 어울린다고 저는 생각합니다. 정해진 규범이나 틀을 거부하는 한국인의 격외성(格外性)은 무한한 창의력을 필요로 하는 디자인과 더할 나위 없이 잘 어울린다는 게 제 생각입니다. 게다가 한국인은 골프를 잘 치는 데에서도 알 수 있듯이 공간 지각력이 뛰어나고, 크게 대충 하는 퍼지(fuzzy)적인 능력이 극도로 발달했습니다. 디자인에는 바로 이런 능력이 필요하다고 생각합니다. 그래서 한국인들이 디자인 분야에서 대단히 창의적인 민족이 될 수 있다고 보는 것입니다.

그러면 지금은 왜 한국인의 디자인 실력이 시원치 않을까요? 자유분방한 창의력이 뛰어나다는 한국인이 왜 아직 디자인 실력을 발휘하지 못하고 있을까요? 제 소견(小見)으로는 대체로 두 가지 이유가 있다고 생각합니다. 우선 한국 사회를 지배하는 사회 문화가 디자인의, 그리고 디자이너의 발목을 잡는 요인이 된다고 할 수 있겠습니다. 지금 한국의 사회와 문화를 지배하고 있는 것은 여전히 유교인데, 그 가운데에서도 서열 중심의 권위주의 문화가 여전히 맹위를 떨치고 있습니다. 장유유서로 통칭될 수 있는 권위주의 문화 때문에 우리나라의 사회 구조는 항상 윗사람 위주로 짜여 있습니다. 그런 문화도 그 자체로는 별 문제가 없습니다만, 조직 사회에 이런 문화가 팽배할 경우 내부의 의사소통 통로가 막히게 되어 조직의 생산성과 효율이 떨어질 수 있습니다. 윗사람의 의견만 반영되어 구성원 전체의 목소리가 적절하게 섞이지 못하는 것입니다(가장 좋은 조직 문화는 내적인 소통이 물 흐르듯 원할해야 하는 것 아니겠습니까?).

따라서 더 발랄하고 창조적일 수 있는 (젊은) 소수의 의견이 반영되지 않는 경우가 어쩔 수 없이 발생하게 됩니다. 이 때문에 조직 전체의 문화가 무거워지고, 그 결과로 개인의 창의성이 발휘되는 쪽보다는 짓눌리는 쪽으로 자리잡을 확률이 높습니다. 특히 디자인 분야는 디자이너 각자가 어떠한 형식적인 압력도 받지 않고 자기 상상력을 맘껏 발휘할 수 있는 분위기가 대단히 중요하다고 생각합니다. 물론 그렇게 해서 나온 결과물들이 무시되지 않고 받아들여져야 하는 민주적인 절차도 중요하다는 것을 잊어서는 안 됩니다. 이런 면에서 한국에는 아직 디자이너들이 맘껏 역량을 떨칠 만한 사회적 분위기가 만들어지지 않은 것 같습니다.

그 다음 요인에 대해서는 그리 길게 말할 필요를 못 느낍니다. 이것은 사회 문화적인 요소라기보다는 디자이너 개인의 역량과 관계되는 것입니다. 한국 디자이너의 능력을 볼 때 여러 가지 면에서 세계적인 수준이라고 생각하는데, 한 분야가 심하게 세계 수준에 못 따라가는 것 같습니다. 인문학 지식이 그것입니다. 우리나라는 아직 문화의 기반 — 종종 '인프라스트럭처'라는 용어로 표현되는 기반 — 이 약해 한 가지 기술에는 강할지 모르지만 그것을 응용하거나 폭넓게 활용하는 것에는 취약한 경우가 많습니다. 우리나라 디자이너들의 경우에 그들이 지닌 여러 가지 재주들은 세계 상위권에 들지 모르겠지만, 문화 전체를 바라보는 눈은 많이 떨어지는 것 같습니다. 디자인이란 문화의 핵 중에 핵인데, 그림 조금 잘 그리고 얄팍한 머리 굴리기로 하는 디자인만으로는 세계 디자인계에서 통하지 않을 것입니다. 문화 전체를 조망하고 물샐 틈 없는 거시적인 안목으로 계획을 세운 다음에야 현란한 기술로 승부를 내는 것인데, 우리나라 디자이너들은 앞부분이 부족하다는 것입니다. 그러나 이것은 시간이 지나면 좋게 해결될 문제라고 생각합니다. 우리나라 디자이너들이 바지저고리가 아닌 이상 가만히 있지는 않을 것이기 때문입니다.

저는 우리나라의 사회 문화가 조금만 바뀐다면 당장에 좋은 디자인이 많이 나오지 않을까 하는 성급한 예단을 해봅니다. 다시 말해 지금 우리 사회를 누르고 있는 권위주의 문화가 걷힌다면 한국인의 유교적 심성 밑에 똬리를 틀고 있는 자유분방하기 그지없는 샤먼적인 심성이 만개하지 않겠는가 하는 것입니다. 샤먼적인 심성이란 그 기저에 '무질서에 대한 동경'이나 '난장을 향한 희구'가 깔려 있기 때문에, 이 심성에 불만 붙으면 한국인들에게는 창의력이 저절로 솟아오를 것입니다. 따라서 앞으로의 일은, 어떻게 하면 이런 환경을 만들 수 있는지를 연구하는 것입니다. 사회에는 이에 맞는 적절한 사회 문화가 형성되어야 할 것이고, 회사에는 이에 걸맞은 경영 문화가 만들어져야 할 것입니다. 그러나 이 문제에 대해서는 여기서 상세하게 논할 게 아니니 이만 줄여야겠습니다.

아직 장담하기엔 이르지만, 한국인들의 디자인 실력이 빛을 발하는 것 같은 조짐이 서서히 보이기 시작합니다. 세계적인 명품인 스와치 시계 디자인 콩쿠르에서 한국의 대학생이 디자인한 게 최고로 선정됐다든지, 디자인의 명문인 홍익대학교 디자인과의 졸업 전시회에 인재를 스카우트하기 위해 도요타 같은 세계 굴지의 회사 임원이 참석했다든지 하는 낭보가 전해지니까요. 이것은 아마도 한국 사회에서 가부장적인 권위주의 문화가 서서히 사라지면서, 한국인들이 지니고 있던 창의적인 발상들이 살아나오기 때문이 아닐까 하는 생각을 해봅니다.

저 개인적으로는 아예 디자인 산업을 국가 경쟁력 산업으로 지정하고 전폭적인 지원을 하면 어떨까 하는 생각을 해봅니다. 왜냐하면 국가 경쟁력이란 그 나라 사람들이 가장 잘할 수 있는 것을 더욱더 발전시킬 때 강해질 수 있기 때문입니다. 지난 김대중 정부 시절에 그와 비슷한 시도가 있긴 했습니다. 대구를 디자인 도시로 만들겠다고 시작한 '밀라노 프로젝트'가 그것이지요. 그런데 요즈음 들려오는 건 잡음밖에 없는 것 같습니다. 그 프로젝트에 대해서는 여러 가지 석연치 않은 부분이 많아 그것을 시작한 진의가 잘 이해되지 않습니다. 여러 가지 의구심이 들지만, 여기서는 일언이폐지해서 그 프로젝트는 그다지 성공하지 못한 것 같다는 말만 하고 싶습니다.

엔터테이너 한국인의 한류 열풍

저는 이 책에서 줄곧 한국인은 노래하고 춤추고 노는 데에 귀신이라고 했습니다. 아무 때고, 아무 데서고 판만 벌어지면 신명나게 노는 게 한국 사람들이라고 했습니다. 이런 특성이 좀 더 밀도 있게 집중되면 이게 바로 연예(演藝)가 됩니다. 여러분이 다 아시는 것처럼, 한국인들이 갖고 있는 끼는 현대에 들어와 연예 사업에서 엄청난 능력을 유감없이 발휘하기 시작했습니다. 아시아를 강타한 한류 열풍과 세계 영화제에서도 인정받은 한국 영화, 그리고 국내 시장에서 부동의 위치를 차지하고 있는 대중가요 등이 이를 증명하고 있습니다. 이번 강에서는 문화론적인 시각에서, 우리 민족이 지닌 강한 연예성을 살펴보도록 하겠습니다.

이에 대해 상론하기 전에 우선 언급하고 싶은 것은, 어째서 한국인들이 이런 사업에서 큰 두각을 나타내느냐는 것입니다. 여기에도 여러 가지 설명이 가능할 겁니다. 그 가운데 저는 문화적인 요인을 들고 싶은데, 문화 분야에서는 종교가 가장 심층의 핵을 이루고 있으니 종교적인 설명을 할까 합니다. 이 책 맨 앞에서도 잠깐 언급했지만, 한국 문화의 근간에는 무교가 똬리를 틀고 있습니다. 그래서 굿판에 가보지 않은 사람은 한국 문화를 논하지 말라는 주장을 펼치기도 했습니다. 우리 문화의 근간인 무교적 원리는 연예 사업에도 그대로 적용됩니다. 대한민국 대중문화로 풀이되는 '한류'라는 것도 그 기본적인 틀은 노래하고 춤추고 연기하는 것들인데, 이런 행위야말로 무당이 굿할 때 하는 행위와 전혀 다르지 않음을 알 수 있기 때문입니다.

무당은 노래와 춤으로 신령을 불러 즐겁게 한 다음 노래와 춤으로 신령을 보냅니다. 굿에서 이처럼 가무는 중심 역할을 하고 있는 것이지요. 그런 의미에서, 굿은 한 편의 즉흥 예술과도 같습니다. 노래와 춤, 연극 등이 한자리에 집약된 게 굿이니까요. 그런데 우리 민족은 이런 종교를 한시도 떠나본 적이 없었습니다. 우리 민족은 무당 종교를 항상 가까이 두었고, 그 종교가 제공하는 세계관을 받아들여 그에 따른 삶을 영위해왔습니다. 그래서 한국인들은 (음주)가무를 좋아할 수밖에 없는 것입니다.

지금은 이런 연예 분야를 담당하는 연예인들이 있어 이 일을 전문적으로 하고 있지만, 과거에는 무당(그리고 기생과 소수의 민간 놀이패)들이 지금의 연예인 역할을 담당해왔습니다. 조선 후기에 많은 사람들이 즐겼던 유행가는 많은 경우 무당들이 굿판에서 하던 노래들이었습니다. '낙양성 십리허에'로 시작하는 조선 시대의 잡가 〈성주풀이〉가 아주 대표적인 노래라 하겠습니다. 그만큼 한국인들의 음악 활동은 무교와 관계가 깊은 것이었습니다. 그럼, 이제 그런 무교적 세계관에 흠뻑 젖은 한국인들이 어떤 연예 활동을 보였는지 간략하게 살펴보기로 하겠습니다.

우리 연예인들이 아시아 각국에서 엄청난 인기를 끈다는 것은 이제 뉴스거리도 못 됩니다. 중국에서 한국의 텔레비전 드라마가 인기를 끌면서 시작되었던 한류는 2년 뒤에 가요의 인기로 번졌고, 이제는 영화를 넘어서 지역적으로 확산되기에 이르렀습니다. 그래서 이제는 대만, 홍콩, 베트남, 태국을 비롯한 동남아시아를 강타하고 급기야는 일본 열도에까지 번져나갔습니다. 처음 한류 바람이 불었을 때, 일각에서는 한류가 단명할 것이라고 점치는 세력이 많았습니다. 2002년 대외경제정책연구원에서는 중국의 한류가 앞으로 어떤 미래를 맞이할 것인지에 대해 연구 조사한 결과, 2~3년 내에 사그라질 것이라는 예측을 내놓았습니다. 그런데 예측한 기한이 지났건만 한류는 사그라지기는커녕 오히려 더욱더 승승장구하고 있습니다. 일본에서 '욘사마'의 인기는 상상을 초월할 정도고, 중국에서는 김희선이 인기몰이를 하다가 전지현이 바통을 이어받았고, 장나라가 중국 연예인의 지존 자리에 등극해버렸습니다. 물론 대장금의 이영애도 빠뜨려서는 안 되겠지요. 사정이 이러니 한류 열풍이 얼마나 더 오래갈지 아무도 모르는 판국이 되어버렸습니다(최근에 김희선이 세계적인 배우 성룡과 〈신화〉를 찍었습니다. 이것만 봐도 한류가 아직 건재하고 있음을 알 수 있습니다).

한류 열풍 가운데에서도 단연 압권은 '욘사마' (그리고 보아) 열풍입니다. 일본에서 한국의 대중문화가 이런 세몰이를 하리라고 예측한 사람이 과연 몇이나 될까요? 지인에게 들은 이야기입니다마는, 어떤 미국 교수에게 한국의 대중문화가 일본에서 큰 인기를 끌고 있다고 하니까 처음에는 믿지 못하겠다고 했답니다. 그래서 증거를 제시하니 "만일 이것이 사실이라면 이것은 대단한 사건이다"라고 했다고 해요. 이 미국 교수가 생각한 대로, 우리 한국인들도 그 까다로운 일본 사람이 이렇게 대대적으로 우리나라 연예인에게 넘어올 줄은 꿈에도 몰랐습니다. 한국에 대해 거의 관심이 없고 한국을 한참 밑으로만 보던 일본인들이 우리나라 연예인들에게 저렇게 빠져버릴 줄 그 누가 알았겠습니까? 불과 몇 년 전까지만 해도 한국인이라고 하면 하숙을 놓지 않았던 그 일본인들이, 지금 우리나라 연예인들에게 맥을 못 추는 게 정녕 이상하기만 한 것입니다.

류시원을 표지 모델로 한 일본 여성 주간지와 한국 정보를 전문으로 하는 잡지

물론 이전에도 일본에서 활동하는 한국 가수로서 이성애, 계은숙 등이 있었고 지금도 특히 김연자 같은 가수는 꽤 인기가 있지만, 현재 젊은 한국 연예인이 누리는 인기와는 비교가 안 됩니다. 배용준을 필두로 해서 이병헌, 원빈, 장동건이 주축을 이루는 4인방이 뜨더니, 최근에 와서는 류시원이 크게 부각되고 있습니다(요즘에는 권상우의 인기도 대단하다지요?). 여기 실린 잡지는 일본에서 여성 주간지로는 꽤 인기가 있는 것인데, 보시는 바와 같이 표지 모델이 류시원입니다. 그리고 그 위에는 배용준의 얼굴도 보입니다. 뿐만 아니라 표지를 펼치면 배용준의 컬러 화보가 나옵니다. 그런가 하면 아예 한국 연예인과 그 소식만 전문적으로 다룬 『韓國』이란 잡지도 있습니다. 가수도 보아를 비롯해서 비가 많은 인기를 누리고 있지만, 이런 예가 하도 많아 더 설명을 할 필요성을 느끼지 못합니다(가수 비는 일본뿐 아니라 미국 시장을 적극적으로 공략하기 시작했습니다. 그 성공 여부를 지켜보는 것도 아주 흥미로운 일이 될 것 같습니다).

일본 잡지에 실린 배용준 화보

그 가운데에서 최고는 역시 배용준으로, 그의 인기는 하늘 높은 줄 모릅니다. 배우 '욘사마'의 인기에는 뭔가 심상치 않은 데가 있습니다. 일개 배우에 그치는 게 아니라 일종의 신화 속 주인공이 된 것 같은 느낌이 들기 때문입니다. 그런 징조는 여러 군데에서 보입니다. 2005년 상반기에 그가 일본을 방문했을 때, 그를 보기 위해 공항으로 몰려든 팬들의 숫자는 영국의 축구선수 데이비드 베컴이나 미국 배우 톰 크루즈를 따돌렸습니다. 그리고 열기 면에서도 상대가 안 되었습니다. 당시 배용준이 탄 비행기가 내릴 때 공항 방송은 '대한항공 00기'가 도착했다고 하지 않고 욘사마가 탄 비행기가 도착했다고 방송했다고 합니다.

배용준이 단순한 연예인이 아니라 신화의 주인공 같다고 한 것은 이른바 배용준 효과가 비상하기 때문입니다. 배용준이 출연한 〈겨울연가〉를 보고 자살을 상습적으로 시도하던 사람이 희망을 발견하고 자살을 포기하겠다고 다짐했는가 하면, 세대 간 갈등으로 불화가 잦던

가정이 이 드라마를 보면서 화해를 한 경우도 있었다고 합니다. 그런가 하면 어떤 사람은 난치병이었던 관절염이 배용준을 연모하면서 나았다고도 합니다. 이 정도가 되면 배용준은 그저 하나의 배우가 아니라 거의 종교적인 인물의 경지에까지 갔다고 봐야 합니다. 배용준 자신이 의도했든 안 했든 그에겐 치유의 능력이 생긴 것이기 때문입니다. 그래서 저는 농담조로 이런 이야기를 합니다. "배용준이 일본인들의 기억에 영원히 남고 싶으면 지금 죽으면 된다"고 말입니다. 만일 그런 일이 생긴다면 아마도 일본엔 배용준을 신으로 모시는 신사(神社)가 생길지도 모르기 때문입니다(이건 어디까지나 농담입니다. 오해 없으시기 바랍니다).

여담으로, 배용준을 부를 때 사용하는 '사마'라는 호칭에 대해 잠깐 살펴보겠습니다. 이 용어의 어원에 대해서는 아는 분이 그리 많지 않을 것입니다. 학계에서는 대체로, 욘사마의 '사마'가 무당을 뜻하는 '샤먼'에서 왔을 것이라고 추측합니다. 샤먼에는 여러 가지 뜻이 있지만 신과 만날 수 있는 매우 고귀한 분이라는 뜻도 있습니다. 하기야 청동기 시대에는 제일 높은 사람 — 즉 추장 혹은 족장 — 을 샤먼이라고 부르지 않았습니까? 그것이 중국에서는 한자로 살만(薩滿)이라고 표기됐고, 한국에서는 사마라는 표현으로 남게 됩니다. 신라 시대에는 불교 승려를 사마라고 부르기도 했습니다. 불교 승려가 그만큼 지엄한 존재였기 때문입니다. 그 사마가 그대로 일본으로 흘러들어가 현재까지도 쓰이고 있는데, 지금은 상대방을 최고로 대우할 때 붙이는 호칭으로 쓰이고 있습니다. 가령 비행기 안에서 일본어로 기내 방송을 할 때 '오갸쿠사마[お客様]'로 시작하는데, 어색하지만 직역하면 '손님 선생님'과 같이 손님을 한껏 높이는 게 됩니다. 이렇게 가장 공경해야 할 대상에만 붙이는 게 사마입니다. 현재 일본어에서 씨(氏)를 뜻하는 것은 '가와무라 상'이라고 할 때처럼 상[様]인데, 이것 역시 사마에서

파생된 것으로 보고 있습니다.

무당은 이렇듯 우리 (그리고 일본) 전통 속에서 죽지 않고 살아 있습니다. 제가 여기서 이 이야기를 꺼내는 것은, 한국인들이 연예에 강한 것이 무당 사업과 연관되어 있지 않나 하는 추측 때문입니다. 양자 사이에 직접적인 인과관계가 있는지는 모르겠지만, 두 항목(한국인의 연예 정신과 샤머니즘) 사이에는 유사점이 꽤 많이 발견됩니다. 앞에서도 어느 정도는 보았습니다마는, 무당 하면 노래와 춤, 그리고 연기(?)로 신과 교통하는 사람 아닙니까? 과거에 노래와 춤, 연기에 가장 능통한 사람이 바로 무당이었습니다. 이 무당이 하는 일을 보면 부분적으로 현대의 연예인들이 하는 일과 매우 닮았다는 것을 알 수 있습니다. 그리고 거꾸로 생각하면, 무당은 과거에 연예인 역할을 했다는 것을 알 수 있습니다. 물론 가장 중요한 부분에서 무당은 현대의 연예인과 다릅니다. 현대의 연예인들에게는 종교적인 기능이 없기 때문입니다(그런데 위에서 본 배용준은 종교적인 기능까지 갖추려 하고 있어 비상한 주목을 요하는 것입니다). 이런 맥락에서 볼 때 과거의 무당은 종교적인 만능 엔터테이너라고 말할 수 있지 않을까요? 그래서 오늘날 부분적으로 무당의 역할을 하는 사람인 연예인을 가리켜 '사마'라는 무당의 칭호로 부르게 된 것은 어찌 보면 당연한 일인지도 모릅니다(사실 연예인 중에는 무당처럼 신기가 센 사람이 많은 것도 사실입니다).

할리우드를 잠재운 한국 영화

현재 우리나라 텔레비전 드라마는 조금씩 동남아시아를 벗어나 다른 국가에도 전파되고 있습니다. 이집트 같은 아랍 국가들의 텔레비전에서도 방영되고 있고, 〈불멸의 이순신〉 같은 작품은 미국의 서부에서도

세계 3대 영화제에서 수상한 임권택, 박찬욱, 김기덕 ©씨네21, 연합뉴스

인기를 조금 끌었다고 합니다. 그런데 이런 사정은 영화로 오면 더욱 흥미진진해집니다. 한국 영화는 그 깐깐한 유럽 시장에서도 먹힐 정도로 작품성을 인정받고 있기 때문입니다. 아니, 한국 영화의 성공은 2004년에 세계 3대 영화제라 불리는 칸, 베니스, 베를린 영화제에서 우리 영화가 감독상 등을 휩쓸었다는 사실 하나만 가지고도 이미 증명된 것 아닐까요?

이 사실에서 저는 금석지감(今昔之感)을 크게 느낍니다. 한국 영화의 과거와 현재가 달라도 많이 다르기 때문이지요. 박정희 대통령이 집권하기 전까지, 아니 정확히 말해 박정희 대통령이 독재를 하면서 검열을 강화하기 전까지, 한국 영화는 아시아에서만큼은 잘 나갔습니다. 당시의 신상옥 감독이나 유현목 감독 같은 분들은 아시아에서 매우 주목받는 감독이었습니다. 특히 신상옥 감독은 한국의 구로사와 아키라〔黑澤明〕라는 말까지 들을 정도였습니다. 〈라쇼몬〔羅生門〕〉, 〈7인의 사무라이〉 등으로 유명한 구로사와 감독은, 현대 영화의 귀재 중의 귀재인 스필버그 감독이 자기 스승이라고 고백했던 분 아닙니까? 또

1970년대 호스티스 멜로 영화의 대표작 〈영자의 전성시대〉

당시에 홍콩에서 성룡 같은 배우들이 한국 영화를 배우기 위해 한국에 올 정도였다면 지금 믿을 분이 몇이나 될까요?

그러던 게 박정희 대통령의 독재가 시작되면서는 고사 직전까지 가게 됩니다. 유례를 찾아보기 힘든 영화 검열이 표현의 자유와 창작의 뿌리를 송두리째 뽑아버렸기 때문이지요. 제가 대학에 다니던 70년대에 한국 영화는 '방화(邦畵)'라는 이름으로 불렸는데, 그때 방화란 아무 가망이 없는 영화를 의미하는 단어였습니다. 당시의 영화는 기껏해야 여성들의 눈물샘을 자극하는 〈미워도 다시 한번〉류의 신파와 〈영자의 전성시대〉 같은 호스티스 멜로 영화가 대세였습니다. 검열이 하도 심해, 다양한 창작 활동을 포기한 채 안전 위주의 제작을 택했기 때문입니다. 그래서 우리는 그때 한국 영화는 완전히 끝났다고 생각했습니다. 절대로 다시 일어설 수 없다고 생각한 것입니다. 〈취화선〉으로 칸 영화제에서 한국 영화 사상 최초로 감독상을 받은 대단한 임권택 감독조차 원래는 그런 영화를 만들던 감독이었다면 할 말 다 한 것 아닙니까?

그런데 90년대 중반이 되면서 이상한 일이 벌어지기 시작합니다. 민주화가 이루어지면서 검열 제도가 대폭 완화되고 표현의 자유를 많이 획득한 터였습니다. 처음에 〈서편제〉나 〈은행나무 침대〉 같은 영화가 흥행에 성공했을 때에는 그저 일회성이겠거니, 라고만 생각했습니다. 그러나 〈쉬리〉가 공전의 히트를 하고 그 뒤로 〈공동경비구역 JSA〉, 〈올드 보이〉, 〈사마리아〉 등이 이어지면서, 박찬욱이나 김기덕 감독이 세계에서 유명한 영화제에서 상을 받는 일로 이어진 것입니다. 그러니 이제 우려의 목소리가 전혀 없는 것은 아니지만, 한국 영화의 앞날에 대해 의심하는 사람은 없게 되었습니다. 그런데 어쩌다 이런 믿을 수 없는 일이 일어났을까요?

그래서 저는 한국 영화계를 생각할 때마다 기이하다는 생각을 많이 합니다. 가장 기이한 것은 어떻게 저렇게 순식간에 영화의 수준을 올려놓았냐 하는 것입니다. 솔직히 말해서 70~80년대의 한국 방화는 여러 가지 면에서 문제가 많았습니다. 필름부터 해서 조명, 소품, 더빙, 음악 등 어느 하나 볼 것이 없었습니다. 지금 20대 초반의 젊은이들은 이전의 한국 영화가 얼마나 형편없었는지를 실감할 수 없을 것입니다. 지금 우리 영화 수준이 하도 높아져서 말입니다.

당시에 그래도 괜찮은 게 있었다면 연기가 훌륭한 배우와 감독이 몇 분 있었다는 것 정도일 겁니다. 〈마부〉의 주인공 김승호 선생 같은 분은 정말로 훌륭한 배우였습니다. 당시 영화가 얼마나 엉성했는가 하면, 어떤 영화에서는 심지어 중간에 남자 주인공이 바뀌는 일도 있었습니다. 영화를 찍는 사이에 원래 주인공 역을 하던 배우에게 일이 생졌던 모양입니다. 그런 큰 사정이 생겼는데도 그냥 배우만 교체해서 찍은 것입니다. 지금 같으면 생각도 못할 일인데 그때는 이런 일이 가능했던 모양입니다. 그래서 이런 한국 영화를 보다가 미국 영화를 보면 어찌나 멋있었던지 그 기억이 '새삼스럽게' 새롭습니다.

그런 한국 영화가 90년대 중반이 되면서 환골탈태를 해 세계적인 수준으로 급상승한 것입니다. 그래서 놀랍다는 것이죠. 저는 여기서도 한국인들의 화끈한 힘을 느낍니다. 마음만 먹었다 하면 금세 일정한 수준에 올라가는 한국 사람들의 저력을 느낄 수 있기 때문이지요. 조금 과장되게 말해 한국인들은 아침에 논의하면 저녁때 이미 행동에 들어가는 사람들이기 때문에 이런 일이 가능하지 않았을까 하는 생각을 해봅니다. 그런데 아무리 성정이 화끈하다 해도 영화가 한국인들의 기질에 맞지 않으면 이처럼 크게 성공할 수 없었을 겁니다. 아마 영화와 한국인은 기질적으로 통하는 데가 있는 모양입니다. 그중에서도 한국인은 영상에 대한 감각이 뛰어난 것 같습니다. 앞서 저는 한국인들이 공간 지각력이 엄청 발달한 사람들이라고 했습니다. 그래서 한국의 영화인들은 그 능력을 가지고 화면의 구도를 잘 잡아 아주 멋진 영상을 만들어내는 것 아닌가 하는 생각이 듭니다. 멋진 화면은 큰 구도에서 감으로 보는 것이지 좌뇌적인 머리로 이치적으로 따지는 것은 아니기 때문이지요.

그래서 그런지 몰라도, 한국 감독들은 뮤직 비디오도 잘 만든다고 정평이 나 있습니다. 사실 뮤직 비디오처럼 짧은 분량은 한국인들의 취향에 더 잘 맞을지 모릅니다. 한국인들은 감각적으로 뛰어나기 때문에 길게 가는 것보다는 짧고 선명하게 하는 데에 능하지 않을까 하는 생각입니다. 한국의 광고 영상 역시 매우 뛰어난 수준을 자랑합니다. 텔레비전 광고는 모든 것을 15초 안에 끝내야 하니 더 감각적이어야 하기 때문이겠죠.

관객 천만을 넘은 영화 〈태극기 휘날리며〉

그 다음으로 기이한 것은, 한국 영화가 어떻게 그 엄청난 할리우드 영화에 대항하고 있느냐는 것입니다. 한국처럼 자국 영화 관객 점유율이 25퍼센트가 넘는 나라는 전 세계에서 프랑스와 일본뿐이라는 사실은 너무 진부한 이야기가 되어버렸습니다(물론 인도와 아랍 지역은 제외하고 말입니다). 우리나라는 이 정도를 훨씬 뛰어넘어 2004년 2월에는 〈태극기 휘날리며〉와 〈실미도〉의 선전에 힘입어 한국 영화 점유율이 82퍼센트까지 올라간 적이 있었습니다. 미국인들이 영화에 돈을 왕창 쓰는 것은 정평이 나 있지 않습니까? 그들은 장면 하나하나에 엄청난 돈을 쏟아 붓습니다. 오죽하면 '블록버스터'라는 이름이 다 나왔을까요? 게다가 그들은 막강한 자본력으로 세계 영화 시장을 지배하고 있습니다. 제작 단계에서부터 어마어마한 자본이 투입되고 배급에서 유통에 이르기까지 엄청난 권력을 휘두르기 때문에, 어느 나라 영화든지 할리우드 영화가 들어가면 자국의 영화 산업은 맥을 못 춥니다. 소위 '잽'이 안 되는 것이지요. 그래서 아랍 국가와 인도처럼 미국 영화가 제대로 상영되지 않는 곳을 제외하고 미국 영화가 부동의 자리를 내어 준 데가 별로 없습니다.

그런 엄청난 미국 영화가 고전을 면치 못하는 데가 바로 한국입니다. 한국 영화 펜들이 유달리 강한 애국심을 갖고 있기 때문에 그런 것도 아닌 것 같습니다. 물론 한국 젊은이들이 갖고 있는 유달리 강한 애국심 덕에 우리나라가 세계에서 MS Word가 장악하지 못한 거의 유일한 나라가 되었지만, 영화의 경우에는 이 예가 적용되지 않는 것 같습니다. 아무리 한국 영화라도 시원치 않으면 한국의 젊은 관객들은 바로 외면하기 때문입니다. 사정이 이런데도 한국 영화가 선전하는 것은 한국 영화를 보는 게 미국 영화 보는 것보다 재미있거나 아니면 적어도 그와 동일한 정도의 재미를 주기 때문일 것입니다.

게다가 한국 관객들의 열성은 전 세계 영화계에서 알아줄 정도입니다. 우리가 영화 산업을 성공리에 끌고 나갈 수 있었던 요인 가운데 하나로는 각종 영화제의 개최 및 성공을 들 수 있습니다. 원래 우리에게는 국제 영화제라는 게 아예 없지 않았습니까? 그런데 어느 날 갑자기 영화제가 여기저기서 생겨나더니 큰 성공을 거두었습니다. 부산 국제 영화제가 그렇고 부천 국제 영화제가 그렇습니다. 특히 부산 국제 영화제는 획기적인 성공을 거둬 이제는 세계적인 영화제로 발돋움했습니다(특히 아시아 영화계에서는 가장 유력한 영화제가 되었습니다!). 칸이나 베를린 같은 세계적인 영화제의 틈새를 공략해서 아주 짧은 기간 동안에 정평 있는 영화 페스티벌을 만들어낸 것입니다. 여기서도 화끈한 한국인들의 성정을 읽을 수 있습니다. 부산 국제 영화제는 초기에 몇 분이 부산의 재계를 움직여 후다닥 만든 것으로 알고 있습니다. 또 한번 한국인의 화끈함을 보여준 것입니다.

한국에서 열리는 국제 영화제가 성공할 수 있었던 데에는 또 다른 요인도 있었습니다. 우리나라 영화제에 오는 다른 나라의 영화 관계자들은 한결같이 한국 관객들이 너무 좋아서 온다고 합니다. 좋아하는 영화 하나 보려고 수백 킬로미터를 마다않고 올 뿐만 아니라 표를 구하기 위해 전날부터 장사진을 치는 열성이 너무 좋다는 것이죠. 한국 관객들이 이렇게 열성적이라 한국에 오는 자기도 큰 힘을 받고 많은 자극을 받는다는 것입니다. 하기야 자기 영화를 이렇게 열심히 봐주는데 그런 영화제에 출품하지 않고 어디에 출품을 하겠습니까? 이와 같이 영화제가 한국에서 비교적 수월하게(?) 성공할 수 있었던 것도 영화 자체가 한국인들과 맞는 면이 있어서 그런 것 아닐까 하는 생각이 듭니다.

아울러 한국 영화인들에게서 발견되는 획기적인 면모라면, 비교적 적은 돈을 가지고 블록버스터형 영화를 만든다는 것입니다. 일례로, 대형 블록버스터형 영화였던 〈태극기 휘날리며〉에 들어간 제작비를 들은 서양의 영화인들은 결코 믿을 수 없다며 혀를 내두른다고 하지요. 저는 영화 전문가가 아니라 어떻게 그런 적은 돈을 가지고 이런 영화를 만들 수 있는 것인지 잘 모릅니다. 하기야 현대가 만든 소나타를 보고도 외국의 자동차 업계 사람들은 "어떻게 한국인들은 이(같이 적은) 돈으로 이런 차를 만들 수 있느냐"고 감탄한다고 하니, 영화의 경우도 같은 선상에서 이해할 수 있지 않을까 합니다. 한국인들이 갖고 있는 비상한 재주가 이런 일을 가능하게 한 것 같습니다.

그 외에도 한국 영화의 성공에 대해서는 많은 설명이 가능할 것입니다. 가령 충무로에는 아직도 수많은 감독 지망생이 들끓고 있어 앞으로 또 어떤 유능한 감독이 나와서 어떤 작품을 만들지 아무도 모를 일입니다.* 게다가 배우층도 상당히 탄탄합니다. 이웃나라인 일본이나

기발한 상상력이 돋보였던 〈지구를 지켜라〉

중국을 보면 계속 같은 배우가 영화를 바꿔가면서 출연하는 것을 볼 수 있는데, 한국에는 훌륭한 배우들이 계속해서 새로 등장하고 있지 않습니까? 저는 이런 일들이 한국 영화판의 어떤 구조 아래에서 발생하는 건지는 자세히 모릅니다. 그러나 대강이라도 예측할 수 있는 것은, 한국 영화가 홍콩처럼 한때 반짝했다가 스러지는 그런 형국으로 들어가지는 않으리라는 것입니다.

* 저는 개인적으로, 2003년에 나온 장준환 감독의 〈지구를 지켜라〉를 가장 감명 깊게 보았습니다. 이 영화는 국내에서는 흥행에 성공하지 못했지만, 모스크바 국제 영화제 감독상, 부천 국제 판타스틱 영화제 작품상, 부에노스아이레스 국제 독립 영화제 촬영상, 브뤼셀 국제 판타스틱 영화제 대상 등 국제 영화제에서 많은 주목을 받았습니다. 탄탄한 시나리오와 예기치 못한 반전, 배우들의 열연이 돋보인 영화였지요. 앞으로 이런 뛰어난 상상력의 영화가 언제, 어디서 또 불쑥 튀어나올지 모를 일입니다. 가령 김기덕 같은 감독은 앞으로 무슨 영화를 만들지 정말로 예측하기 힘듭니다.

영화의 비전문가인 제가 이렇게 진단하는 이유는 영화가 한국인들의 성정에 꽤 부합되는 예술 장르라고 생각하기 때문입니다. 영화가 무엇입니까? 종합 예술 아닙니까? 이른바 토털 엔터테인먼트입니다. 한국인은 연예에 강한 사람들이라고 했으니 종합 연예물인 영화에 마음껏 끼를 발휘하는 것은 당연한 일일 것입니다. 그랬기에 가난했던 시절에도 아시아 영화계를 선도하는 위치에 있을 수 있었던 것 아닐까요? 독재 정권 때 서슬 퍼런 검열과 억압 때문에 어쩔 수 없이 지지부진했지만, 검열 제도가 완화되자 바로 영화에 대한 열망이 재생되어 기적과 같은 일을 연출한 것입니다. 이런 일은 한국인과 영화의 생리가 맞아서, 요즘 말로 '코드가 맞았기' 때문에 가능한 일일 것입니다. 우리 영화의 경쟁력은 자생적인 힘으로 성장했다는 데에 있습니다. 물론 스크린 쿼터 제도도 일정 부분 역할을 했겠지만, 아무리 정부가 보호하려 해도 안 되는 건 안 되는 것입니다. 아울러 현재 한국인이 지니고 있는 문화 가운데 전 세계에서 그래도 가장 큰 경쟁력을 갖고 있는 것은 누가 뭐래도 영화라는 것을 지적하지 않을 수 없습니다. 한국 영화는 지금 전 세계로 뻗어나가고 있기 때문입니다. 그래서 국가 이미지를 이야기할 때에도 한국 영화에 대한 언급은 빠지는 적이 없습니다.

위의 이야기들을 종합해보건대, 우리 문화 가운데 이와 같이 국제적인 경쟁력을 가지고 있는 것은 이렇듯 전부 연예와 관계된 것들입니다. 그래서 한국인들이 연예 분야에는 특출한 것이 아닌가 하는 생각을 해보는 것입니다. 제가 한류에 특히 주목을 하는 이유가 바로 여기에 있습니다. 우리나라는 과거 전 역사를 통틀어서 우리의 문화를 이렇게 해외로 수출해본 적이 거의 없습니다. 아주 예외적인 경우를 제외하고 그런 기회는 전무(全無)하다고 할 수 있을 정도입니다. 그러다 느닷없이 한국인은 자신도 전혀 예측하지 못한 사이에 자국의 드라마나 노래들이 인근 국가에서 인기를 얻어가는 모습을 발견하기 시작했습니다. 처음에는 그저 그러려니, 혹은 저러다 말겠지 하면서 일회성에 그칠 것으로 생각했습니다. 그런데 그게 아니었습니다. 처음에는 한국과 가까운 중국에서 시작되더니 다른 아시아 국가로 옮겨갔고, 일본에서 큰불이 붙더니 급기야는 유럽에까지 그 영향을 미치기 시작한 것입니다.

이렇게 전 세계로 뻗어나간 한국 문화의 정체가 무엇입니까? 말할 것도 없이 연예와 오락, 즉 엔터테인민트 아닙니까? 지금까지 한국의 문화 요소 가운데 전 세계적으로 각광을 받은 것은 아마 태권도가 유일할 것입니다. 그러나 태권도는 하나의 품목이라 어떤 붐을 조성했다고 보기는 힘듭니다. 반면에 한국의 엔터테인먼트 산업은 분명 한류(영어로는 Korean Wave)라는 하나의 조류를 만들어냈습니다. 우리 역사상 처음으로 수출한 우리의 문화가 연예 문화라는 것은, 한국인이 연예에 밝은 사람이라는 것을 간접적으로는 보여주는 일일 것입니다. 이런 의미에서 저는 앞으로도 국가가 게임을 포함한 연예 산업에 지원을 아끼지 말아야 한다고 생각하는데, 한편으로는 그럴 필요도 없을 것 같다는 생각도 듭니다. 한국인들은 워낙 끼가 많아 그냥 가만 놓아두더라도 알아서 육성하고 발전시킬 것으로 생각되기 때문입니다. 그러니까 정부는 그저 스크린 쿼터제의 유지 같은 간접적인 방패 역할만 해주면 될 것 같습니다.

팝송보다 가요

노래나 춤에 한국인들이 밝다는 것은 하도 많이 언급해 또 거론하는 것이 남우세스럽기만 합니다. 그러나 한국인의 끼를 말할 때 이 주제를 그냥 건너뛸 수도 없습니다. 아무 때나 그리고 아무 데서나 노래할 수 있고 춤출 수 있는 사람들이 한국인이기 때문입니다. 술 먹고 노래하고 춤추는 따위의 일을 하지 않으면 노는 것이 아니라고 생각하는 사람들이 한국인들입니다. 그래서 노래는 전 국민이 수준급입니다. 아마 노래방이 이렇게 많은 나라는 전 세계에 더 이상 없을 것입니다. 앞서 말씀드렸듯이, 전국에 노래방은 9만 개나 되는 반면 도서관은 500개에 불과합니다. 그것도 대학 도서관 빼면 실제 국민들이 이용할 수 있는 도서관은 몇 안 된다고 하더군요. 우리 한국인들은 가만히 앉아서 공부하는 것보다 그저 노래하고 춤추는 게 좋은 모양입니다. 가라오케 기계를 처음으로 만들어낸 일본도 이 정도는 아닙니다. 도쿄에서 꽤 화려한 지역으로 통하는 신주쿠에 가봐도 노래방은 그리 흔하게 발견되지 않습니다. 우리나라 대중매체에서 노래하는 프로그램이 얼마나 많은지는 앞서 밝힌 바 있습니다. 일요일만 보아도 아침엔 SBS의 〈도전 1000곡〉으로 시작해 점심엔 KBS의 〈전국노래자랑〉과 〈국악 한마당〉*, 저녁엔 〈열린 음악회〉 등 많은 노래 프로그램이 있는 것을 알 수 있습니다. 월요일 〈가요 무대〉, 금요일 〈윤도현의 러브레터〉, 토요일 〈7080〉과 〈주부 가요열창〉까지, 노래와 관련된 프로그램은 지면이 모자라 다 쓰지 못할 정도입니다.

전 국민이 이렇게 노래를 좋아하니 우리나라 대중가요 가수들의 수준이 높아지지 않을 수 없습니다. 단도직입적으로 말해 한국 영화계에 미국 영화가 확고하게 발을 붙이지 못했듯이, 미국 대중가요 역시 한국 땅에 확고하게 뿌리를 내리지 못합니다. 물론 미국의 대중가요 중에 힙합이나 랩은 우리 가요에 많은 영향을 끼치고 있지만, 미국 가수나 미국 노래가 직접 인기를 몰고 있는 실정은 아닙니다.

그러나 이전의 사정은 어땠습니까? 가요계도 영화계와 비슷했습

* 이 가운데 〈국악 한마당〉은 최근 방영일을 일요일에서 다른 요일로 옮겼습니다.

니다. 60년대나 70년대에 한국 가요란 거의 트로트밖에는 없었습니다. 영화계에서 〈미워도 다시 한번〉과 같은 영화가 공전의 히트를 했다면 그에 맞는 노래도 트로트밖에 없었기 때문입니다. 사정이 그렇게 되니까 트로트를 즐기지 않는(저도 젊을 때는 트로트를 즐기지 않았습니다. 오히려, 아무리 들을 노래가 없어도 절대로 듣지 않을 노래라고 생각할 정도였지요. 그러나 마흔이 넘으면서 그 생각은 바뀌기 시작했고, 지금은 가요 중에 한국인의 심성에 가장 맞는 노래는 트로트라는 생각마저 갖게 되었습니다) 젊은 세대들은 전부 미국의 팝송으로 몰려갔습니다. 〈별이 빛나는 밤에〉 같은 당시 최고의 심야 라디오 음악 프로그램을 들어보면, 흘러나오는 노래의 거개가 미국 팝송이었습니다. 그리고 그 프로그램을 진행하는 DJ들은 미국 연예계에 대해서 소상하게 설명을 해주었습니다. 90년대 후반 크리던스 클리어워터 리바이벌(CCR, Creedence Clearwater Revival)*이라는, 70년대에 한국 대학생들의 선망의 대상이었던 미국의 록 밴드가 방한했을 때 우리나라 DJ를 만났다가 그들의 팝 지식에 놀라서 돌아갔다는 일화는 유명합니다.

어찌 되었든 그때는 극소수의 예외를 제외하고 한국 노래를 부른다는 것은 조금 시대에 떨어지는 것처럼 생각했습니다(여기서 극소수의 예외란 김민기가 만든 〈아침이슬〉이나 〈친구〉 같은 곡을 말합니다. 당시 수많은 다방이나 심지어 분식 센터에서 울려 퍼졌던 노래는 전부 미국, 미국, 미국 노래였습니다). 이런 사정은 우리에게만 해당하는 것은 아니었습니다. 미국 영화가 전 세계를 휩쓸었듯 미국의 하드록은 전 세계를 휩쓸었습니다. 미국의 대중음악이 한번 상륙하면 그 지역의 고유 음악은 살아남지 못하는 판세가 됩니다.

특히 유럽의 상황이 그랬습니다. 유럽 사람들이 미국 문화를 그다

* 이 그룹은 〈Proud Mary〉, 〈Who'll Stop the Rain〉 등 록의 고전을 많이 노래했습니다

지 높이 평가하지 않는다는 것을 우리는 잘 알고 있습니다. 그런데 그들이 아무리 그렇게 생각하려 해도, 일단 미국 문화가 들어오면 자국 문화가 맥을 못 췄습니다. 음악의 경우도 예외가 아니었습니다. 미국의 하드록이 유럽에 영향을 주기 전까지는 그래도 그 나라의 고유한 대중음악이 제대로 살아 있었습니다. 예를 들어 프랑스의 샹송이나 이탈리아의 칸초네 등은 우리도 50~60년대에 정말로 좋아하던 음악이었습니다. 〈사랑의 찬가〉라든가 〈장밋빛 인생〉, 〈셀부르의 우산〉 같은 샹송과, 〈알딜라〉, 〈라노비아〉 같은 칸초네가 그것입니다. 그랬던 게 미국의 대중음악이 유럽에 본격적으로 상륙하면서 자취를 감추게 됩니다. 70년대 중반 이후부터는 프랑스나 이탈리아에서 새롭게 나온 대중가요를 들어본 적이 별로 없습니다.

2005년 8월에 일본에 갔을 때의 일입니다. 이탈리아 식당에 들렀는데, 거기서 이탈리아 가수 두 사람이 라이브로 노래를 부르고 있었습니다. 과연 그들이 어떤 노래를 들려줄까 궁금했는데, 〈알딜라〉와 〈노노레타〉였습니다. 이런 노래들은 우리나라로 치면 〈나그네 설움〉이나 〈목포의 눈물〉처럼, 흘러가도 오래 전에 흘러간 가요입니다. 그래서 저는 그때 미국 가요 때문에 유럽 가요가 다 죽었다는 제 주장이 틀리지 않았다는 것을 확인할 수 있었습니다. 유럽도 이러니 여러 가지 면에서 미국의 예속국(?)이나 다름없는 한국이 미국 가요 일변도로 가는 것은 당연한 일이었을 것입니다. 그랬던 것이 요즘의 한국 청소년들은 미국 노래를 별로 듣지도 않고 하지도 않는 희한한 일이 벌어졌습니다. 이유야 간단합니다. 한국 작곡가들이 만든 노래가 미국 것보다 좋기 때문입니다. 노래를 끔찍이도 좋아하는 한국인들이 작곡을 못할 리가 없지 않겠습니까? 아마 서태지의 〈난 알아요〉가 나오면서부터 한국 청소년들의 음악 판도가 완전히 바뀐 것 같습니다. 그리고 그 이후부터 한국 가수들이 봇물처럼 쏟아져 나와 한국 청소년들은 한국 노래만으로도 자신들의 음악 생활을 즐겁게 할 수 있게 된 것 같습니다.

현재 우리나라 음반 시장에서 미국 가요가 차지하는 비율은 20퍼센트도 채 안 된다고 합니다. 한국은 그 정도를 넘어서, 이제는 많은 노래를 다른 나라에 수출하는 국가가 되었으니 음악적인 면에서는 이미 선진국이 되었다고 할 수 있을 겁니다. 저는 개인적으로 한국의 대중음악이 세계적인 수준에 올라갔음을 이정현 노래의 표절 사건에서 읽을 수 있었습니다. 2002년 월드컵 시즌 때의 일이었습니다. 이탈리아에서 최준영이 작곡하고 이정현이 부른 〈와〉를 표절했지요. 이것이야말로 한국 가요의 우수성을 보여주는 상징적인 사건 아니겠습니까? 우리는 지난 수십 년 동안 미국이나 일본 노래를 많이 표절했지만 외국, 그것도 서양에서 우리의 가요를 표절한 것은 아마 이번이 처음일 것입니다(대만 같은 아시아 국가에서 우리 노래를 번안해 부르는 일은 진작부터 있었기 때문에 거론할 필요도 없습니다). 이탈리아의 작곡가들이 보기에도 우리의 가요가 그네들에게 통할 수 있다고 생각한 것입니다. 그만큼 우리 가요의 수준이 올라간 것입니다.

우리나라에는 지금도 수도 없이 많은 가수와 신곡이 쏟아져 나옵니다. 한번은 민속학계 권위자인 심우성 선생이 만든 공주의 민속극박물관에 간 적이 있는데, 그때 그 박물관 관계자가 이런 이야기를 들려주더군요. 그곳에서 풍물 장단을 가르쳐주는 교실이 있는데, 실제 많은 사람들이 모여서 하는 것은 백댄서 춤이라고요. 공주 같은 소도시에서도 아이들이 방과 후에 춤을 연습하는 모임이 일곱 개나 된다고 했습니다. 그들의 꿈은 한결같이 백댄서가 되어 무대에 서는 것이라고 합니다. 공주시에만 일곱 개에 달하는 백댄서팀이 있으면 전국적으로는 얼마나 많을까요? 이런 실력들이 모여서 아마 우리나라 젊은이들이 힙합 경연으로서는 세계 최고인 B-Boy 대회에 나가 계속 일등을 하는 것 아닐까요? 사실 B-Boy 대회 같은 곳에서 좋은 성적을 거둔

세계 최강인 우리나라 B-Boy들 ⓒ중앙일보

한국팀들이 지금 새로운 한류 문화를 만들고 있다는 소식이 많이 들리고 있습니다. 이 분야에서도 한국의 젊은이들이 곧 일을 낼 것 같은 분위기입니다. 사정이 이러니 도대체 이렇게 춤 좋아하고 노래 좋아하는 민족이 어디에 또 있을까 하는 생각을 지울 길이 없습니다. 그저 신명으로 똘똘 뭉친 게 한국인인 것 같습니다. 그렇기 때문에 제 눈에는 한국인들이 모두 무당으로 보이기만 합니다.

9강

신기로 춤추는 한국인

길거리 응원은 하나의 굿판

누가 뭐라고 해도 지난 2002년에 있었던 한일 월드컵은 우리 한국인에게는 엄청난 사건이었습니다. 물론 많은 변수 덕에 우리 축구팀이 준결승, 즉 4강까지 올라간 것이 가장 기쁜 일이겠지만, 이 자리에서는 그보다 그 때문에 부수적으로 일어난 일들에 주목하고자 합니다. 한국인들이 이 월드컵 경기를 정녕 잊지 못하는 것은 아마도 1948년 대한민국 건국 이래로 전 국민이 그렇게 신난 적이 없기 때문일 것입니다. 한국은 우리가 다 아는 것처럼 건국 이래로 계속해서 강대국에게 눌려서 항상 2, 3급 국가 정도로밖에는 대접받지 못했던 게 사실입니다. 우리 자신도 그동안 우리의 전통 문화를 부정하기 바빴고, 항상 밖의 기준, 그중에서도 특히 미국의 기준으로 우리를 낮추어 보았습니다. 이런 경향은 청소년들에게 특히 강해, 최근 조사에 따르면 청소년

중 절반 가까이가 다시 태어난다면 대한민국을 택하지 않을 거라고 답했다는 조사 결과도 있습니다. 한마디로 한국인인 게 부끄럽다는 이야기입니다. 그래서 우리나라 사람에게 생긴 게 이류 국가 열등감이었습니다. 이 때문에 우리 한국인들은 그저 서양만 바라보고 살아야 하는 운명이라 생각했고, 서양은 우리가 넘어설 수 없는 어떤 큰 장벽이라고 느끼고 있었습니다.

그랬던 게 2002년 월드컵 때 상황이 뜻밖에도 달라지기 시작했습니다. 우리가 결코 이길 수 없다고 느꼈던 서양을, 비록 축구 경기에서였지만 하나하나 이겨 '제치니' 이류 국가 콤플렉스에 젖어 있던 한국인들이 열광하고 환호작약하기 시작했던 것입니다. 우리 청소년들도 자신의 나라에 대해 새롭게 눈을 뜨게 됩니다. 우리나라도 이렇게 멋있는 나라가 될 수 있구나, 하면서 말입니다. 그렇게 되니 태극기도 달리 보였습니다. 평소에는 태극기 윗부분에 있는 괘 때문에 울상을 하고 있는 것 같던 태극기가, 또 색깔도 촌스러운 것 같던 태극기가 그렇게 멋있어 보일 수가 없었습니다. 그래서 우리 젊은이들도 외국의 젊은이들이 하는 것처럼 너도나도 태극기를 두르고 거리를 활보하기 시작했습니다. 우리 청소년들이 이렇게 태극기를 사랑하게 된 것도 해방 이후 최초의 사건이 아닌가 싶습니다. 그러나 이런 이야기들은 이미 식상하게 들으셨을 터이니 바로 본론으로 들어가도록 하지요. 본론이란 다름 아닌 2002년 월드컵에서 한국인의 화끈한 신기가 어떻게 폭발했는지에 관한 것입니다.

오랜 준비 끝에 월드컵이 열렸을 때 이런 '사건'이 생기리라고 예상했던 사람은 아무도 없었습니다. 제가 말하려는 사건이란 우리 축구팀이 준결승에 올라간 사실이 아닙니다. 붉은악마를 중심으로 절정의 응원을 보냄으로써 우리 자신들의 저력을 스스로 확인했던 사건이 그러하다는 것입니다. 한국팀이 첫 경기에서 월드컵 사상 처음으로 승리

길거리 응원을 하기 위해 시청 일대를 가득 메운 시민들 ⓒ중앙일보

를 거두자, 처음에 소규모로 시작되었던 시청 앞 광장의 응원전은 점차 전국으로, 상상을 초월할 정도의 규모로 확대되기 시작합니다. 우선 각 도시에 건설된 월드컵 경기장에 몰려들어, 시민들은 그야말로 열렬한 응원을 보냈습니다. 경기장 내에서도 한국팀의 응원석은 온통 빨간색으로 물들었습니다. 외국 선수들은 물론이고, 전 세계인들도 깜짝 놀랄 수밖에 없었습니다.

한번 생각해보십시오. 대체 어느 나라 축구 경기장에서 관중들이 모두 새빨간 옷으로 통일한 채 북소리에 맞추어 똑같은 구호와 박수를 쳐댈 수 있겠습니까? 게다가 가로 60미터, 세로 40미터에 무게만도 1.5톤이나 나가는 대형 태극기가 응원단 전체에 넘실거립니다. 귀청을 찢을 듯한 꽹과리 소리와 징을 비롯한 사물이 두드려대기 시작하면 정신이 하나도 없어집니다. 화끈한 신기로 무장한 민족답게 거의 엑스터시에 이른 것 같은 경지에서 응원을 해댔습니다. 그때 한국 문화를 전공한 동료들은 이 응원전 모습을 보고 바로 북한의 〈피바다〉나 〈아리랑 축전〉 같은 것을 떠올렸습니다. 수많은 인원이 한자리에 모여 일사불란하게 동작을 하는 모습이 영락없이 닮았기 때문입니다. 하기야 남북은 같은 민족이니 같은 모습을 보이는 것은 당연한 일이겠습니다.

그런데 우리에게 진짜로 감동으로 다가온 것은 시청과 광화문 거리에서 '자발적으로' 일어났던 길거리 응원이었습니다. 이 응원은 앞에서 말한 것처럼 아무도 예상치 못한 것이었습니다. 그저 애초에 한국팀이 경기할 때 모여서 함께 응원해보자고 생각했던 것이 규모가 저렇게 커진 것입니다. 그렇게 모이다 보니 70만도 넘는 인원이 시청과 광화문의 길거리를 메웠습니다. 이게 가능했던 것은 전자 기술의 발달로 커다란 전광판이 곳곳에 있었기 때문이었습니다. 이 지역은 건물에 전광판이 많이 붙어 있어 어느 곳에서도 전광판을 볼 수 있습니다. 많은 사람들이 모여도 경기를 관람하기에 부족하지 않았지요. 이렇게 해서 한국인들이 엄청나게 모이자 이렇게 많은 사람들이 운집하는 현상에는 익숙하지 않은 외국, 특히 서양에서는 이 인파가 '조작'으로 동원된 것이라고 우겨댄 사람도 있었다고 합니다. 우리들은 지난 역사에서 시민들이 자발적으로 모여 민주화 시위를 비롯한 집회를 많이 해보았기에 이런 일을 그다지 이상하게 생각하지 않았는데 서양인들은 이상하게 본 것입니다. 여의도 광장에서 종교나 정치 집회를 할 때 백만 명이 쉽게 모이곤 했던 것을 많이 보아온 한국인들은 월드컵 때 응원단이 그 정도 모인 것 가지고 조작이라고 하는 서양인들의 시각이 이상했을 겁니다.

길거리 응원을 조작이라고 하지는 않지만 또 다른 이름으로 내려깎는 외국인들도 있었습니다. 하도 많은 사람들이 모여서 소리를 질러대고 춤을 추니까 거리 응원이 한국인들의 '집단 히스테리' 혹은 '국가적 마스터베이션'이라는 것입니다. 이러한 지적도 주로 서양 언론이 한 것인데, 그들은 우리가 하는 일이 정녕 못마땅했던 것입니다. 그들이 보기에 '코리안' 하면 뭔가 덜 떨어지고 엉성한 사람들처럼 생각되니, 뭘 해도 저렇게 조소하는 투를 못 벗어난 것 같습니다.

그러나 우리가 그동안 지내온 배경을 모르는 외국인들은 저런 식으로 볼 수도 있겠다는 생각이 들기도 합니다. 광복 후 50년 이상을 강대국에게 눌려 살다가 한국인들이 거의 처음으로 한을 풀어댔으니, 그 모습이 얼마나 처절하고 강도가 강했겠습니까? '이제 더 이상 우리는 이류 국민이 아니다', '우리도 선진국처럼 잘할 수 있다'고 당당하게 외친 게 바로 우리의 응원이었으니, 단순한 경기 응원과는 다른 것일 수밖에 없었을 것입니다. 히스테리 혹은 마스터베이션처럼 보인 것도 충분히 이해가 됩니다. 한국인들의 신기가 워낙 극성맞으니까 충분히 그렇게 보일 수 있는 것입니다. 한번 쏠리면, 혹은 열 받으면 옆도 돌아다보지 않고 내처 쏠린 방향으로만 가는 사람들이니 그렇게 보일 수 있었을 것입니다.

이런 한국인들의 편향적 집중의 예는 한국인들의 일상 속에서 빈번하게 발견됩니다. 저는 그 가운데 가장 대표적인 예로 기독교의 폭발적인 성장을 들고 싶습니다. 최근 들어 아시아에서 한국처럼 기독교가 폭발적인 성장을 한 나라는 거의 없습니다. 그래서 한국은 기독교와 연관해서 다른 나라에는 없는 엄청난 기록을 많이 갖게 되었습니다. 가령 세계에서 규모가 가장 큰 교회가 한국에 있다거나, 세계 10대 개신 교회 가운데 다섯 개가 한국 교회라거나 하는 엄청난 기록이 그것입니다.

그런데 생각해보십시오. 기독교가 얼마나 생경한 종교입니까? 우리가 조상 대대로 믿던 종교와는 달라도 너무 다른데, 어떻게 기독교 선교가 이다지도 큰 성공을 거둘 수 있었을까요? 제가 보기에 기독교는 우리 조상들이 믿던 불교나 유교 그리고 샤머니즘과는 닮은 점이 거의 없는, 아주 이국적인 종교입니다. 그런데도 한국인들은 대세가 한번 기독교로 쏠리니 크게 생각하지 않고 기독교를 받아들이기 시작했습니다. 그래서 지금 한국은 거의 준(準) 기독교 국가가 되었습니다. 이렇게 한국인은 한번 가면 끝까지 가야 합니다. 술을 마셔도 '죽을 때까지 마시자' 혹은 '마시고 죽자'는 식으로, 정말 한이 맺힌 것처럼 마셔대지 않습니까? 이게 한국인입니다. 더 이상 화끈할래야 화끈할 수 없을 만큼 화끈한 사람들이 한국인이라는 것입니다. 월드컵 때 이 화끈함이 다시 폭발했습니다. 이 화끈함이 속에 응어리져 있던 콤플렉스와 함께 터졌으니, 그 강도가 세계를 놀라게 한 것입니다. 2006년 독일 월드컵 때에는 한국팀이 아깝게도 16강에 올라가지 못하고 탈락하는 바람에 이 진귀한 모습을 많이 보지는 못했습니다. 그러나 2006년에 한국팀이 치른 세 경기의 응원만으로도 붉은악마는 세계인들에게 강한 인상을 심어줄 수 있었습니다. 심지어 새로운 한류가 탄생했다는 말이 들리기도 했습니다.

그런데 이 응원판을 굿판이라고 정의 내린 학자가 있어 우리의 주목을 끕니다. 저명한 민속학자인 주강현 박사가 그 주인공으로, 그는 월드컵 응원을 아예 거리의 굿판으로 정의 내렸습니다. 그의 설명이 재미있습니다. 굿을 하려면 제상이 있어야 하는데 월드컵 때의 제상은 바로 전광판이라는 것입니다. 그리고 붉은악마들이 입었던 빨간 상의는 다름 아닌 무복(巫服)이라고 주 박사는 말합니다. 원래 무당들은 빨간색 같은 원색을 즐겨 입습니다. 이것은 참으로 재미있는 해석이라고 하지 않을 수 없습니다. 저는 이 길거리 응원을 한마디로 정의 내릴 수 있는 게 없을까 고심하고 있었는데, 마침 주 박사가 '굿판'이라는 정의를 내리니 딱 맞아떨어지는 것이었습니다.

저는 여기에 덧붙여서 설명을 했습니다. 제상을 길거리에 차려놓

넘치는 신명으로 거대한 굿판이 되었던 거리 응원 ⓒ중앙일보

고 수많은 무당(붉은악마)들이 빨간 무당 옷을 입고 같은 구호와 동작을 반복했습니다. 이런 일련의 동작들은 무당이 노래와 춤을 통해 망아지경으로 가는 것과 너무 비슷하게 보입니다. 앞에서 계속 언급한 것이지만, 무당들은 가무를 통해 엑스터시 상태로 가는 종교적 기술자라고 했습니다. 이때 이들이 하는 몸짓, 즉 춤은 보통 아주 단순한 것입니다. 단순한 동작을 반복해야 무아지경에 들어갈 수 있기 때문입니다. 복잡한 동작은 그 동작에 신경을 쓰느라고 정신이 제대로 집중되지 않습니다.

이 점은 응원할 때 붉은악마들이 했던 동작과 거의 비슷합니다. 붉은악마들이 발명한(?) '대~ 한민국'이라는 구호를 열창하며 박자에 맞추어 손뼉을 치고 손을 앞으로 뻗는 것은 지극히 단순한 것임에 틀림없습니다. 응원단들은 이러한 단순한 동작을 계속해서 반복했습니다. 이런 동작은 혼자 할 때보다 여럿이 할 때 훨씬 더 강도가 높아지는 법입니다. 붉은악마들은 동작과 함께 구호를 반복해서 외쳤습니다. 무당이 노래하듯 붉은악마들도 단순한 노래를 반복해서 한 것입니다. 무당이 제상을 앞에 두고 노래와 춤을 하듯, 거리에 모인 붉은악마들도 전광판을 향해 한없이 구호와 몸짓을 날렸습니다. 그래서 전 거리에 무아지경이 넘쳐나고 엄청난 에너지가 뿜어져 나왔습니다.

한마디로 말해서, 거리 응원은 스스로 이끌어낸 신명으로 해원(解冤), 즉 한을 푸는 거대한 굿판이었던 것입니다. 한국 사람들이 평상시에 밤마다 술을 마시면서 노래와 춤으로 구성된 작은 굿판을 연출했다면, 이번 월드컵 시즌에는 아예 무대를 넓은 거리로 옮겨 큰 굿판을 집약적이고 집단적으로 해냈습니다. 이렇게 보면 다소 과장된 이야기가 될는지 몰라도, 한국인들은 일상생활 속에서 아예 굿판을 끼고 사는 사람들 아닌가 하는 생각도 듭니다. 그러고 보면, 우리 안에는 샤머니즘과 관계된 것들이 무척 많다는 것을 알 수 있습니다. 그런데 정작 우리 자신만이 그 사실을 깨닫지 못하고 있는 것 같습니다. 아마 샤머니즘적인 요소들이 부지불식간에 우리 생활 깊숙이 침투한 탓에, 오히려 못 느끼고 있는 것인지도 모릅니다.

한국형 네 박자, 월드컵 응원 구호

이번엔 월드컵 응원 구호에 대해 설명을 하려고 합니다. 이 주제는 한국인들의 화끈한 신기와 직접적인 관계가 있는 것은 아니기 때문에 본론에서 조금 벗어난 느낌이 있습니다만, 월드컵 구호가 우리의 뇌리 속에 너무나 강렬하게 남아 있고, 또 이 구호를 둘러싼 재미있는 이야기들이 많아 한번 짚고 넘어가려 합니다.

손뼉을 치면서 '대~ 한민국'이라고 외치는 월드컵 응원 구호는 이제는 아예 일상화된 느낌입니다. 그런데 이 구호는 어디서, 어쩌다 튀어나온 것일까요? 물론 누가 만들었고 어떻게 전파되었는지에 관해서는 알려진 이야기가 있지만, 그것은 그다지 중요한 것이 아닙니다. 대신에 그런 구호가 생겨났다는 사실과 그것이 국민들, 특히 젊은이들로부터 전폭적인 지지를 받아 정착되었다는 사실이 무엇보다 중요한 것입니다. 저는 이 구호가 생겨났을 때 여간 흥미로운 게 아니었습니다. 이것이야말로 민간 전통이 자생하는 모습을 있는 그대로 보여주는 것이었기 때문입니다. 이런 현상을 목격하는 것은 그다지 쉬운 일이 아닙니다. 소수의 엘리트들이 만들어서 퍼뜨리는 게 아니라 민간에서 스스로 태동돼 전파되는 것이야말로 그 나라 문화의 정수가 담겨 있기 때문에, 그것을 목격하는 것은 정말로 재미있고 귀한 일이 아닐 수 없습니다. 그래서 저는 이 구호를 접하고 '여기에는 분명 한국성이 흠뻑 담겨 있을 것이다'라는 강한 예감이 들었습니다. 민간에서 자생한 것이기 때문에 한국성이 없을 리가 없다고 생각했던 것입니다. 그런데 이 구호는 박자 중심으로 이루어진 것이라 저는 국악을 전공한 친구와 이 구호의 박자를 분석하기로 했습니다. 우리가 내린 결론은 '한국형 네 박자'였습니다.

한국형 네 박자라는 게 무엇일까요? 이 구호가 네 박자라는 건 너무도 뻔한 것이라 굳이 결론이랄 것까지도 없습니다. 그러면 '한국형' 네 박자라는 건 무엇일까요? 이를 이해하기 위해서는 서양의 박자 관념과 우리의 그것이 어떻게 다른지를 먼저 살펴보아야 합니다. 이것은 우리의 음악 전통을 이해하는 데에도 도움을 줄 것입니다. 우선 응원을 할 때에는 천생 네 박자 이외에는 쓸 수 없다는 사실을 지적하고 싶습니다. 그것은 네 박자가 약진감(躍進感)이 있기 때문에 당연한 일일 것입니다. 선수들이 뛰는데 거기다 대고 삼박자로 된 〈아리랑〉을 불러대면 뛰는 선수들이 힘이 나지 않을 것입니다. 실제로 노래를 하면서

손벽을 치면서 '대~한민국'을 구호로 외치는 모습 ©중앙일보

실험해보지요. 우리의 전통 민요인 〈아리랑〉은 삼박자로 구성되어 있어 흥청거리고 능청거리고 넘실대는 느낌을 살리기엔 제격입니다. 대신 활기차고 전진하는 느낌은 없지요. 그래서 월드컵 때 윤도현 밴드가 〈아리랑〉을 부를 때에도 네 박자로 바꾸어 불렀던 것입니다. 그래야 신이 나고 열이 나기 때문입니다.

그래서 붉은악마들이 네 박자로 구호를 만들었는데, 이 박자의 어떤 면이 한국적이라고 하는 걸까요? 이것을 이해하기 위해서는 서양에서 항용 쓰는 네 박자의 구조를 살필 필요가 있습니다. 이것은 박자 안에서 강약 구조를 보는 것인데, 서양의 대중음악에서 가장 선호하는 네 박자의 강약 구조는 대개 세 번째 박자에 강세가 들어갑니다. 어느 코미디언이 이것을 희화해 '쿵쿵따'라는 유행어를 만들어내기도 했습니다만, 서양의 네 박자의 강약 구조는 '중강(中强)', '약', '강', '약'으로 되어 있어서 세 번째 박자에 악센트, 즉 힘이 들어가는 것입니다.

서양 음의 구조는 다 그렇다고 보아도 과언이 아닙니다. 그들이 보통 일상생활 속에서 하는 말들도 모두 이런 식의 강약 구조로 이루어져 있습니다. 가령 그들이 '날쌘돌이' 같은 한국어를 발음한다고 칩시다. 그러면 백이면 백 '날쌘 **도오**리' 하면서 세 번째 음절에 강조를 둡니다. 일본 이름인 '가와무라' 라는 발음을 할 때에도 그들은 '가와 **무우**라' 라고 부르고요. 그런데 한국인(그리고 일본인)들은 항상 첫 번째 음절에 악센트를 줍니다.

우리 한국인들이 말을 할 때 항상 첫 음절에 강조를 둔다는 사실을 알고 계셨는지요? 아마 신경 써서 듣지 않는 한은 잘 모르고 지냈을 것입니다. 한국어는 어떤 말이든 모두 똑같습니다. 제가 가장 많이 드는 예는 가장 흔한 인사인 '안녕하세요'입니다. 우리는 의식하지 못하고 발음을 하지만, 우리는 항상 첫 번째 음절인 '안'에 힘을 주어 말합니다. 이것을 좀 더 확실하게 알려면 한국인들이 전통적으로 즐겨하던 노래를 보면 됩니다. 〈한오백년〉 같은 노래를 들어볼까요? 이 노래를 할 때 우리는 '**하안** 많은'이라고 하면서 맨 앞 음절에 강조를 둡니다. 〈신고산 타령〉도 마찬가지입니다. '**시인** 고산이' 하면서 첫 음절에 강세를 두는 것입니다. 〈밀양아리랑〉도 그렇고 〈진도아리랑〉도 그렇습니다. 예외가 없습니다.

제 생각에 이런 경향이 극까지 간 게 '지름 시조' 아닌가 싶습니다. 젊은 독자들은 이 시조를 잘 모를 것으로 생각되는데 이 시조는 정말로 기괴한 음악입니다. '지름'이란 다름 아니라 첫 음절을 있는 힘껏 소리를 '지르면서' 시작하기 때문에 붙여진 이름입니다. 이 시조를 들어보면 음악의 상식, 그러니까 조용하게 천천히 시작했다가 서서히 빨라지고 높아지는 음악의 일반적인 상식을 완전 무시한 것을 알 수 있습니다. 처음부터 그냥 냅다 질러대고 시작하니 말입니다. 저는 앞에서 한국인이 파격을 일삼는다고 했는데, 이런 시조 같은 경우는 파격의 폭이 하도 커 어떻게 이해해야 할지 모르겠다는 말 밖에는 할 말이 없습니다. 굳이 이해하려 한다면, 한국인들은 너무 힘이 넘치고 다이내믹해서 그것을 누르지 못하고 첫 마디부터 소리를 질러대는 것 아닌가 하는 정도뿐입니다.

이 정도면 한국인들이 얼마나 첫 음절의 악센트를 중시하는지 알 수 있을 것입니다. 여담이지만, 만일 한국말을 하는 미국인 흉내를 내려면 아주 간단한 방법이 있습니다. 그저 두 번째나 세 번째 음절을 강조하면 됩니다. 아주 간단한 예를 들어서 '안녕'이라는 인사를 할 때 우리 식대로 '**안**녕'이라면서 첫 음절에 강조점을 두지 말고 '안**녕**' 하면서 뒤를 강조하면서 끝을 조금 올리면, 바로 미국 사람이 한국말 하는 것처럼 보입니다. 강조점이 살짝 바뀌는 것에 따라 발음이 아주 '느끼하게' 바뀌게 되기 때문입니다.

우리가, 특히 젊은 사람들이 좋아하는 음악들은 대부분 이런 식의 서양 박자로 되어 있습니다. 그들이 요즘 가장 좋아하는 힙합이나 랩 등이 모두 이런 식으로 되어 있다는 것입니다. 그런데 아무리 우리가 이런 식의 박자를 좋아해도 우리 안에 내재되어 있는 한국의 전통적인 박자 감각은 사라지지 않는 모양입니다. 일례로 60~70년대에만 해도 응원할 때 3·3·7 박수나 1·1·3 박수를 많이 쳤습니다. 지금 와서 생각해보니 이 박수는 전형적인 서양 박자 감각에 의해 생겨난 것이었습니다. 3·3·7 박수 하나만 보아도 그것은 쉽게 알 수 있습니다. '짝짝**짝** 짝짝**짝** 짝짝**짝**짝 짝짝**짝**'이 그것인데, 이 구호는 네 박자씩 네 마디로 되어 있는 것입니다. 그리고 각 마디가 그 유명한 '쿵쿵따'의 구성으로 되어 있습니다. 당시에는 이 박수를 어느 경기장이고 가면 들을 수 있었습니다. 그런데 지금은 이 박수를 치면서 응원하는 사람을 한 명도 보지 못했습니다. 우리의 박자가 아니기 때문일 것입니다. 우리의 심성에 흐르고 있는 박자 감각과 맞지 않으니까 슬그머니 사라진 것입니다.

그러다 한국인의 박자 감각이 이 '대한민국' 이라는 구호와 함께 다시 살아나기 시작했습니다. 이 정도면 여러분들도 제가 왜 이 '대한민국' 이라는 구호를 가지고 한국적이라고 하는지 알아챘을 것입니다. '대~한민국' 은 네 박자이되 강조점이 세 번째 음절이 아니고 우리 전통의 방식대로 첫 번째 음절에 가 있어 그렇다는 것입니다. 응원이라 어쩔 수 없이 네 박자 체제를 받아들였지만, 내부 구조는 한국식으로 변형시킨 것입니다. 그래서 당시에 우리의 구호에 관심 있던 서양인들이 이 구호를 흉내 내려 했는데 잘 안 됐다는 후문이 있었습니다. 워낙 자기들 것과 달랐기 때문일 것입니다. 미국의 음악이 그렇게 기승을 부렸건만 한국인들의 집단적 무의식 속에 있는 '민족의 박자' 는 바꾸지 못했던 것입니다.

이렇게 문화란 한번 만들어지면 웬만해서는 바꾸어지지 않습니다. 한국적 박자가 무엇인지 모르는 젊은 세대들이 이 구호를 만들어낸 것이라 더 그렇습니다. 그들은 자기도 모른 채 전통을 이어받은 것입니다. 아니, 일상생활 속의 언어 구조가 그랬으니 그럴 수밖에 없었을지도 모릅니다. 이렇게 민간 전통이란 무서운 것입니다. 조금도, 혹은 한 치도 틀리지 않게 한 민족의 'DNA' 안에 있는 문화적 요소를 훑어내기 때문입니다.

이런 것을 통해 우리는 우리의 전통을 새롭게 조망할 수 있는데, 혹시 이 구호에 대해 이런 질문을 하는 분이 있을지 모르겠습니다. '대~한민국' 이라는 구호가 끝나고 박수를 치는데 이때에는 '짝**짜악** 짝 짝짝' 으로 치니 이것은 첫 번째 음절이 아니라 두 번째 음절에다가 강조를 두는 것 아니냐고 말입니다. 날카로운 지적이긴 하지만 이 이야기는 맞는 소리가 아닙니다. 박수로 이 구호를 칠 때에는 조금 전문적인 용어로 해서 엇박자 — 영어로는 싱커페이션(syncopation)이라고 합니다 — 로 첫 박자를 친 것입니다. 이것은 그 박자를 강조하려 할 때 많이 쓰는 방법으로 결국은 '대'를 강조하기 위해 이렇게 엇박자로 친 것입니다. 이런 예는 다른 데에도 얼마든지 있습니다. 예를 들어 〈군밤타령〉 같은 데에서 '**아** 군밤이여' 하면서 '아'로 엇박자를 하는 게 그런 따위입니다. 만일에 박수를 칠 때 엇박을 쓰지 않고 그냥 '짜악짝 짝짝'이라고 하면 아주 맥없는 박자가 됩니다. 따라서 여기서 엇박을 치는 것은 지극히 당연한 일로 보입니다. 이렇게 보면 앞의 구호에서든 뒤의 박수를 치는 곳에서든 한국의 전통이 그대로 펄펄 살아 있는 것을 알 수 있습니다.

인터넷에서 새로운 놀이터를 발견하다

한국이 인터넷 강국 혹은 인터넷 게임 강국이라는 것은 더 이상 거론할 거리가 되지 못합니다. 인터넷 세상이 오자 한국인들은 마치 이때가 오기만을 기다렸던 사람들처럼 환호작약했습니다. 이에 대한 정황을 밝히기 위해서 여기서 한국의 인터넷 보급률 등 자세한 통계 자료를 제시할 필요는 없을 것입니다. 이제는 누구나 다 아는 사실이 되었기 때문입니다. 한국 네티즌들의 열성은 국내뿐만 아니라 전 세계가 알아줍니다. 한국 네티즌들은 이제 사이버 세상에서 여론을 만들어내고, 주도하며, 이를 통해 현실 정치 · 사회 전반에 대한 감시 기능을 하게 되었습니다. 사정이 이러하니 여의도 정치인들도 이른바 '넷심(net心)'에 대해 신경을 쓰는 판국이 되었습니다. 때로는 사이버 세계의 '익명성'을 무기로 개인의 인권을 무참히 침해하는 일도 저지르지만 그것은 어디까지나 일부 네티즌에 국한된 이야기이고, 이제 네티즌이 엄연히 무시하지 못할 하나의 여론층을 형성했다는 사실을 부인할 사람은 없을 것입니다. 지난 대선처럼 네티즌의 힘이 유감없이 발휘된 선거도 없을 것입니다. 우리나라 정치 사상 희유의 일이라 해도 과언이 아닐 텐데요. 그래서 당시 한나라당에서는 네티즌의 여론을 무시한 것이 패인의 하나라는 분석이 나오기도 했습니다.

그런데 재미있는 것은 한국의 인터넷 보급률 혹은 네트워크 인프라 구축이 이렇게 단기간에 세계 최강이 된 것이 정부나 기업의 노력에 의한 것이 아니라는 것입니다. 앞에서도 잠시 언급했지만, 그 주요한 요인 중에 하나가 스타크래프트라는 인터넷 게임 덕분이었다면 얼마나 많은 분들이 믿을 수 있을까요? 이 게임 덕에 PC방이라는, 우리나라에서 처음 생겨 이제 외국에까지 전파된 새로운 형식의 '방'이 생겨났는데, 이 PC방이 인터넷 보급에 큰 역할을 합니다. 스타크래프트 게임에 대해서는 앞에서도 말했지만, 여기서 다시금 환기하고 싶은 것은 역시 한국인이 노는 데에는 다른 민족의 추종을 불허한다는 것입니다. 인터넷 게임이야말로 청소년들에게는 최고의 오락 중에 오락이니 말입니다. 노는 것도 좋아하지만 한국인들은 뛰어난 순발력과 빠른 두뇌 회전을 자랑하니, 이 인터넷 게임 분야에서는 세계를 앞서가는 것을 넘어서 종주국을 자처하고 있는 실정입니다. 한국인들은 여기서도 예의 화끈함을 가감 없이 보여주고 있는 것이지요.

한국인이 인터넷과 성정이 맞는다는 것은 몇 가지 면으로 설명할 수 있습니다. 우선 인터넷 공간은 변화가 너무 빠릅니다. 그 빠른 변화에 기민하게 대처해야 그런 공간에서 살아남을 수 있습니다. 그런데 한국인은 임기응변에 강한 사람들입니다. 계획을 세우고 꼼꼼하게 하기보다는 그저 생각나는 대로 행하고 그것도 대충 하기를 좋아합니다. 그러니까 환경이 빨리 변해도 원래 그다지 치밀한 계획을 세우지 않았기 때문에 금세 변화된 환경에 자신을 맞출 수 있습니다. 그래서 한국인들이 인터넷 산업에서는 물 만났다고 하는 것입니다. 인터넷 관련

업체의 사람들 말을 들어보니 다른 건 일본에 다 뒤져도 인터넷만큼은 일본인에게 한 수 가르쳐주고 온다고 합니다. 일본인들은 항상 미리 계획하는 스타일인데 인터넷 공간은 너무 빨리 변해서 계획을 자꾸 수정해야 하기 때문에 속도 면에서 뒤진다는 것입니다.

이와 비슷한 이야기를 일본에서 일하는 한국인 후배한테 했더니 자기도 회사에서 똑같은 경험을 했다고 고백하더군요. 보통의 일본 직원들은 일이 있으면 미리미리 준비하는데 자신은 꼭 닥쳐야 준비를 시작한다는 것입니다. 그래서 처음에는 일본 직원들이 이상하게 생각했는데, 그렇게 코앞에 닥쳐 일을 해도 아주 못하는 것이 아니라 어느 정도 수준은 해냈던 모양입니다. 그런데 비상사태가 벌어지자 이 한국인 후배의 진가가 발휘되었다고 하더군요. 비상시에 대처하는 일본 직원들의 대응력이 현저히 떨어졌기 때문이랍니다. 일본 사람들은 급박하게 돌아가는 상황에서는 미리 계획을 세울 수가 없어 우왕좌왕했다고 합니다. 그래서 그럴 때면 그들은 항상 그 후배에게 도움을 청한다더군요. 상황이 빠르게 변하는 데에 맞추어 적응하는 것은 한국인들이 잘하는 분야라는 것을 일본인 동료들도 알아챘기 때문이 아닐까요?

그 다음으로는 인터넷이 상호 작용성이 있는 공간을 갖고 있다는 점에서도 한국인과 잘 어울린다는 의견이 있습니다. 한국인들은 무엇을 하더라도 그저 방관자로 있기보다는 참여하기를 좋아하는 것 같습니다. 그 대표적인 예가 판소리에서 들을 수 있는 추임새가 아닌가 싶습니다. 추임새는 원래 장단을 짚는 고수가 창 사이 사이에 흥을 돋우려고 하는 것이지만, 전통 예술 공연을 관람하다 보면 관중들도 이 추임새를 하면서 공연을 즐기는 모습을 쉽게 목격할 수 있습니다. 그저 가만히 앉아서 공연을 보기보다는 중간 중간에 끼어들어서 소리를 질러 연주자를 격려하거나 고무하는 것을 더 좋아하는 것입니다. 그런가 하면 탈춤 같은 마당놀이에서는 관중들의 참여도가 더 높아집니다. 추임새 정도가 아니라 전혀 대본에 없는 대화를 배우들과 주고받기 때문입니다. 그래서 새로운 대사가 생겨나는 경우도 있답니다. 그러다 흥이 나면 같이 나와 춤을 추기도 합니다. 한국인들은 대체로 이런 문화에 익숙해 있기 때문에 인터넷 공간에서 서로 의견을 주고받는 일이 가능해지자 여기에 매료되어 열렬하게 참여하기 시작한 것 아닌지 모르겠습니다. 미국의 인류학자였던 오스굿이 주장했듯이, 동면하는 곰처럼 침묵하다 갑자기 호랑이처럼 돌진하는 공격성을 보이는 게 한국인이라는 설명이 참으로 적확한 표현이라는 생각이 듭니다.

그런가 하면 한국인이 인터넷 공간을 우리들의 전통 문화에 맞게 변용시킬 수 있었기에 인터넷에서 다른 나라를 앞서 갈 수 있었다고 주장하는 사람도 있습니다. 한국인들이 사회생활에서 가장 좋아하는 것 중 하나는 틀림없이 '관계를 맺는 일'일 것입니다. 우리 한국인들은 어떤 사람을 만났을 때 조금이라도 공통점이 있으면 모임 만들기를 좋아하지 않습니까? 서양인들의 경우엔 취미가 같거나 좋아하는 운동이 같거나 하는 식으로 공통의 목적이 있어야 회합을 하는데, 한국인은 덜컥 모임부터 만들고 나서 이제 모여서 무엇을 할지 정하는 경우가 많습니다. 이런 사회 현상을 이해하는 일은 그다지 어렵지 않습니다. 한국 사회는 집단주의가 강하기 때문에 그런 현상이 일어나는 것이 당연한 일이니까요.

그런데 인터넷 문화가 정착되자 한국인들은 가상의 공간에서 자신들이 이전부터 하던 일들을 반복하기 시작했습니다. 아니, 외려 새로 생긴 인터넷 공간이 이런 한국인의 기질이 꽃을 피우는 데에 적격인 장소가 되었습니다. 한국인들은 가상공간에서 물 만난 고기가 된 것입니다. 그래서 각 포털 사이트에는 어느 곳을 막론하고 카페나 커뮤니티가 우후죽순 격으로 생겨났습니다. 이런 동아리들은 앞으로 더 늘어나면 늘어났지 줄어들지는 않을 것입니다. 어떤 사회학자는 이런 공간을 두고 전통과 접목시켜 '인터넷 사랑방'이라고 부르기도 했습니다.

이런 가상공간 가운데 가장 성공적이면서 동시에 한국인의 특질을 잘 보여주고 있는 것은 '싸이월드'가 아닐까 합니다. 이것과 관련해서 가장 독특한 현상은, 각 개인의 미니 홈페이지를 가능하게 한 것도 그렇지만, 그보다는 자신의 정보를 인터넷상에서 공개한다는 것입니다. 개인주의 문화가 팽배한 서양인들의 시각에서는, 우리의 이런 문화가 이상하게 보일 것입니다. 물론 싸이월드에서도 '공개/비공개/1촌 공개' 기능이 있어 개인이 정보 누출을 선택할 수 있도록 해놓았지만, '1촌'을 맺은 사람들끼리 주고받는 정보를 통해서도, 자신의 정보가 자신이 모르는 사람 또는 원하지 않는 사람에게 누출될 가능성이 충분히 있는 것입니다. 헤어진 남자친구나 여자친구가, 사귈 때 같이 찍었던 사진을 자신의 홈피에 전체 공개로 올려놓아 곤욕을 치렀다는 일화는 주위에서 심심찮게 전해 듣는 이야기입니다. 이런 일은 아마도 유독 한국인들에게서 많이 일어나는 일이 아닐까 싶습니다.

어떻든 한국인들만이 갖고 있을 것 같은 이 독특한 현상을 어떻게 설명하면 좋을까요? 여러 설명이 가능하겠지만 위에서 언급한 설명과 연관시키면, 여기에는 일단 한국인들의 영원한 속성이랄 수 있는 우리주의(Weism) 정신 — 우리주의란 항상 우리를 강조하는 정신을 말합니다 — 이 가장 많이 관련될 것 같습니다. 그리고 아울러 한국인들이 갖고 있는 예의 화끈한 성격도 반영이 됐을 것 같습니다. 한국인들에게는 한번 '우리'가 되면 개인적인 것을 감추지 않고 모든 것을 공유해야 한다는 생각이 짙게 깔려 있습니다. 쩨쩨하게 감추고 몰래 하고 하는 식으로 하지 말고 다 같이하자는 것입니다. 관계 맺기를 좋아해 '너, 나' 가릴 것 없이 그냥 '우리'로 하나가 되어 모든 것을 공유하자는 화끈함. 이것이 한국인의 고유한 기질 아닐까요?

통상 '싸이질'이라고 불리는 현상을 정녕 이해하지 못하겠다고 실토한 사람은 일본인이었는데, 겉마음과 속마음을 확연하게 가르는 일본인들의 입장에서 보면 이 '싸이질'은 정말로 납득하기가 힘든 현상이었을 것입니다. 흔히들 일본인의 심성에는 두 마음이 있다고 합니다. 겉으로 드러내는 마음, 즉 '다테마에〔建前〕'와 속으로 진짜 생각하는 마음, 즉 '혼네〔本音〕'가 그것이지요. 이렇게 다른 두 마음을 갖고 자기 것을 감추고 싶어 하는 게 보편적인 문화에 사는 사람들은 실로 한국의 싸이월드 문화가 이해하기 어려웠을 것입니다. 반면에 한국인들은 그렇게 마음을 감추고 자기 마음과 다른 이야기를 하는 게 체질화되어 있지 않습니다. 한국인들은 누구를 만나든 화끈하게 자기 속에 있는 것을 그대로 보여줘야 합니다. 여기서 저는 일본인의 스타일과 한국인의 스타일 중 어떤 것이 낫고 어떤 것이 못하다는 것을 말하는 게 아닙니다. 그저 한국인과 일본인의 차이점을 말하려는 것뿐이지요.

한국인들의 이런 성향 때문에 중국인과 일본인들은 한국인이 천성적으로 장사꾼이나 스파이가 될 수 없다고 말합니다. 장사꾼이 못 된다는 것은 중국인들이 하는 소리인데, 한국인들은 흥정을 할 때 너무 쉽게 속마음을 드러내기 때문에 상대방 페이스에 쉬이 말려들어 간다고 합니다. 흥정을 할 때에는 좋든 싫든 얼굴색을 바꾸면 안 되는데, 한국인은 이게 안 된다는 것이지요. 호불호를 쉽게 드러내고 감정을 감추지 않아 휘둘림을 당할 수밖에 없으니, 장사꾼은 될 수 없겠지요. 스파이가 못 된다는 지적은 일본인들이 한 말로, 그 내용 역시 다르지 않습니다. 스파이란 많은 경우 아무도 눈치 못 채게 이중, 삼중의 생활을 해야 하는데, 한국인은 이게 안 된다는 것입니다. 친해지면 속내를 다 드러내야 하니 이중생활 하기가 힘들어지는 것이지요. 노래와 춤을 좋아해 그저 시간만 나면 놀기 좋아하고 흥이 많은 한국인이 어떻게 이런 식으로 행동할 수 있겠습니까? 우리 한국인들은 감정 발산을 너무 좋아합니다. 감추는 게 그다지 없습니다. 좋으면 바로 좋고, 싫으면 바로 싫은 것이지 좀 더 생각한 후에 결정하자, 숙고해보자, 고심해보자 하면서 뜸을 들이는 법이 없지요.

동대문 패션 밸리의 성공

한국인들의 역동적이면서 화끈한 정신이 발휘된 곳이 많지만, 동대문 시장 역시 그 대표적인 곳으로 꼽아야 합니다. 동대문 시장이 건설된 과정도 화끈하지만, 운용하는 모습 또한 그러하기 때문입니다. 동대문 시장을 제대로 느끼려면 새벽에 가야 합니다. 그 넓은 지역이 불야성을 이루기 때문입니다. 그래서 세계적으로도 많은 주목을 받습니다.

일전에 건축가 김봉렬 교수의 말을 들어보니, 외국의 저명한 건축가들이 서울에 오면 가장 가고 싶어 하는 곳이 바로 동대문 시장이라더군요. 그들이 보고 가장 놀라는 곳도 바로 동대문 시장이라고 합니다. 이렇게 넓은 지역이 한밤중인 두세 시에도 마치 대낮처럼 훤한데다 휘황찬란하기까지 하니 놀라는 것입니다. 그들은 이렇게 말한답니다. 동대문 시장은 일부에만 국한된 번화가가 아니라 아예 하나의 도시를 이루고 있다고 말입니다. 그들이 유럽인들이라면 더더욱 놀란답니다. 유럽은 대개 저녁 여섯 시면 가게들이 대부분 문을 닫으니, 이렇게 넓은 지역이 새벽 다섯 시까지 문을 열고 있는 모습을 보면 놀라지 않고는 못 배기겠죠. 유럽은 사회가 너무 정적이라 움직임이 없는 것에 비해 한국은 한국인들이 이렇게 요동치면서 살고 있으니 그럴 만도 할 것입니다.

동대문 타운에서는 가게들이 새벽 다섯 시에 문을 닫는데, 그렇다고 아침에 문을 여는 시각이 늦는 것도 아닙니다. 다 일률적인 것은 아니지만 두산 타워 같은 경우에는 다섯 시간 만에, 그러니까 오전 열 시

휘황찬란한 동대문 패션 밸리 ©중앙일보

에 다시 문을 엽니다. 세상에 이런 상점들이 모여 있는 데가 또 있을까요? 가게 하나가 그렇게 열고 닫는다면 그렇다 치지만 수만 개의 가게가 일괄적으로 다 그렇게 한다는 게 쉬운 일이 아니기 때문입니다. 한국인들이 갖고 있는 화끈한 에너지의 끝은 어디인지 궁금합니다.

저는 동대문 시장에 대한 정보를 2000년에 삼성경제연구소에서 발행한 『재래시장에서 패션 네트워크로』(신용남 · 김양희 지음)에서 얻었습니다. 이 책에 따르면, 동대문 시장이 지금과 같은 모습으로 착공된 것은 1995년의 일이고 완공이 된 것은 1999년이라고 합니다. 그러니까 이 거대한 시장이 생기는 데에 불과 4~5년 정도밖에는 걸리지 않은 것입니다. 이렇게 짧은 시간 동안에 재래의 포목 시장에 불과했던 동대문 시장이 첨단의 패션 밸리로 바뀐 것은 한국인들이 갖고 있는 예의 화끈한 '빨리 빨리' 정신이 다시금 위력을 발휘한 결과라고 생각합니다. 그 전의 동대문 시장은 정말로 대부분 포목점으로 가득 차 있었습니다. 그런데 이런 재래식 시장 가지고는 도저히 살아남을 수 없게 되자 일대 변신을 한 것입니다. 그러면 이 시장의 규모는 도대체 얼마나 되는 걸까요? 이 자료는 2000년도 것이니 지금과는 차이가 있을 것입니다. 예를 들어 지금은 이미 영업을 하고 있는 '라모도'나 'APM', 그리고 'Fashion TV' 같은 것은 당시는 없었고 또 그 말 많던 'Good Morning City' 등이 개장을 앞두고 한창 공사 중에 있으니 동대문 시장은 규모가 훨씬 더 커졌음에 틀림없고 앞으로도 더 커질 것입니다.

어쨌든 초기의 모습을 보면 지역적으로는 종로 5가 광장 시장부터 창신동 문구 거리까지의 약 1.3킬로미터에 걸쳐 있는 청계천 좌우와 그 안쪽 골목, 그리고 동대문 운동장 앞길까지가 포함되고 지금은 광희동 쪽으로 넓혀지고 있습니다. 상가 수만도 30여 개의 상가와 2만 7000여 개의 점포가 있다고 하니 그 규모를 짐작하고도 남음이 있을 것입니다. 그 외에 연간 매출이 10조 원을 넘고 수출도 20억 달러 가까이 한다는 등 기록이 끊이지 않습니다. 이 정도면 이곳의 규모를 대강이나마 짐작할 수 있을 것으로 생각됩니다.

이렇게 가게가 많으니 하루에 나오는 신상품들도 숫자가 엄청납니다. 적을 때는 2000여 종이, 많을 때는 4000여 종이 나온답니다. 그런데 이 옷들이 나오는 게 전광석화 같습니다. 물론 모든 옷들을 그렇게 만드는 것은 아닐 테지만, 필요에 따라 하루면 새 디자인으로 된 옷을 만들 수 있다고 합니다. 그 과정을 아주 간단하게 보면 이렇습니다. 새로운 옷은 디자인까지 지정해서 주문이 올 때도 있고 가게에서 디자인을 자체적으로 결정해서 만들 수도 있는데, 두 경우 모두 동일한 작업 패턴을 따릅니다. 후자를 예로 들어 설명해보자면, 디자이너가 외국 유명 패션 잡지를 뒤적이다 좋은 옷을 발견합니다. 그러면 곧 그 사진만을 가지고 옷 디자인에 들어갑니다. 눈썰미가 좋으니 사진만 갖고도 동일한 디자인을 만들어냅니다. 디자이너는 곧 그것을 가지고 본을 만들어 옆 건물에 있는 공장으로 넘깁니다. 공장에서는 또 시장을 돌면서 원단부터 부자재, 라벨 등 옷 만드는 데에 필요한 재료들을 사들입니다. 그러고 나면 실제로 옷을 제작하는 것은 쉬운 일일 것 같습니다.

이런 전 과정을 하루 만에 끝낼 수 있다니, 정말 대단하다고 하지 않을 수 없습니다. 만일 저녁부터 이 일을 시작했다면 그 다음날 가게 문 열 때에는 매장에 새로운 옷을 걸어놓을 수 있게 됩니다. 이런 과정으로 옷을 제작하는 데에서 얻어지는 또 하나의 장점은 새 상품을 많이 만들지 않아도 된다는 것입니다. 이곳 매장의 손님은 10대가 많은데, 이들의 취향은 하도 빨리 바뀌어 섣불리 한 제품을 많이 만들었다가는 낭패 보기가 일쑤랍니다. 게다가 다양함을 선호하는 10대들인지라 다양한 제품들이 끊임없이 나오는 게 좋지 않겠습니까?

동대문 시장은 이처럼 한국인의 역동성을 한껏 살펴볼 수 있는 곳입니다. 하루 만에 옷을 만들어낼 수 있는 민첩성과 새로운 패션을 따라가는 순발력, 24시간 거의 불이 꺼지지 않는 성실함까지……. 그런데 요즘은 중국인들이 이런 한국인의 모습을 모두 다 따라 한다고 합니다. 중국인들도 능히 하루 만에 옷을 만들어낼 수 있다는 것이지요. 이렇게 되니까 한국인들만 빠르다고도 할 수 없는 노릇이 되었습니다. 하기야 우리가 하는 대부분의 제조업은 2010년 정도면 거의 중국인들에 의해 추월당한다고 하니, 이 분야도 예외가 될 수는 없겠지요. 그것을 어떻게 타개할 것인가 하는 것은 해당 분야의 전문가들의 몫이겠죠.

이번 강에서 우리는 현대 한국에서 보이는 한국인의 신기에 대해 살펴보았습니다. 우리가 늘 겪는 일상적인 문화이지만 가끔은 낯설게 보거나 타자의 시선으로 보면 이렇게 재미있습니다. 현대 한국인들의 신기는 이외에도 훨씬 더 많은 분야에서 찾아볼 수 있을 겁니다. 아니, 한국인들의 일상생활 그 자체가 신기로 움직이는 것 같습니다. 제가 신촌 근처에 있는 학교에 근무하니까 연대 앞의 이른바 '먹자골목' 라 불리는 지역에 가끔 가게 됩니다. 그때마다 저는 항상 놀랍니다. 어떻게 이렇게 넓은 지역에 식당과 술집, 그리고 노래방만 있는가 하고 말입니다. 이런 일은 다른 나라에서는 결코 흔하지 않습니다. 신촌 지역만 그런 게 아닙니다. 서울 전역이 다 그렇습니다(아니 우리나라 전역이 다 그런가요?). 더 대단한 것은 이런 유흥업소들이 요일을 가리지 않고 영업을 한다는 것입니다.

한번은 일요일 밤에 차를 타고 서울 시내를 관통한 적이 있습니다. 그때가 자정 언저리였으니까 꽤 늦은 시간이었습니다. 그런데 그 야심한 시간에 영업하는 술집이나 노래방이 부지기수였습니다. 그런 업소들의 네온사인이 휜하게 켜져 있었으니까요. 저는 다시 한번 놀랐습니다. 우리 한국인들은 일요일 밤까지 술 마시고 노래하는 것을 그치지 않는 겁니다. 이렇게 일요일 밤까지 유흥업소가 성황인 나라는 아마 한국밖에 없을 겁니다. 사실 일요일 밤이라는 것은 주말에 느슨해진 마음을 다지면서 새로운 일주일을 조용하게 준비해야 하는 시간이지 노래하고 술 마시는 그런 시간이 아니지 않습니까? 그러나 한국인들은 그런 것을 전혀 개의치 않는 것 같습니다. 하기야 끼가 마구 끓어 넘치니 본인들도 어찌할 수 없는 모양입니다. 이렇게 일상의 모든 국면에서 벌어지는 한국인들이 신명이 어디까지 이어질지 여간 궁금한 게 아닙니다. 아니, 한국인의 신기 행진을 그 뉘라서 막을 수 있을까요?

강의를 마치며

우리는 이렇게 해서 한국인들의 화끈한 신기에 대해 과거와 현재를 넘나들며 많은 것을 보았습니다. 이 정도의 설명이면 여러분들도 한국인들이, 아니 우리 자신들이 얼마나 신기가 넘치는 사람들인지 아셨을 것 같습니다. 거문고나 대금, 판소리 등과 같은 전통 음악의 연주법에서 엄청나게 강한 힘과 자유분방한 모습이 분출하고 있음을 보았고, 같은 기운이 도자기나 건축 등에서도 약동하고 있는 것을 보았습니다. 그런가 하면 한류로 대표되는 연예 산업에서도 한국인의 신기가 유감없이 발휘되는 모습을 보았고 게임이나 바둑, 응원 등에서도 같은 모습을 보았습니다. 한국인의 신기가 강해서인지 한국인들은 사물을 '쪼잔하게'가 아닌 크게크게 보아서 공간 지각력이 엄청나게 발달해 있다는 사실도 알 수 있었습니다. 그래서 활쏘기나 골프 같은 스포츠를 잘할 수 있다고 했습니다. 이렇게 보든 저렇게 보든 한국인들은 끼가 너무 많아 역동적이다 못해 자신의 끼를 주체 못하고 밤마다 음주가무를 하면서 그 큰 기운을 달래는 사람들만 같습니다.

우리에겐 분명 이런 기운이 있습니다. 그런데 이런 기운이 우리에게 있다는 사실만으로는 부족합니다. 우리 스스로가 우리의 진면목을 확실하게 알아서 그에 맞추어서 움직여야 합니다. 그래야 한국인들은 더 많은, 더 큰 능력을 발휘할 수 있습니다. 이것을 이 강의의 서두에 말했던 식으로 이야기하면, 화끈거리는 신기의 멜로디를 우리 스스로에게 들려주어 신기 혹은 신명의 기운을 서서히 지피자는 것입니다. 이것은 우리 한국인들의 가장 깊은 내면에 내장되어 있는 신기(신명)의 기운을 위로 끌어올리자는 것이기도 합니다. 그러면 한국인들은 자신들에게 가장 맞는 멜로디를 듣고 춤을 추게 될 것입니다. 한국인들은 이 춤 속에서 큰 기쁨을 느낄 것이고 이 어려운 세상을 살아나가는 데에 활력을 얻을 수 있을 것입니다. 이 책의 맨 앞에서 인용한 롬바흐의 말처럼, 현실이 원래 춤이니 그 현실의 파동에 맞는 춤을 추게 되면 모든 일이 잘 풀려나갈 것은 명확한 일입니다.

그런데 한국 문화에는 이 책에서 말한 것과 같은 신기만 있는 것은 아닙니다. 신기만 있었다면 현재 우리의 산업 분야에서 보이는 여러 가지 성공을 설명할 수 없을 것입니다. 반도체나 가전제품, 자동차, 조선, 휴대전화, IT 산업 등에서 보이는 한국인들의 고공 행진은 신기만으로는 설명할 수 없을 것입니다. 이것을 설명하려면 우리의 과거 문화를 살펴보아야 합니다. 과거의 한국인들은 나름대로 매우 정교한 문화를 만들어냈습니다. 한글의 창제가 그렇고 금속활자로 대표되는 혁혁한 인쇄 문화가 그렇습니다. 아울러 조선왕조실록이나 승정원일기에서 보이는 것처럼 우리 조상들이 이룩한 세계 최고 수준의 기록 문화도 잊어서는 안 됩니다. 한국 문화에는 이런 문(文)의 정신이 강하게 흐르고 있습니다. 현재 세계가 주목하고 있는 한국의 비약적인 성공에는 신기뿐만 아니라 틀림없이 지금 거론한 대단히 정치(精緻)한 문화도 큰 몫을 했을 것입니다. 저는 이러한 문화를 문기(文氣)로 통칭하기로 했습니다. 이 문기에 대해서는 다음의 책에서 다루기로 합니다. 신기만큼이나 할 말이 많기 때문입니다.

이렇게 두 책이 나오면 제가 그동안 걸었던 한국 문화 순례는 일단 그 첫 장을 접게 됩니다. 앞으로 제가 다시 어떤 개념으로 한국 문화를 이해하게 될지 모르지만, 한국 문화는 무궁무진해 더 좋은 개념이 얼마든지 많이 산출될 것입니다.

항상 그렇듯이 이 책을 내는 데에도 많은 분들의 도움이 있었습니다. 우선 이 책의 출판을 결정한 사계절출판사의 강맑실 사장님 이하 전 직원들께 감사드리고 싶습니다. 그리고 아폴론과 헤르메스적 세계관에 눈을 뜨게 해준 경원대의 전동진 교수님, 퀵 코리아에 대한 사진을 제공해준 같은 과의 김영훈 교수님, 분황사 기단에 나타나는 그렝이 공법에 대한 사진을 제공해준 문화재 전문 사진작가 오세윤 선생님, 또 그 중간 연락을 맡아주고 조언을 아끼지 않은 중앙아시아학회장 민병훈 박사님, 경주 남산에 대한 새로운 이해를 도모해준 경주 남산연구소장 김구석 교수님께 깊고 깊은 감사의 말씀을 드립니다. 감사드릴 분은 아직 더 남았습니다. 음악 관계 분야의 사진을 제공해준 한국문화표현단의 송혜나 팀장과 직접 발로 뛰면서 사진 촬영을 해준 이화여대 한국학과의 심민서 양을 비롯한 한국학과 문화 전공 학생들께 감사드리고, 권중헌 군을 비롯한 한국문화표현단의 대학부 회원들께도 감사의 마음을 잊지 않고 있습니다. 아무쪼록 우리 한국인들이 스스로의 가능성에 대해 더 큰 눈을 떴으면 하는 마음으로 이 책을 마치고자 합니다.

2007년 1월 서설(瑞雪)과 함께

저자 삼가 씀

한국인을 춤추게 하라

◉ 신기神氣로 읽는 한국 문화 특강 ◉

2007년 2월 12일 1판 1쇄
2007년 11월 30일 1판 2쇄

지은이 | 최준식

편집 | 정보배 · 강창훈 · 조건형
디자인 | 백창훈
제작 | 박흥기
마케팅 | 이병규 · 최창호
홈페이지 관리 | 최창호

출력 | 한국커뮤니케이션
인쇄 | 천일문화사
제책 | 경문제책

펴낸이 | 강맑실
펴낸곳 | (주)사계절출판사
주소 | (413-756)경기도 파주시 교하읍 문발리 파주출판도시 513-3
등록 | 제 406-2003-034호
전화 | 031)955-8588, 8558
전송 | 마케팅부 031)955-8595 편집부 031)955-8596
홈페이지 | www.sakyejul.co.kr 전자우편 | skj@sakyejul.co.kr

값은 뒤표지에 적혀 있습니다.
잘못 만든 책은 구입하신 곳에서 바꾸어 드립니다.

사계절출판사는 성장의 의미를 생각합니다.
사계절출판사는 독자 여러분의 의견에 늘 귀 기울이고 있습니다.

ISBN 978-89-5828-211-2 03300